普通高等职业教育“十二五”规划教材

计算机应用基础案例教程（Windows 7+Office 2010）

JISUANJI YINGYONG JICHU ANLI JIAOCHENG（Windows 7+Office 2010）

苏会卫　李兴芬　主　编
罗秀波　李桂杰　李佳楠　吴　政　副主编
付　杨　张　雨　汪专胜　参　编

清华大学出版社
北　京

内容简介

随着计算机的普及，其在各个领域日益发挥着重要的作用，掌握计算机的基本操作方法，提升计算机的应用能力，已经成为培养高素质人才的重要组成部分。本书将计算机知识点贯穿在实用的案例教学中，从教学实际需求出发，合理安排知识结构，从零开始，由浅入深、循序渐进地讲解了计算机的基础知识。

本书共分为 9 章，主要内容包括计算机的基础知识、操作系统、Office、数据库的基础知识、网络基础知识、计算机安全等内容。

本书适合作为大学本科、专科的计算机应用基础课程的实训教材，也可以作为全国计算机等级考试一级 B、二级 Access 的参考教程和学习计算机技术的培训教材或自学参考书。

图书在版编目(CIP)数据

计算机应用基础案例教程：Windows 7＋Office 2010/苏会卫，李兴芬主编．--北京：清华大学出版社，2015
(普通高等职业教育“十二五”规划教材)
ISBN 978-7-302-39938-4

Ⅰ.①计… Ⅱ.①苏…②李… Ⅲ.①电子计算机－高等职业教育－教材 Ⅳ.①TP3

中国版本图书馆 CIP 数据核字(2015)第 085917 号

责任编辑：刘志彬
封面设计：汉风唐韵
责任校对：王凤芝
责任印制：王静怡

出版发行：清华大学出版社
网　　址：http：//www.tup.com.cn，http：//www.wqbook.com
地　　址：北京清华大学学研大厦 A 座　　**邮　　编**：100084
社 总 机：010-62770175　　**邮　　购**：010-62786544
投稿与读者服务：010-62776969，c-service@tup.tsinghua.edu.cn
质量反馈：010-62772015，zhiliang@tup.tsinghua.edu.cn
印 装 者：三河市海新印务有限公司
经　　销：全国新华书店
开　　本：185mm×260mm　　**印　　张**：16.25　　**字　　数**：375 千字
版　　次：2015 年 5 月第 1 版　　**印　　次**：2015 年 5 月第 1 次印刷
印　　数：1～3000
定　　价：38.50 元

产品编号：063124-01

Preface 前言

现代信息技术突飞猛进，互联网从根本上改变了人们的生活习惯和思维方式，云计算和大数据正在迅速融入各行各业的工作与生活中，电子商务、搜索技术、微博微信已为大众普遍使用。计算机的应用方式已由单机使用发展为各种应用平台，进而形成无所不在的工作环境。本书以计算机基础理论知识和操作方法为出发点，重在引入典型案例帮助读者轻松掌握计算机基本操作的技巧并清晰地了解计算机技术发展的趋势及其对社会发展的深刻影响，在计算机学习和应用过程中培养初学者科学思维能力，本书的创新之处在于：

(1)对计算机相关理论进行了升级，因为学生具备的计算机基本应用技能比以往大有提高。

(2)加深了学生对计算机科学的认知，并期望能够通过训练计算思维能力，帮助学生使用计算机解决其专业领域的问题。

无论是计算机专业还是非计算机专业的计算机基础学习都应达到基本要求，这本针对计算机初学者的书，主要介绍了计算机的发展和操作系统的入门，以 Windows7 和 Office 2010 为主要操作平台，系统介绍了计算机软、硬件基础知识，数据库技术，多媒体技术，网络技术等方面的基本概念与原理，典型的计算机及网络操作环境及工作平台，辅助计算机网络发展以及计算机的安全维护，并努力反映计算机应用技术的新发展。对以往上机实验内容进行了更新，使每个实验要求更加明确，每个实验步骤更加具体，更具可操作性。

为了帮助初学者，本书安排了两章基础知识来讲解计算机的基础知识和操作系统的入门，本书第 3～6 章精选一些案例来讲解 Office 的基本操作，初学者可以通过这些实例掌握计算机的基本操作方法，深入接触到目前的计算机热点技术，提高学习的兴趣。

本书由苏会卫、李兴芬担任主编，罗秀波、李桂杰、李佳楠、吴政担任副主编，付杨、张雨、汪专胜参与编写。具体分工如下：苏会卫编写第 1 章；李兴芬和付杨共同编写第 2 章；罗秀波编写第 3 章、第 4 章；李桂杰编写第 5 章、第 6 章；李佳楠编写第 7 章；吴政编写第 8 章；汪专胜和张雨共同编写第 9 章。

在编写过程中，全体作者总结多年经验，希望做到最佳，但由于编者水平和精力有限，书中疏漏和不足之处在所难免，敬请读者批评指正。编者电子邮箱地址：76908345@qq. com。

编　者

Contents 目 录

第 6 章　PowerPoint 2010 应用:演示文稿的创建

第 7 章　Access 2010 的应用

第 8 章　计算机网络初阶——家庭多机上网设置

第 1 章

计算机基础知识

教学提示

本章主要介绍计算机的发展历程、计算机原理，并从硬件和软件两个方面介绍计算机的基本工作原理和软件开发方法等基础知识。

教学目标

(1) 了解计算机的发展过程和未来趋势，以及计算机的特点和应用领域。

(2) 了解英文字符编码和汉字编码的基本原理。

(3) 理解计算机的工作原理。

(4) 掌握计算机硬件系统、软件系统及计算机应用的基本知识。

(5) 掌握个人计算机系统的组成和各组成部分的功能，具有计算机信息处理的基本知识。

(6) 掌握二进制数、十进制数、十六进制数等之间的转换方法。

1.1 计算机概述

1.1.1 计算机的发展与分类

计算机是一种能够按照事先存储的程序自动、高速地进行大量数值计算和各种信息处理的现代化智能电子设备。由于计算机能够模仿人脑的记忆、分析、判断、推理等功能，所以又被称为“电脑”。计算机是20世纪最伟大的科学技术发明之一，它对人类的生产活动和社会活动以及生活方式都产生了极其深刻的影响。计算机已成为信息社会中必不可少的重要工具。

自从第一台电子计算机诞生以来，计算机技术成为发展最快的技术之一，在短短60多年的时间里，已经发展了4代。时至今日，计算机发展的脚步从未减缓，仍然向新的方向快速前进。

1. 第一台电子计算机

20世纪初，电子技术得到了迅猛的发展。1904年，英国电气工程师弗莱明(A. Romins)研制出了真空二极管；1906年，美国发明家、科学家福雷斯特(D. Forest)发明了真空三极管。这些都为电子计算机的出现奠定了基础。1943年，正值第二次世界大战时期，由于军事上的需要，美国军械部与宾夕法尼亚大学的莫尔学院签订合同，研制一台电子计算机，取名为ENIAC(Electronic Numerical Integrator And Computer)，意思是“电子数值积分和计算机”。在莫奇里(J. W. Mauchly)和艾克特(WJ. Eckert)的领导下，ENIAC于1945年年底研制成功。1946年2月15日，人们为ENIAC举行了揭幕典礼，所以通常认为世界上第一台电子计算机诞生于1946年。

ENIAC 重 30 吨，占地 167 平方米，用了 18 000 多个电子管、1 500 多个继电器、70 000 多个电阻、10 000 多个电容，功率为 150 千瓦。ENIAC 每秒可完成 5 000 次加减法运算，虽然其运算速度远不及现在的计算机，但它的诞生宣布了电子计算机时代的到来。

2. 电子计算机的发展

自 ENIAC 诞生以来，由于人们不断将最新的科学技术成果应用在计算机上，同时科学技术的发展也对计算机提出了更高的要求，再加上计算机公司之间的激烈竞争，在短短的 50 多年中，计算机技术得到了突飞猛进的发展，计算机体积越来越小，功能越来越强，价格越来越低，应用越来越广。通常人们按电子计算机所采用的器件将其划分为 4 代。

(1) 第一代电子管计算机(1945—1958 年)。这一时期计算机的元器件大都采用电子管，因此称为电子管计算机。这时计算机软件还处于初始发展阶段，人们使用机器语言与符号语言编制程序，应用领域主要是科学计算。第一代计算机不仅造价高、体积大、耗能多，而且故障率高。第一代计算机的代表性产品有 ENIAC(1946 年)、ISA(1946 年)、EDVAC(1951 年)、UNIVAC-l(1951 年)、IBM-701(1953 年)等。

(2) 第二代晶体管计算机(1959—1964 年)。这一时期计算机的元器件大都采用晶体管，因此称为晶体管计算机。其软件开始使用计算机高级语言，出现了较为复杂的管理程序，在数据处理和事务处理等领域得到应用。这一代计算机的体积大大减小，具有运算速度快、可靠性高、使用方便、价格便宜等优点。第二代计算机的代表性产品有 Univac LARC(1960 年)、IBM-7030(1962 年)、ATLAS(1962 年)等。

(3) 第三代中小规模集成电路计算机(1965—1970 年)。这一时期计算机的元器件大都采用中小规模集成电路，因此称为中小规模集成电路计算机。软件出现了操作系统和会话式语言，应用领域扩展到文字处理、企业管理、自动控制等。第三代计算机的体积和功耗都进一步减小，可靠性和速度也得到了进一步提高，产品实现系列化和标准化。第三代计算机的代表性产品有 IBM-360(1965 年)、CDC-7600(1969 年)、PDP-Ⅱ(1970 年)等。

(4) 第四代大规模和超大规模集成电路计算机(1971 年至今)。这一时期计算机的元器件大都采用大规模集成电路或超大规模集成电路(VLSI)，因此称为大规模或超大规模集成电路计算机。软件也越来越丰富，出现了数据库系统、可扩充语言、网络软件等。这一代计算机的各种性能都得到大幅度提高，并随着微型计算机网络的出现，其应用已经渗透到国民经济的各个领域，在办公自动化、数据库管理、图像识别、语音识别、专家系统及家庭娱乐等众多领域中大显身手。第四代计算机的代表性产品有 CRAY-Ⅰ(1976 年)、VAX-Ⅱ(1977 年)、IBM-4300(1979 年)、IBM-PC(1981 年)等。

3. 微型计算机(即个人电脑)的发展

在第四代计算机发展过程中，人们采用超大规模集成电路技术，将计算机的中央处理器(CPU)制作在一块集成电路芯片内，并将其称作微处理器。由微处理器、存储器和输入输出接口等部件构成的计算机称为微型计算机。

1971 年，美国英特尔(Intel)公司研制成功第一个微处理器 Intel 4004，同年以这个微处理器构造了第一台微型计算机 MSC-4，此后这一系列的微处理器不断发展，不仅引领了微处理器发展的潮流，而且还引领了微型计算机发展的潮流。

自 Intel 4004 问世以来，微处理器发展极为迅速，大约每两三年就换代一次。依据微处理器的发展进程，微型计算机的发展也大致可分为 4 代。

(1) 第一代微型计算机(1971—1973 年)。第一代微型计算机采用的微处理器有 Intel 公司的 4004、4040、8008 等，其集成度达到每片 2 000 个晶体管。这些微处理器是 4 位、8 位微处理器，功能简单。这一代微型计算机的代表性产品有 Intel 公司的 MSC-4 和 MSC-8。

(2) 第二代微型计算机(1973—1977 年)。第二代微型计算机采用的微处理器有 Intel 公司的 8080、8085，Motorola 公司的 M6800 和 Zilog 公司的 Z80 等，其集成度达到每片 9 000个晶体管。这些微处理器都是 8 位微处理器，这一代微型计算机也称 8 位微型计算机。其代表性产品有 Radio shack 公司的 TRS-80 和 Apple 公司的 Apple Ⅱ。特别是 Apple Ⅱ，被誉为微型计算机发展的第一个里程碑。

(3) 第三代微型计算机(1978—1983 年)。第三代微型计算机采用的微处理器有 Intel 公司的 8086、8088、80286，Motorola 公司的 M68000 和 Zilog 公司的 Z8000 等，其集成度达到每片 29 000 个晶体管。这些微处理器都是 16 位微处理器，这一代微型计算机也称 16 位微型计算机。其代表性产品有 DEC 公司的 LSI 11、DGC 公司的 NOVA 和 IBM 公司的 IBM PC。特别是 IBM PC，其性能优良、功能强大，被誉为微型计算机发展的第二个里程碑。

(4) 第四代微型计算机(1983 年至今)。第四代微型计算机采用的微处理器有 Intel 公司的 80386、80486、Pentium、Pentium Ⅱ、Pentium Ⅲ，Motorola 公司的 M68020 和 HP 公司的 HP 32 等，其集成度达到每片 10 万个晶体管以上。这一代微型计算机的代表性产品有 ComPaq 公司的 ComPaq 486、ComPaq 586，AST 公司的 AST 486、AST 586 等。这些微型计算机的性能已经达到或超过小型计算机。

4. 计算机的分类

(1) 若按照计算机的用途来划分，计算机可分为通用计算机和专用计算机。

(2) 若按照计算机的机器字长来划分，可将计算机分为 8 位、16 位、32 位和 64 位计算机。

(3) 若按照计算机的功能与规模来划分，以前是这样分类的：

① 巨型机。指运算速度在每秒数千亿次以上，专门为特殊用途的用户(如国防、气象部门等)研制开发的计算机系统。

② 大、中型机。指运算速度在每秒几千万次或亿次左右的计算机。

③ 小型机。指在大、中型机的基础上，经过小型化而形成的计算机系统。小型机的运算速度通常在每秒几百万次左右。

④ 图形工作站。在小型计算机流行之时，还有另外一类计算机很受欢迎，这便是“图形工作站”。它克服了小型计算机图形功能较弱的缺点，增强了图形、图像处理功能。

⑤ 微型机。微型计算机是目前应用最广泛的机型。

现在有一种新的划分标准，按照计算机的实际用途，可分为以下五类：

① 超级计算机。它是计算机中功能最强、运算速度最快、存储容量最大的一类计算机，是国家科技发展水平和综合国力的重要标志。我国研制成功的“天河一号”和曙光系列计算机就是这类计算机。

② 网络计算机。它包括网络服务器、打印服务器、终端服务器、磁盘服务器、邮件服务器、文件服务器、工作站和交换机、路由器、防火墙等网络设备。

③ 工业控制计算机。它是一种采用总线结构，对生产过程及其机电设备、工艺装备进行检测与控制的计算机系统总称。

④ 个人计算机。即 PC 机，包括台式机、一体机、笔记本电脑、掌上电脑、平板电脑等。需要特别指出的是，目前高档智能手机的功能已达到中低端平板电脑的水平，也可以认为高档智能手机就是新一代的掌上电脑。

⑤ 嵌入式计算机。它是一种以应用为中心、以微处理器为基础，软硬件可裁剪的，适应应用系统对功能、可靠性、成本、体积、功耗等综合性严格要求的专用计算机系统。

5. 计算机的发展趋势

随着超大规模集成电路技术的不断发展以及计算机应用领域的不断扩展，计算机的发展表现出了巨型化、微型化、网络化和智能化四种趋势。

(1) 巨型化。巨型化是指发展高速度、大存储容量和强功能的超级巨型计算机。这既是基于诸如天文、气象、原子、核反应等尖端科学技术的需要，也是为了让计算机具有人脑学习、推理的复杂功能。现在的超级巨型计算机，其运算速度每秒有的超过百亿次，有的已达到万亿次。

(2) 微型化。由于超大规模集成电路技术的发展，计算机的体积越来越小，功耗越来越低，性能越来越强。微型计算机已广泛应用到社会各个领域。除了台式微型计算机外，还出现了笔记本型、掌上型微型计算机。随着微处理器的不断发展，微处理器已应用到仪表、家电等电子化产品中。

(3) 网络化。计算机网络就是将分布在不同地点的计算机，由通信线路连接而组成一个规模大、功能强的网络系统，可灵活方便地收集、传递信息，共享相互的硬件、软件、数据等计算机资源。近几年，因特网的发展极为迅速，已渗透到工业、商业、文化等各个领域，并且已经走入家庭。

(4) 智能化。智能化是指发展具有人类智能的计算机。智能计算机是能够模拟人的感觉、行为和思维的计算机。智能计算机也称新一代计算机，目前许多国家都在投入大量资金和人员研究这种更高性能的计算机。

1.1.2 计算机的特点

(1) 运算速度快。当今计算机系统的运算速度已达到每秒万亿次，微机也可达每秒亿次以上，使大量复杂的科学计算问题得以解决。例如，卫星轨道的计算、大型水坝的计算、天气预报的计算等，用计算机只需几天甚至几分钟就可完成。

(2) 计算精度高。科学技术的发展需要高度精确的计算。现在计算机可以有十几位甚至几十位(二进制)的有效数字,计算精度可由千分之几到百万分之几,是任何计算工具所望尘莫及的。

(3) 具有记忆和逻辑判断能力。随着计算机存储容量的不断增大,可存储记忆的信息越来越多。计算机不仅能进行计算,而且能把参加运算的数据、程序以及中间结果和最后结果保存起来,以供用户随时调用;通过程序可以让计算机进行判断、推理、控制以至联想、自学等,从而代替人的部分脑力劳动。

(4) 工作全自动,可靠性高。计算机内部操作是根据人们事先编好的程序自动控制进行的,计算机十分严格地按程序规定的步骤操作,整个过程不需人工干预。

1.1.3 计算机的应用领域

计算机的应用领域从最初的军事用途扩展到当今社会的各个领域,已形成规模巨大的计算机产业,带动了全球范围的技术进步,由此引发了深刻的社会变革。计算机已遍及学校、企事业单位,进入寻常百姓家,它是人类进入信息时代的重要标志之一。下面我们列举一些大家熟悉的应用领域。

1. 科学计算

(1) 人造卫星、导弹、宇宙飞船等飞行轨迹的计算;

(2) 大型水利枢纽、大型桥梁、高层建筑的结构分析计算与仿真;

(3) 天气预报的数据分析计算;石油勘探、地震信号分析;

(4) 人造蛋白质、人工胰岛素合成等生物化学的过程分析与实现方法探寻。

2. 过程控制

(1) 常规仪表实现的过程控制、最优控制、自适应控制、智能控制、全企业的一体化控制;

(2) 现代武器系统实现搜索、定位、瞄准、射击、机动的技术控制,如人造卫星和导弹的发射控制。

3. 信息处理

(1) 数据处理。企业人事工资管理、财务账目计算;生产和库存管理;报表统计分析;情报检索;银行电子化;办公文件处理。

(2) 文字处理。公文、信件、文献摘录、书刊报纸排版;论文撰写;办公室自动化。

4. 辅助技术

(1) 计算机辅助设计(computer aided design,CAD)。对船舶、飞机、汽车、建筑、机械、集成电路、服装等进行辅助设计,如提供模型、计算、绘图等。

(2) 计算机辅助制造(computer aided manufacturing,CAM)。对生产设备与操作的控制,以代替人的部分操作,如数控机床、柔性制造系统;将 CAD 和 CAM 技术集成,实现设计生产自动化,这种技术被称为计算机集成制造系统(CIMS),它的实现将真正做到无人化工厂(或车间)。

(3) 计算机辅助教学(computer aided instruction,CAI)。计算机在教育领域的应用,包括教学、研究和管理。

(4) 计算机辅助测试(computer aided test,CAT)。计算机在测验及其评价中的应用。

5. 人工智能

(1) 英国科学家艾兰·图灵(Alan Turing)于 1950 年提出了“机器能思维”的观点,并设计了著名的检验机器智能的“图灵测试”,还发展了可计算理论,为人工智能的发展奠定了基础。

(2) 人工智能研究如何构造智能系统(智能机器),以便模拟、延伸、扩展人类智能,如模式识别、定理自动证明、专家系统与知识工程、机器翻译、自然语言理解、语音合成和识别、机器人等。

6. 网络应用

(1) 实现银行、海关、税务、高校、民航、铁路、政府部门联网。

(2) 获取和传递信息,查阅文献。

1.2 计算机编码

1.2.1 计算机进制转换与数值表示法

1. 二进制编码的概念

编码就是用少量、简单的基本符号,选用一定的组合规则,以表示大量复杂多样的信息。基本符号的种类和这些符号的组合规则是一切信息编码的两大要素。例如,用 10 个阿拉伯数码表示数字,用 26 个英文字母表示英文词汇等,都是编码的典型例子。在计算机中,广泛采用的是只用 0 和 1 两个基本符号组成的基二码,或称为二进制码。

在计算机中能直接表示和使用的数据有数值数据和字符数据两大类。数值数据用于表示数量的多少,可带有表示数值正负的符号位。日常所使用的十进制数要转换成等值的二进制数才能在计算机中存储和操作。无符号数据又叫非数值数据,包括英文字母、汉字、数字、运算符号以及其他专用符号。它们在计算机中也要转换成二进制编码的形式。

2. 计算机中的进位计数制

数制也称计数制,是指用一组固定的符号和统一的规则来表示数值的方法。按进位的方法进行计数,称为进位计数制。在日常生活和计算机中采用的是进位计数制。在日常生活中,人们最常用的是十进位计数制,即按照逢十进一的原则进行计数。在计算机中,使用较多的是二进制、十进制、八进制和十六进制。

(1) 二进制(Binary notation)。二进制的特点是:只有两个基本的数码0和1,运算规则是逢2进1,借1当2;二进制的进位基数是2。

设任意一个具有 n 位整数、m 位小数的二进制数 B,可表示为:

$$B = B_{n-1}\times 2^{n-1} + B_{n-2}\times 2^{n-2} + \cdots + B_1\times 2^1 + B_0\times 2^0 + B_{-1}\times 2^{-1} + \cdots + B_{-m}\times 2^{-m}$$

权是以2为底的幂。

【例 1-1】 将(1011.01)2 按权展开。

解:$(1011.01)2=(1\times 2^3+0\times 2^2+1\times 2^1+1\times 2^0+0\times 2^{-1}+1\times 2^{-2})10=(8+0+2+1+0+0.25)10=(11.25)10$

二进制不符合人们的使用习惯,在日常生活中,不经常使用。计算机内部的数用二进制表示,其主要原因如下:

① 电路简单。二进制数只有0和1两个数码,计算机是由逻辑电路组成的,因此可以很容易地用电气元件的导通和截止来表示这两个数码。

② 可靠性强。用电气元件的两种状态表示两个数码,数码在传输和运算中不易出错。

③ 简化运算。二进制的运算法则很简单。例如,求和法则只有3个,求积法则也只有3个,而如果使用十进制要烦琐得多。

④ 逻辑性强。计算机在数值运算的基础上还能进行逻辑运算,逻辑代数是逻辑运算的理论依据。二进制的两个数码,正好代表逻辑代数中的“真”(true)和“假”(false)。

(2) 八进制(octal notation)。八进制的特点是:有8个数码0、1、2、3、4、5、6、7;运算规则是逢8进1,借1当8;八进制的进位基数是8。

设任意一个具有 n 位整数、m 位小数的八进制数 Q,可表示为:

$$Q=Q_{n-1}\times 8^{n-1} + Q_{n-2}\times 8^{n-2} + \cdots + Q_1\times 8^1 + Q_0\times 8^0 + Q_{-1}\times 8^{-1} + \cdots + Q_{-m}\times 8^{-m}$$

权是以8为底的幂。

【例 1-2】 将(425.12)8 按权展开。

解:$(425.12)8 = 4\times 8^2 + 2\times 8^1 + 5\times 8^0 + 1\times 8^{-1} + 2\times 8^{-2} = (277.15625)10$

(3) 十进制(Decimal notation)。十进制的特点是:有10个数码0、1、2、3、4、5、6、7、8、9;运算规则是逢10进1,借1当10;十进制的进位基数是10。

设任意一个具有 n 位整数、m 位小数的十进制数 D,可表示为:

$$D=D_{n-1}\times 10^{n-1} + D_{n-2}\times 10^{n-2} + \cdots + D_1\times 10^1 + D_0\times 10^0 + D_{-1}\times 10^{-1} + \cdots + D_{-m}\times 10^{-m}$$

上式称为“按权展开式”。

【例 1-3】 将十进制数(432.25)10 按权展开。

解:$(432.25)10 = 4\times 10^2+3\times 10^1+2\times 10^0+2\times 10^{-1}+5\times 10^{-2}=400+30+2+0.2+0.05$

(4) 十六进制(hexadecimal notation)。十六进制的特点是:有16个数码0、1、2、3、4、5、6、7、8、9、A、B、C、D、E、F。16个数码中的A、B、C、D、E、F这6个数码,分别代表十进制数中的10、11、12、13、14、15;运算规则是逢16进1,借1当16;十六进制的进位基数是16。

设任意一个具有 n 位整数、m 位小数的十六进制数 H,可表示为:

$H=H_{n-1}\times16^{n-1}+H_{n-2}\times16^{n-2}+\cdots+H_1\times16^1+H_0\times16^0+H_{-1}\times16^{-1}+\cdots+H_{-m}\times16^{-m}$

权是以 16 为底的幂。

【例 1-4】 将(1A5E. 4)16 按权展开。

解:(1A5E. 4)16= $1\times16^3+10\times16^2+5\times16^1+14\times16^0+4\times16^{-1}$= (6750. 25)10

见表 1-1。

表 1-1 十进制、二进制、八进制和十六进制数的转换

十进制	二进制	八进制	十六进制
0	0	0	0
1	1	1	1
2	10	2	2
3	11	3	3
4	100	4	4
5	101	5	5
6	110	6	6
7	111	7	7
8	1000	10	8
9	1001	11	9
10	1010	12	A
11	1011	13	B
12	1100	14	C
13	1101	15	D
14	1110	16	E
15	1111	17	F

在程序设计中,为了区分不同进制数,通常在数字后用一个英文字母为后缀以示区别。

① 十进制数后加 D 或不加,如 20D 或 20。

② 二进制数字后加 B,如 1010010B。

③ 八进制数字后加 O,如 523O。

④ 十六进制数字后加 H,如 5B7FH。

3. 二进制运算法则

(1) 二进制加法运算法则。

0 + 0 = 0

0 + 1 = 1

1 + 0 = 1

1 + 1 = 0 (逢 2 向高位进 1)

【例 1-5】 求(1001) 2 + (1011)2 的和。

解:

```
    1 0 0 1
 +  1 0 1 1
 ----------
  1 0 1 0 0
```

(1001)2 + (1011)2 = (10100)2

(2) 二进制减法运算法则。

0－0 ＝ 0

1－0 ＝ 1

1－1 ＝ 0

0－1 ＝ 1(借 1 当 2)

【例 1-6】 求(11101)2－ (1001)2 的差。

解：
```
   1 1 1 0 1
 －  1 0 0 1
 ───────────
   1 0 1 0 0
```

(10110)2－(1100)2 ＝ (10100)2

(3) 二进制乘法运算法则。

0× 0 ＝ 0

1× 0 ＝ 0

0× 1 ＝ 0

1× 1 ＝ 1

【例 1-7】 求(11101)2 × (1001)2 的积。

解：
```
          1 1 1 0 1
      ×     1 0 0 1
      ─────────────
          1 1 1 0 1
        0 0 0 0 0
      0 0 0 0 0
    1 1 1 0 1
  ─────────────────
  1 0 0 0 0 0 1 0 1
```

(11101)2 × (1001)2 ＝ (100000101)2

(4) 二进制除法运算法则。

0÷0 ＝ 0

1÷0 ＝ 无意义

0÷1 ＝ 0

1÷1 ＝ 1

【例 1-8】 求(10011001)2÷(1001)2 的商。

解：
```
              1 0 0 0 1
        ┌───────────────
1 0 0 1 │ 1 0 0 1 1 0 0 1
          1 0 0 0 1
        ───────────────
                1 0 0 1
                1 0 0 1
        ───────────────
                      0
```

(10011001)2÷(1001)2 ＝ (10001)2

4. 进制转换

(1) 二进制与十进制之间的转换。二进制转换成十进制只需按权展开后相加即可。

【例 1-9】 将(10110.01)转换成十进制数。

(10110.01)2 $= 1 \times 2^4 + 0 \times 2^3 + 1 \times 2^2 + 1 \times 2^1 + 0 \times 2^0 + 0 \times 2^{-1} + 1 \times 2^{-2} =$ (22.25)10

十进制转换成二进制时，整数部分的转换与小数部分的转换是不同的。

① 整数部分。除 2 取余，逆序排列。将十进制数反复除以 2，直到商是 0 为止，并将每次相除之后所得的余数按次序记下来，第一次相除所得余数是 K_0，最后一次相除所得的余数是 K_{n-1}，则 $K_{n-1}\ K_{n-2} \cdots K_2\ K_1\ K_0$ 即为转换所得的二进制数。

【例 1-10】 将十进制数(157)10 转换成二进制数。

解：

除数	商	余数	
2	157		
2	78	余 1	↑ 低
2	39	余 0	
2	19	余 1	
2	9	余 1	
2	4	余 1	
2	2	余 0	
2	1	余 0	
	0	余 1	高

(157)10 = (10011101)2

② 小数部分。乘 2 取整，顺序排列。将十进制数的纯小数反复乘以 2，直到乘积的小数部分为 0 或小数点后的位数达到精度要求为止。第一次乘以 2 所得的结果是 $K-1$，最后一次乘以 2 所得的结果是 $K-m$，则所得二进制数为 $0, K-1\ K-2 \cdots K-m$。

【例 1-11】 将十进制数(0.125)10 转换成二进制数。

解：取整数部分。

0.125 × 2 = 0.25 …0= $(K-1)$　高
0.25 × 2 = 0.5 …0= $(K-2)$　↓
0.5 × 2 = 1.0 …1= $(K-3)$　低

(0.125)10 =(0.001)2

【例 1-12】 将十进制数(157.125)10 转换成二进制数。

解：对于这种既有整数又有小数的十进制数，可以将其整数部分和小数部分分别转换为二进制，然后再组合起来，就是所求的二进制数了。

(157)10 = (10011101)2

(0.125)10 = (0.001)2

(157.125)10 = (10011101.001)2

同理，十进制数转换成八进制、十六进制数值时遵循类似的规则，即整数部分除基取余、反向排列，小数部分乘基取整，顺序排列。

(2) 二进制与八进制、十六进制之间的转换。同样数值的二进制数比十进制数占用更多的位数，书写长，容易混淆，为了方便读识，人们就采用八进制和十六进制表示数。由于 $2^3=8$，$2^4=16$，八进制与二进制的关系是1位八进制数对应3位二进制数，十六进制与二进制的关系是1位十六进制数对应4位二进制数。

将二进制转换成八进制时，以小数点为中心向左和向右两边分组，每3位一组进行分组，两头不足补零。

(101 111 110 100.101 001)2 =(5 764.51)8

将二进制转换成十六进制时，以小数点为中心向左和向右两边分组，每4位一组进行分组，两头不足补零。

(0111 0111 0110.1111 0101)2 =(776.F5)16

5. 计算机数值表示法

(1) 机器数。

① 机器数的范围。机器数的范围由硬件(CPU 中的寄存器)决定。当使用8位寄存器时，字长为8位，所以一个无符号整数的最大值是(11111111)2 = (255)10，机器数的范围为0 ~ 255；当使用16位寄存器时，字长为16位，所以一个无符号整数的最大值是(FFFF)16 = (65 535)10，机器数的范围为0 ~ 65 535。

② 机器数的符号。在计算机内部，任何数据都只能用二进制的两个数码0和1来表示。除了用0和1的组合来表示数值的绝对值大小外，其正负号也必须以0和1的形式表示。通常规定最高位为符号位，并用0表示正，用1表示负。这时在一个8位字长的计算机中，数据的格式如图1-1所示。最高位 D_7 为符号位，D_6 ~ D_0 为数值位。把符号数字化，常用的有原码、反码、补码3种。

(2) 定点数和浮点数。

① 定点数。对于定点整数，小数点的位置约定在最低位的右边，用来表示整数，如图1-2所示；对于定点小数，小数点的位置约定在符号位之后，用来表示小于1的纯小数，如图1-3所示。

D_7	D_6	D_5	D_4	D_3	D_2	D_1	D_0
0							

正数

D_7	D_6	D_5	D_4	D_3	D_2	D_1	D_0
1							

负数

图1-1 正负数的符号表示

② 浮点数。一个二进制数 N 也可以表示为 $N = \pm S \times 2^{\pm P}$。式中的 N、P、S 均为二进制数。S 称为 N 的尾数，即全部的有效数字(数值小于1)，S 前面的 ± 号是尾数的符号；P 称为 N 的阶码(通常是整数)，即指明小数点的实际位置，P 前面的 ± 号是阶码的符

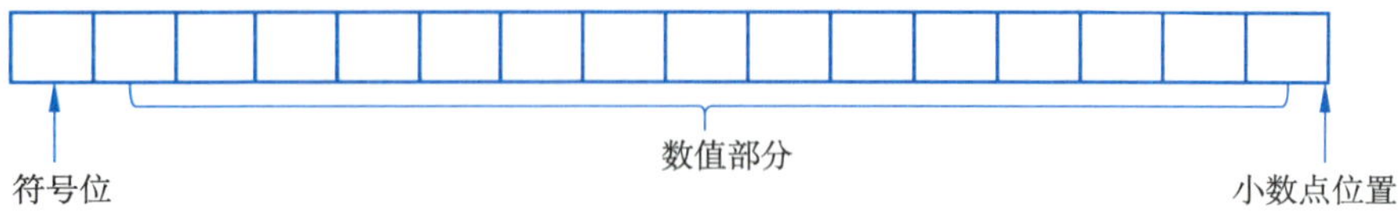

图 1-2　机器内的定点整数

图 1-3　机器内的定点小数

号。在计算机中一般浮点数的存放形式如图 1-4 所示。

阶符	阶码P	尾符	尾码S

图 1-4　浮点数的存放形式

在浮点数表示中，尾数的符号和阶码的符号各占一位。阶码是定点整数，阶码的位数决定了所表示的数的范围；尾数是定点小数，尾数的位数决定了数的精度。在不同字长的计算机中，浮点数所占的字长是不同的。

1.2.2　计算机字符编码

如果用放大镜看一下，可以看出屏幕上的文字是由一个一个的像素点组成的，每一个字符用一组像素点拼接出来，这些像素点组成一幅图像，变成了文字。计算机是如何将文字保存起来的呢？是用一个个的点组成的图像将文字保存起来的吗？当然不是。让我们从英文开始，英文是拼音文字，实际上所有的英文字符和符号加起来也不超过 100 个，但在文字中存在着大量的重复符号，这就意味着保存每个字符的图像会有大量的重复，比如 e 就是出现最多的符号。所以在计算机中，实际上不会保存字符的图像。

1. 字符编码定义

由于文字中存在着大量的重复字符，而计算机天生就是用来处理数字的，为了减少需要保存的信息量，我们可以使用一个数字编码来表示一个字符，通过对每一个字符规定一个唯一的数字代号，然后，对应每一个代号，建立其相对应的图形。这样，在每一个文件中，我们只需要保存每一个字符的编码，这就相当于保存了文字，在需要显示出来的时候，先取得保存起来的编码，然后通过编码表，查到字符对应的图形，然后将这个图形显示出来，这样就可以看到文字了。这些用来规定每一个字符所使用的代码的表格，就称为编码表。编码就是对我们日常使用字符的一种数字编号。

2. 第一个编码表 ASCII(见附录 A)

在最初的时候,美国人制定了第一张编码表《美国标准信息交换码》,简称 ASCII,它总共规定了 128 个符号所对应的数字代号,使用了 7 位二进制的位来表示这些数字。其中包含了英文的大小写字母、数字、标点符号等常用的字符,数字代号从 0 至 127,ASCII 的表示内容如下:

0 ～ 31 :控制符号

32 :空格

33～ 47 :常用符号

48～ 57 :数字

58～ 64 :符号

65～ 90 :大写字母

91～ 96 :符号

97～ 127 :小写字母

注意,32 表示空格,虽然我们在纸上写字时,只要手腕动一下,就可以留出一个空格,但是,在计算机上,空格与普通的字符一样也需要用一个编码来表示。33 ～ 127 共 95 个编码用来表示符号、数字和英文的大小写字母。比如数字 1 对应的数字代号为 49,大写字母 A 对应的代号为 65,小写字母 a 对应的代号为 97。所以我们所写的代码 hello,world 保存在文件中时,实际上是保存了一组数字 104 101 108 108 111 44 32 119 111 114 108 100。我们在程序中比较英文字符串的大小时,实际上也是比较字符对应的 ASCII 的编码大小。由于 ASCII 出现最早,因此各种编码实际上都受到了它的影响,并尽量与其相兼容。

3. 扩展 ASCII 编码 ISO8859

美国人顺利解决了字符的问题,可是欧洲的各个国家还没有解决,比如法语中就有许多英语中没有的字符,因此 ASCII 不能帮助欧洲人解决编码问题。为了解决这个问题,人们借鉴 ASCII 的设计思想,创造了许多使用 8 位二进制数来表示字符的扩充字符集,这样就可以使用 256 种数字代号表示更多的字符了。在这些字符集中,从 0～127 的代码与 ASCII 保持兼容,从 128 到 255 用于其他的字符和符号。由于有很多种语言,它们有着各自不同的字符,于是人们为不同的语言制定了大量不同的编码表,在这些编码表中,从 128～255 表示各自不同的字符,其中国际标准化组织的 ISO8859 标准得到了广泛的使用。

在 ISO8859 的编码表中,编号 0～127 与 ASCII 保持兼容,编号 128～159 共 32 个编码保留给扩充定义的 32 个扩充控制码,160 为空格,161～255 的 95 个数字用于新增加的字符代码。编码的布局与 ASCII 的设计思想如出一辙,由于在一张编码表中只能增加 95 种字符的代码,所以 ISO8859 实际上不是一张编码表,而是一系列标准,包括 14 个字符码表。例如,西欧的常用字符就包含在 ISO8859-1 字符表中,在 ISO8859-7 中则包含了 ASCII 和现代希腊语字符。

ISO8859 标准解决了大量的字符编码问题,但也带来了新的问题,比如说,没有办法在一篇文章中同时使用ISO8859-1和ISO8859-7,也就是说,在同一篇文章中不能同时出现希腊文和法文,因为他们的编码范围是重合的。例如,在ISO8859-1中217号编码表示字符Ù,而在ISO8859-7中则表示希腊字符Ω,这样一篇使用ISO8859-1保存的文件,在使用ISO8859-7编码的计算机上打开时,将看到错误的内容。为了同时处理一种以上的文字,出现了一些同时包含原来不属于同一张编码表的字符的新编码表。

4. 中文字符编码

无论如何,欧洲的拼音文字都还可以用一个字节来保存,一个字节由8个二进制的位组成,用来表示无符号的整数,范围正好是0～255。但是,更严重的问题出现在东方,中国、朝鲜和日本的文字包含大量的符号。例如,中国的文字不是拼音文字,汉字的个数有数万之多,远远超过区区256个字符,因此ISO的8859标准实际上不能处理中文的字符。

通过借鉴ISO8859的编码思想,中国的专家灵巧地解决了中文的编码问题。既然一个字节的256种字符不能表示中文,那么我们就使用两个字节来表示一个中文,在每个字符的256种可能中,为了与ASCII保持兼容,不使用低于128的编码。借鉴ISO8859的设计方案,只使用从160以后的96个数字,两个字节分成高位和低位,高位的取值范围从176～247共72个,低位从161～254共94,这样两个字节就有72×94 =6768种可能,也就是可以表示6768种汉字,这个标准就是GB 2312-80。

(1) 汉字编码的分类。目前,常用的汉字编码主要有:国标码、区位码、机内码。

(2) 国标码。为用0、1代码串表示汉字,适应计算机信息处理技术发展的需要,1980年我国颁布了《信息交换用汉字编码字符集基本集》(国家标准代号为GB 2312-80),简称国标码。共收录了汉字6 763个,各种字母符号682个,合计7 445个。这些汉字根据其常用程度又分为一级汉字、二级汉字。一级常用汉字3 755个,以拼音为序;二级汉字3 008个,以偏旁部首为序。

由于汉字的字符多,国标码的每一个符号都用两个字节(即16位二进制)代码来表示,行、列各94(0～93),用先行后列的双7位二进制数表示,即两个字节的最高位为0,如“宝”字的国标码为00110001 00100110。

(3) 区位码。汉字用二进制的国标码来表示很不方便,因此一般用其十进制的区位码表示。区(行)、位(列)各94(1-94),用先区后位的双2位十进制数表示,不足两位前面补0。

(4) 机内码。计算机系统中用来表示中文或西文的代码称为机内码,简称内码。现在我国都用国标码(GB 2312)作为机内码,GB 2312-80规定如下:

① 一个汉字由两个字节组成,为了与ASCII码区别,最高位均为1。

② 汉字6 763个,一级汉字3 755个,按汉字拼音字母顺序排列;二级汉字3 008个,按部首笔画汉字排列。

③ 汉字分区:94行(区),94列(位)(区位码)。

(5)区位码、国标码与机内码的转换关系

① 将区位码的区号和位号分别由十进制转换对应的十六进制后加2020H(H表示16进制数)即为国标码;

② 将十六进制国标码+8080H 即为机内码，如图 1-5 所示。

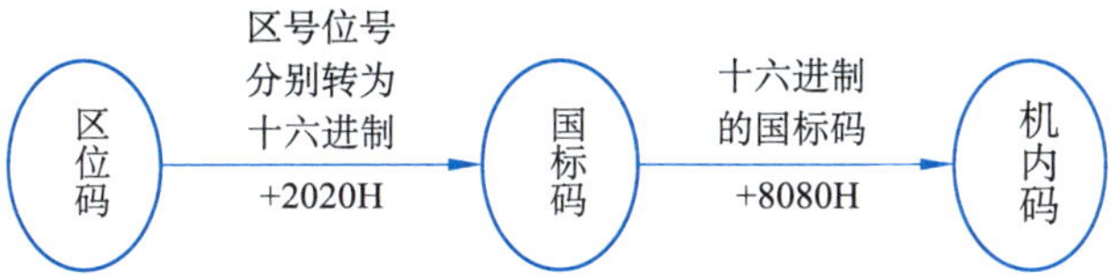

图 1-5 国标码、区位码、机内码相互转换示意图

【例 1-13】 以汉字“大”为例，“大”字的区位码为 2083。

解：因$(20)_{10}=(14)_{16}$，$(83)_{10}=(53)_{16}$；则其国标码为 1453H+2020H = 3473H；机内码即为 3473H + 8080H = B4F3H。

(6)文字信息处理。文字信息的基本处理过程(如图 1-6 所示)是：用户用键盘输入汉字编码，通过代码转换程序转换成汉字机内码进行储存、处理、加工，转换时要利用输入码到码表中去检索机内码。输出时，再利用字形检索程序在汉字字模库中查到表示这个汉字的字形码，根据字形码在显示器或打印机上输出。

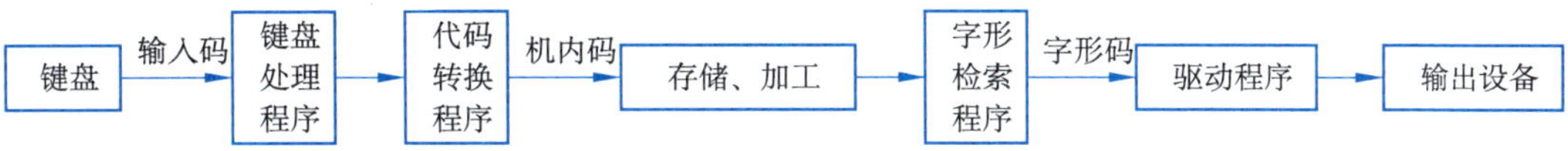

图 1-6 文字信息的基本处理过程

汉字信息存储在计算机内采用机内码，但输出时必须转换成字形码，以人们熟悉的汉字形式输出才有意义，因此每一个汉字都要有对应的字的模型，简称字模；储存在计算机内的字模的集合就构成了字模库，简称字库。汉字输出时，需要先根据内码找到字库中对应的字模，再根据字模输出汉字。

字模是将每一个汉字以点阵形式存储在记录介质上，有点的地方为“1”，空白的地方为“0”。如“杭”字在 16×16 点阵(如图 1-7 所示)中的字形码是 0001000010000000、0001000001000000、…0001000000000000。其每一行为 16 位，共 16 行组成一个汉字的字形码，则需要二进制位 16×16 即 256 位，等于 32 字节。点阵还可有 24×24、48×48 等不同形式，规模越大，每个汉字存储的字节数就越多，字库也就越庞大；但字形分辨率就越好，字形也越美观。

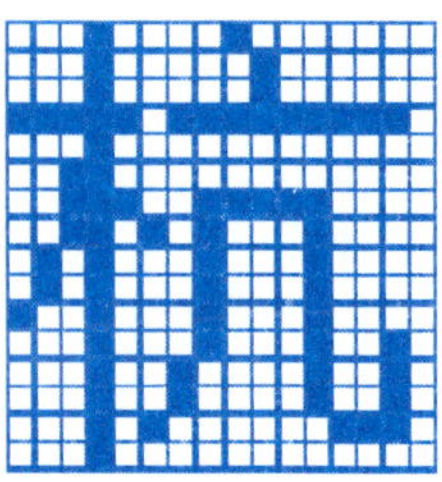

图 1-7 字形码

大多数汉字信息处理系统把汉字字库存放在磁盘上，这样的字库称为“软字库”，使用时全部或部分调入内存，并通过专门的软件实现从汉字机内码转变为对应的汉字字模点阵码的地址，根据地址找到相应的字形码；相对于“软字库”，将固化在 EPROM 或 MASK-ROM 的芯片中的汉字字库称为“硬字库”，一般打印机等设备中都安装有带有固化汉字库的集成电路芯片，以提高输出汉字的速度。

1.3 计算机系统的组成与工作原理

1.3.1 计算机系统的组成

计算机系统包括硬件系统和软件系统。硬件系统是看得见、摸得着的实体部分；软件系统是为了更好地利用计算机而编写的程序及文档。它们的区分犹如把一个人分成躯体和思想一样，躯体是硬件，思想则是软件。

计算机系统的基本组成如图 1-8 所示。

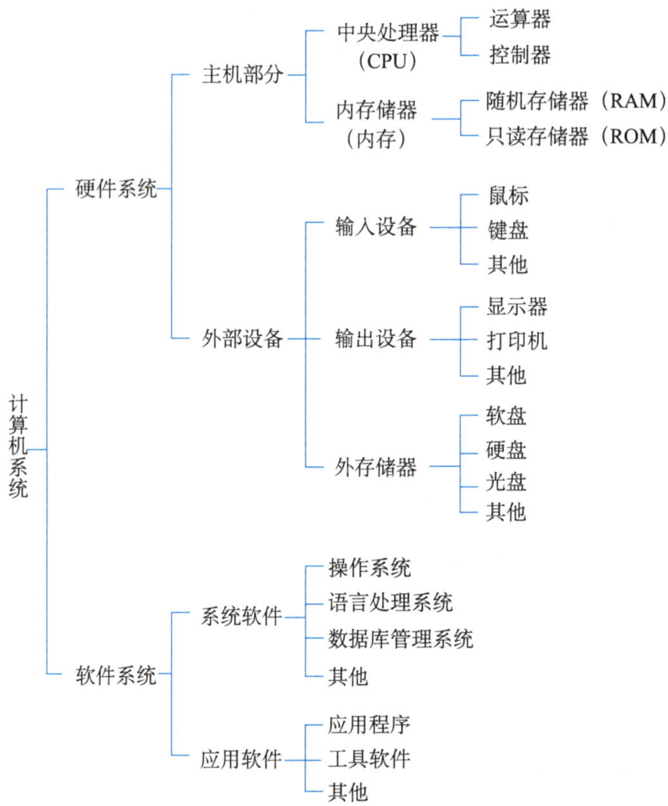

图 1-8　计算机系统的基本组成

1. 计算机的硬件系统

计算机的硬件系统主要包括以下几部分。

(1) 主板。主机由中央处理器和内存储器组成，用来执行程序、处理数据，主机芯片都安装在一块电路板上，这块电路板称为主机板（主板）。为了与外围设备连接，在主机板上还安装有若干个接口插槽，可以在这些插槽上插入与不同外围设备连接的接口卡。主板是微型计算机系统的主体和控制中心，它几乎集合了全部系统的功能，控制着各部分之间的指令流和数据流。

(2) 中央处理器。计算机中央处理器简称 CPU，它是计算机硬件系统的核心，是计算机的心脏，CPU 品质的高低直接决定了计算机系统的档次。

(3) 存储器。存储器的主要功能是存放程序和数据。使用时，可以从存储器中取出信息来查看、运行程序，称其为存储器的读操作；也可以把信息写入存储器，修改原有信息，删除原有信息，称其为存储器的写操作。存储器通常分为内存储器和外存储器。

① 内存储器(内存)。内存条如图 1-9 所示。

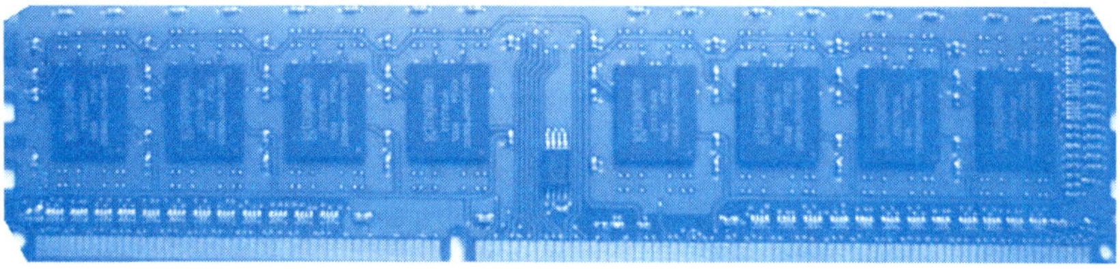

图 1-9 内存条

只读存储器(ROM)。存储的信息只能读(取出)不能写(存入或修改)，其信息在制作该存储器时就被写入；断电后信息不会丢失。用途：一般用于存放固定不变的、控制计算机的系统程序和数据。

随机存储器(RAM)。既可读，也可写；断电后信息丢失。用途：临时存放程序和数据。

高速缓冲存储器(cache)。指在 CPU 与内存之间设置的一级或两级高速小容量存储器，固化在主板上。在计算机工作时，系统先将数据由外存读入 RAM 中，再由 RAM 读入 cache 中，然后 CPU 直接从 Cache 中取数据进行操作，如图 1-10 所示。

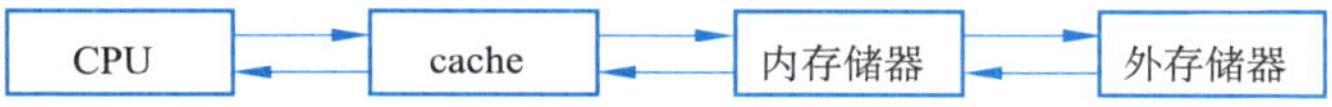

图 1-10 cache 与 CPU 和存储器的关系

② 外存储器(外存)。外存一般用来存储需要长期保存的各种程序和数据。它不能被 CPU 直接访问，必须先调入内存才能被 CPU 利用。与内存相比，外存存储容量比较大，但速度比较慢。图 1-11、图 1-12 所示为硬盘及其结构示意图。

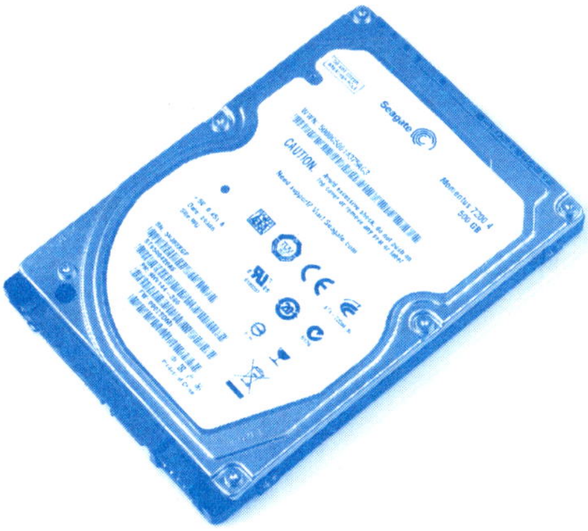

图 1-11 硬盘图

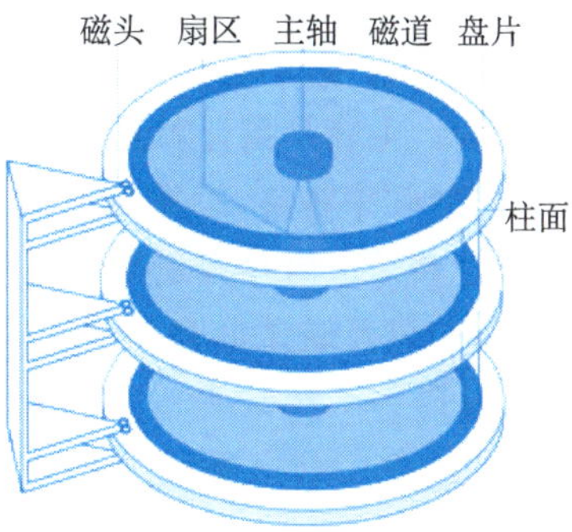

图 1-12 硬盘结构示意图

(4) 输入/输出设备。输入/输出设备包括键盘、鼠标、摄像头、显示器、打印机、外存储器等,如图 1-13 所示。

(a) 显示器

(b) 键盘和鼠标

(c) 激光打印机

图 1-13 输入/输出设备

(5) 总线和接口。

① 总线。计算机中传输信息的公共通路称为总线(BUS)。一次能够在总线上同时传输的信息二进制位数被称为总线宽度。CPU 是由若干基本部件组成的,这些部件之间的总线被称为内部总线;而连接系统各部件间的总线称为外部总线,也称为系统总线。按照总线上传输信息的不同,总线可以分为数据总线(DB)、地址总线(AB)和控制总线(CB)3 种。

② 接口。不同的外围设备与主机相连都必须根据不同的电气标准和机械标准,采用不同的接口来实现。主机与外围设备之间信息通过两种接口传输。一种是串行接口,如鼠标;一种是并行接口,如打印机。串行接口按机器字的二进制位,逐位传输信息,传送速度较慢,但准确率高;并行接口一次可以同时传送若干个二进制位的信息,传送速度比串行接口快,但器材投入较多。现在的微型机上都配备了串行接口与并行接口。

(6) 计算机的主要技术指标。

① 字长。字长是指一台计算机所能处理的二进制代码的位数。微型计算机的字长直接影响到它的精度、功能和速度。字长越长,能表示的数值范围就越大,计算出的结果的有效位数也就越多;字长越长,能表示的信息就越多,机器的功能就更强。目前常用的是 64 位字长计算机。

② 运算速度。运算速度是指计算机每秒钟所能执行的指令条数,一般用 MIPS(million of instructions per second,即每秒百万条指令)为单位。由于不同类型的指令执行时间长短不同,因而运算速度的计算方法也不同。

③ 主频。主频是指计算机 CPU 的时钟频率,它在很大程度上决定了计算机的运算速度。一般时钟频率越高,运算速度就越快。主频的单位一般是 MHz 与 GHz。

④ 内存容量。内存容量是指内存储器中能够存储信息的总字节数,现在一般以 GB 为单位。内存容量反映了内存储器存储数据的能力。目前微型机的内存容量有 512MB、2GB、4GB 等。1TB = 2^{10}GB = 1 024GB,1GB = 2^{10}MB= 1 024MB,1MB = 2^{10}KB=1 024KB,1KB = 2^{10}B=1 024B, 所以 1GB = 2^{30}B,1TB = 2^{40}B。

⑤ 外设配置。外设是指计算机的输入/输出设备以及外存储器,如键盘、鼠标、显示器、打印机、扫描仪、磁盘驱动器等。

⑥ 软件配置。软件配置包括操作系统、计算机语言、数据库管理系统、网络通信软件、字处理软件及其他各种应用软件等。

2. 计算机的软件系统

计算机软件是计算机程序和对该程序的功能、结构、设计思想以及使用方法等的整套文字资料说明(即文档)。通常计算机软件系统分为系统软件和应用软件两大类。

(1) 系统软件。

① 操作系统。操作系统是管理和指挥计算机运行的一种大型软件系统,是包在硬件外面的最内层软件,简称 OS。操作系统是控制和管理计算机系统的一组程序的集合,是应用软件运行的基础。用户通过操作系统定义的各种命令来使用计算机。

操作系统的种类繁多,按照其功能和特性可分为批处理操作系统、分时操作系统、实时操作系统、网络操作系统等;按照同时管理用户数的多少可分为单用户操作系统和多用户操作系统。超级计算机使用的是 Unix 操作系统。

个人计算机的操作系统随着微机硬件技术和软件技术的发展经历了从简单到复杂、日益成熟并且愈来愈方便使用的过程。美国微软公司最早开发的 DOS 操作系统是一个单用户单任务系统,采用的是文字窗口的字符串命令操作界面。Windows 操作系统采用图形窗口操作界面,从 Windows 3.1 到 Windows 95、Windows 98,再到 Windows XP,直至目前的 Windows 7 和 Windows 8,一直都是台式机和笔记本电脑广泛使用的操作系统。

目前我们使用的操作系统主要有单用户操作系统和网络操作系统。

单用户操作系统同一时间只能处理一个用户作业,这种操作系统多用于微型计算机上,如 DOS 操作系统。

网络操作系统是管理连接在计算机网络上的多台计算机的操作系统,如 Windows NT 操作系统。

② 计算机语言。程序设计语言是指用于编写计算机程序的计算机语言。计算机语言分为机器语言、汇编语言和高级语言 3 种。

机器语言(machine language),是用二进制代码指令(由 0 和 1 组成的计算机可识别的代码)来表示各种操作的计算机语言。用机器语言编写的程序称为机器语言程序。

机器语言的优点是它不需要翻译,可以为计算机直接理解并执行,执行速度快,效率高;缺点是这种语言不直观,难于记忆,编写程序烦琐而且机器语言随机器而异,通用性差。

汇编语言是一种用符号指令来表示各种操作的计算机语言。

汇编语言指令比机器语言指令简短,意义明确,使人容易读写和记忆,大大方便了人们的使用。

汇编语言编写的源程序,不能为计算机直接识别执行,必须翻译(编译)为机器语言程序(目标程序)才能为计算机执行。把汇编语言源程序翻译为机器语言目标程序的过程,称为汇编,汇编是由专门的汇编程序(编译系统)完成的。

机器语言和汇编语言均是面向机器(依赖于具体的机器)的语言,统称为低级语言。

高级语言是一种接近于自然语言和数学语言的程序设计语言,它是一种独立于具体的计算机而面向过程的计算机语言,如 BASIC、FORTRAN、C 语言等。用高级语言编写的程序可以移植到各种类型的计算机上运行(有时要进行少量修改)。

高级语言的优点是其命令接近人的习惯,它比汇编语言程序更直观,更容易编写、修改、阅读,使用更方便。

③ 语言处理系统。用汇编语言和高级语言编写的程序(称为源程序),计算机并不认识,更不能直接执行,而必须由语言处理系统将它翻译成计算机可以理解的机器语言程序(即目标程序),然后再让计算机执行目标程序。语言处理系统一般可分为 3 类:汇编程序、解释程序和编译程序。

汇编程序是把用汇编语言写的源程序翻译成等价的机器语言程序。汇编语言是为特定的计算机和计算机系统设计的面向机器的语言。其加工对象是用汇编语言编写的源程序。

解释程序是把用交互会话式语言编写的源程序翻译成机器语言程序。解释程序的主要工作是,每当遇到源程序的一条语句,就将它翻译成机器语言并逐句逐行执行,非常适用于人机会话。

高级编译程序是把高级语言编写的源程序翻译成目标程序的程序。其中,目标程序可以是机器指令的程序,也可以是汇编语言程序。如果是前者,则源程序的执行需要两步,先编译后运行;如果是后者,则源程序的执行就需要三步,先编译,再汇编,最后运行。

编译程序与解释程序相比,解释程序不产生目标程序,直接得到运行结果,而编译程序则产生目标程序。一般解释程序运行时间长,但占用内存少,编译则正好相反,大多数高级语言都是采用编译的方法执行。

(2) 应用软件。软件系统中的应用软件根据使用的目的不同,可分为文字处理软件、压缩软件、文件分割软件、电子阅读软件、教学软件、网络工具软件等。

1.3.2 计算机工作原理

计算机基本工作原理即“存储程序”原理,它是由美籍匈牙利数学家冯·诺依曼于 1946 年提出的。他将计算机工作原理描述为:将编好的程序和原始数据,输入并存储在计算机的内存储器中(即“存储程序”),计算机按照程序逐条取出指令加以分析,并执行指令规定的操作(即“程序控制”)。这一原理称为“存储程序”原理,它是现代计算机的基本工作原理,至今计算机仍采用这一原理,如图 1-14 所示。

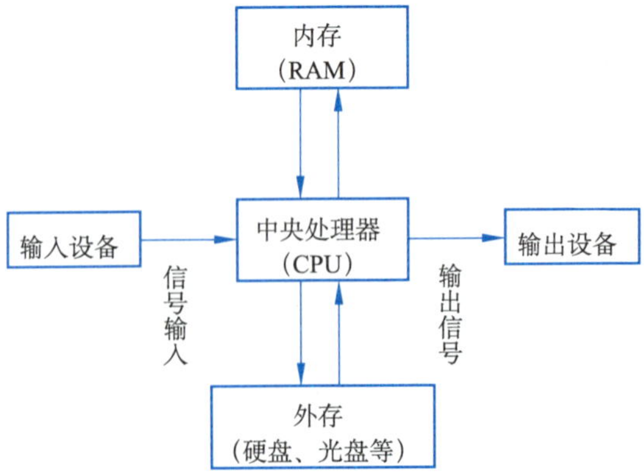

图 1-14 计算机的工作原理

1.4 配置计算机

1.4.1 案例的引入

王亮现急需要配置一台电脑，首先要明确配电脑的目的是什么？预算是多少？电脑硬件主要考虑 CPU、主板、内存条、硬盘、显示器、电源、机箱以及显卡的具体性能和技术指标。如果只是为了上网、处理文字，对显卡就没有过多的要求；如果是为了玩大型游戏或者进行 3D 图像处理的话，显卡和内存的要求就比较高，当然还要有专门的高性能键盘鼠标；如果为了存储资料，海量的硬盘是少不了的；如果是要进行专业的图像设计，除了显卡以外，一台好的显示器很关键；最后，一定要有个好的电源，为你的电脑提供稳定的电流，对计算机的使用有很大的好处。

当然，评价一台 PC 的整体性能是一个复杂的问题，除了电脑硬件的基本性能体现外，计算机系统的可靠性、可维护性、兼容性乃至诊断能力、容错能力等都影响着计算机的整体功能。购买计算机不能只重价格而忽略性能，这里的性能是指硬件配合软件的综合性能，价格是指整个系统包括硬件和软件的价格。我们的目标是，性能价格比越高越好。

购买电脑是购买台式机还是笔记本？台式机和笔记本是根据用户需求定位的两种不同产品。如果要经常移动的话当然是笔记本，但如果办公应用或者家庭应用不需要移动的话还是台式机较好。近年来，便于携带的超轻薄笔记本一直受到用户的青睐，笔记本的价格也一降再降，但主流配置的笔记本性价比相对偏低。

购买台式机的很多人都被同样的一个问题困扰：到底是买品牌机的电脑还是兼容机(也就是人们常说的自己组装一台电脑)？品牌机有着良好的售后服务体系，兼容机有着出色的性价比，孰优孰劣？品牌机和兼容机在价格上的差距正在逐步缩小，同等级别的兼容机相对于品牌机来说拆卸方便，更容易升级，性价比相对偏高；而品牌机相对来说"规矩"就多了点，但其优势是良好的售后服务，机器兼容性能强，靓丽外形与人性化设计也十分吸引人的眼球。

1.4.2 问题的解决

王亮明确了自己配置电脑的目的，同时经过对计算机基础知识的系统学习和了解，王亮对自己欲购置的电脑有了一个较为清晰的轮廓，然后在网上查询了各种对应的电脑配置清单，最后确定了一套比较满意的配置方案。

1.5 小结与拓展练习

1. 小结

本章系统地阐述了计算机发展史、计算机的数制及换算、计算机系统的软硬件组成及工作原理等一些预备基础知识,同时对兼容机各部件的主要性能指标做了翔实的展示与评测。通过此章的学习,读者对于计算机特别是个人电脑应有一个较全面的理性认识和较为具体的感性认识。

2. 拓展练习

某公司董事长因业务发展及提高员工工作效率需要,决定斥资30万元给旗下的100名员工每人配备一台电脑用于工作。员工的日常工作是通过E-mail与客户联系业务,通过公司的专用软件来发布公司的最新动态与产品的最新信息,以及收集客户反馈资料等。请你按该公司职员的工作需要列出这批计算机的详细配置清单(包括价格)。

第 2 章

Windows操作系统

教学提示

通过本章的学习，了解计算机操作系统的基本概念和主要管理功能，掌握 Windows 7 操作系统安装过程及基本设置，文件和文件夹的创建、复制、移动、删除等操作。

教学目标

(1) 了解计算机操作系统的各项基本功能。

(2) 熟练掌握计算机的启动和关闭功能。

(3) 熟练掌握键盘和鼠标的使用方法。

(4) 熟练掌握文件夹的创建及文件(夹)的重命名、复制、移动、查看和排列等各种操作。

(5) 能灵活运用资源管理器操作和管理旅游行业中的各类文件。

2.1 操作系统概述

2.1.1 操作系统的概念

操作系统是管理和控制计算机硬件与软件资源的计算机程序，是直接运行在“裸机”上的最基本的系统软件，控制其他程序运行并为用户提供交互操作界面的系统软件的集合，任何其他软件都必须在操作系统的支持下才能运行。操作系统的种类相当多，各种设备安装的操作系统可从简单到复杂，可从手机的嵌入式操作系统到超级计算机的大型操作系统。典型操作系统有 DOS、Windows、UNIX、Linux、MacOS。

2.1.2 操作系统的管理功能和作用

1. 操作系统的管理功能

从资源管理的角度看，操作系统主要有以下 5 大功能：

(1) 处理机管理。处理机是计算机中的核心资源，所有程序的运行都要靠它来实现。具体地说处理机管理要做如下事情：对处理机的时间进行分配，对不同程序的运行进行记录和调度，实现用户和程序之间的相互联系，解决不同程序在运行时相互发生的冲突。

(2) 存储器管理。计算机要运行程序就必须要有一定的内存空间。当多个程序都在运行时，如何分配内存空间才能最大限度地利用有限的内存空间为多个程序服务。这都是存储管理所要解决的问题。

(3) 作业管理。在操作系统中，把用户请求计算机完成一项完整的工作任务称为一个作业。作业管理解决的是允许谁来使用计算机和怎样使用计算机的问题。

(4) 信息管理。有时也称为文件管理，是因为在操作系统中通常是以文件作为管理的单位。计算机中存放的、处理的、流动的都是信息。不同用户的不同信息共存于有限的媒体上,如何对这些文件进行分类,如何保障不同信息之间的安全,如何将各种信息与用户进行联系,如何使信息不同的逻辑结构与辅助存储器上的存储结构进行对应,这些都是信息管理要做的事情。

(5) 设备管理。计算机系统中配有各种各样的外部设备,设备管理的任务就是采用统一管理模式,自动处理内存和设备间的数据传递,从而减轻用户为这些设备设计输入输出程序的负担。

2. 操作系统的作用

操作系统的作用可以从不同的角度来观察。从一般用户的角度来看,可把操作系统看作是用户与计算机硬件系统之间的接口;从资源管理角度来看,可把操作系统视为计算机系统资源的管理者;从机器功能的角度来看,则可把操作系统用作扩充机器,在裸机无软件的计算机系统上安装操作系统后,便可变成一台功能显著增强、使用极为方便的多层扩充机器或多层虚拟机器。

2.1.3 操作系统的分类及其特点

根据用户界面的使用环境和功能特征的不同,操作系统一般可分为以下五种基本类型:

1. 批处理操作系统

批处理操作系统允许多个程序同时装入到主存储器,使一个中央处理器轮流地执行多个作业,各个作业同时使用各自的外围设备,提高了计算机系统的资源使用效率。其主要特点是成批处理。

2. 分时操作系统

分时操作系统是多个用户通过终端机器同时使用一台主机,这些终端机器连接在主机上,用户可以同时与主机进行交互操作而互不干扰。其主要特点是交互性、及时性、独立性和多路性。

3. 实时操作系统

在实时操作系统的控制下,计算机系统接收到外部信号后及时进行处理,并且要在严格的时限内处理完接收的事件。其主要特点是及时性和可靠性。

4. 网络操作系统

网络操作系统把计算机网络中的各台计算机有机地结合起来,提供一种统一、经济而有效地使用各台计算机的方法,实现各个计算机之间相互传送数据。其最主要的特点是网络中各种资源的共享以及各台计算机之间的通信。

5. 分布式操作系统

将大量的计算机通过网络连接在一起,可以获得极高的运算能力及广泛的数据共享。

这种系统称为分布式系统。其主要特点是分布性和并行性。

2.2 Windows 7 概述

2.2.1 Windows 7 背景介绍

Windows 7 是在 Windows Vista 的基础上构造的，采用了 Windows Vista 的所有优点。对于 Windows 7，重点放在提高影响用户体验和工作效率的关键事情上。

Windows 7 界面的响应速度更快，可以方便地访问最常用的文件，同时新增更快捷的方式来管理多个打开的窗口。使用 Windows 搜索可方便地定位和打开 PC 机上的几乎任何文件，包括文档、电子邮件和音乐等。

Windows 7 PC 更可靠。它们非常安全，而且用户可以对它们的安全设置和警报数目进行更多的控制，从而使自己所遇到的中断次数变少。

与 Vista 相比，Windows 7 有很多新增功能和改进功能，例如，Windows 7 在磁盘空间使用量方面低于 Windows Vista。

(1) 休眠数据文件现在是物理 RAM 大小的 75%，而不是过去的 100%。

(2) 通过多种方式减小了日志文件大小。

(3) 内存转储文件处理更改。

(4) 系统管理的页面文件默认大小现在减小为 RAM 大小。默认页面文件大小以前为 RAM 大小 + 300MB。系统管理的页面文件最小大小为 1GB，这保持不变。

(5) 不再创建重复的注册表备份文件。

(6) Windows 7 上的系统还原磁盘空间使用率已降低到 5%。总容量小于 64 GB 的驱动器上该大小进一步降低到 3%。

(7) 补充文件移到了网站上。这包括较少用到的打印机驱动程序，以及基本上不常需要的帮助视频文件。受影响的驱动程序已经移到了 Windows Update 上。帮助文件通过 Windows 帮助和指导联机网站提供。

Windows 7 通过多种改进提高了性能，其中包括：

(1) 减少系统服务的数量。

(2) 减少系统服务对 CPU、磁盘和内存资源的需求。

(3) 提高驱动程序初始化的并行度(可同时安装多个驱动程序)。

(4) 针对传统硬盘和 SSD 硬盘优化的预读取更快。

Windows 7 还有很多其他的新增、改进功能，在这里不再一一介绍。

2.2.2 Windows 7 的版本概述

1. 版本分类

Microsoft 提供多个不同的 Windows 7 版本来满足多种用户需求，如图 2-1 所示。

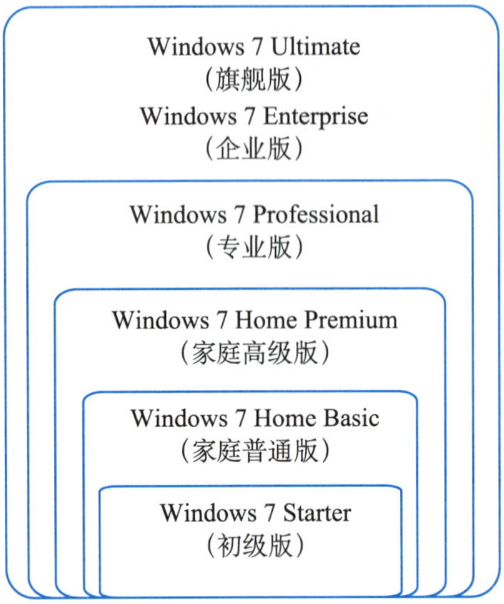

图 2-1　Windows 7 的版本类别

每个 Windows 7 版本都包含其较低版本的所有功能，从一个版本升级到下一个版本时，不必对功能作出取舍，见表 2-1。

表 2-1　Windows 7 各版本主要功能

功能	初级版	家庭普通版	家庭高级版	专业版	企业版	旗舰版
改进的任务栏弹出菜单	√	√	√	√	√	√
桌面搜索(Windows search)	√	√	√	√	√	√
加入家庭组	√	√	√	√	√	√
Windows Media Player	√	√	√	√	√	√
备份与还原	√	√	√	√	√	√
行动中心(Action Center)	√	√	√	√	√	√
设备管理器(Device Stage)	√	√	√	√	√	√
增强家庭媒体流(含 Play to)	√	√	√	√	√	√
可打开程序数量	3 个	无限	无限	无限	无限	无限
任务栏实时缩略图预览		√	√	√	√	√
快速用户切换		√	√	√	√	√
创建 ad-hoc 无线网络		√	√	√	√	√
互联网连接共享(ICS)		√	√	√	√	√
Aero Glass 及高级窗口导航			√	√	√	√
多点触摸与手写支持(Windows Touch)			√	√	√	√

2. 向客户推荐 Windows 7 版本

如果有客户问您推荐哪个 Windows 7 版本，请考虑询问以下问题并推荐所列解决方案，如图 2-2 与图 2-3 所示。

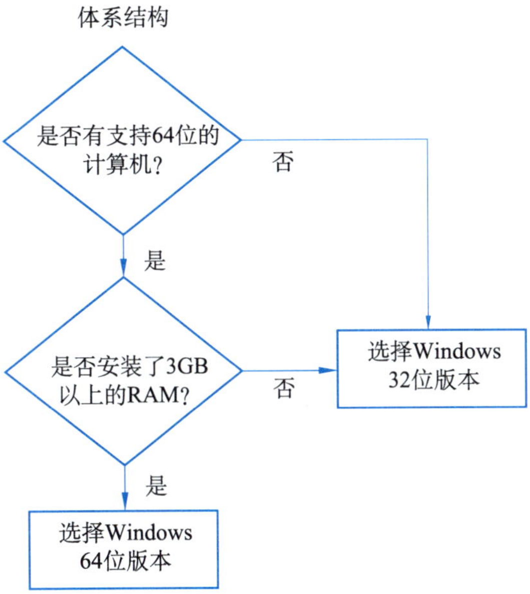

图 2-2 X64 与 X86(32 位)的选择

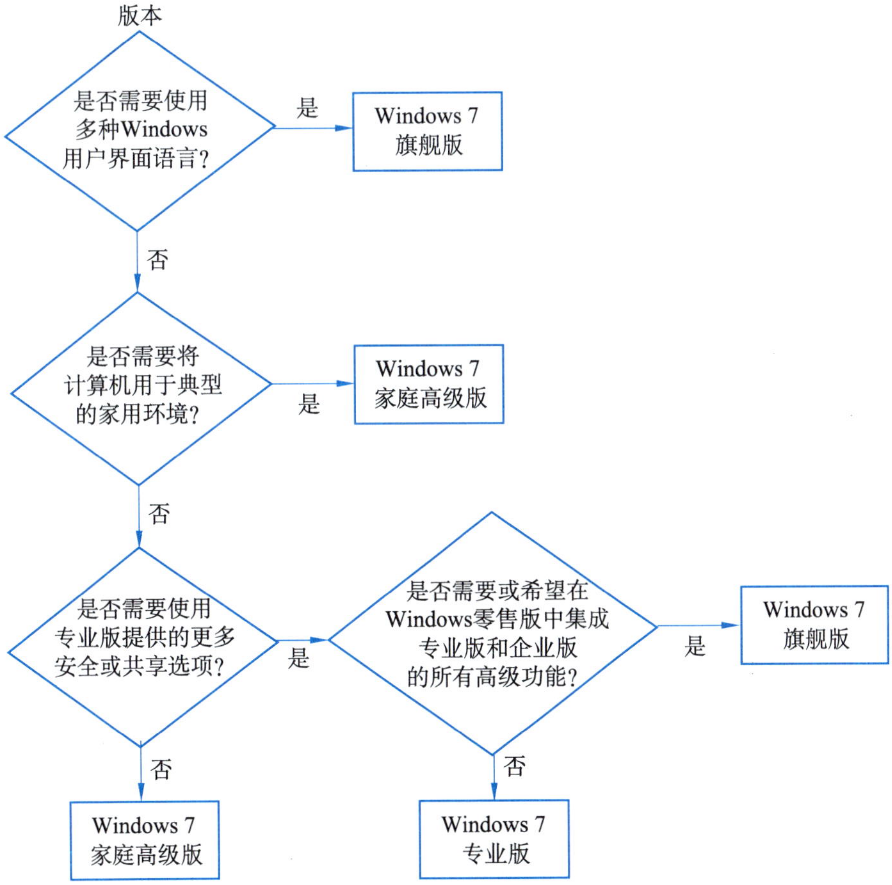

图 2-3 Windows7 版本的选择

2.3 Windows 7 系统安装

本节着重讲述 Windows 7 的安装方法。

2.3.1 案例引入

1. 案例的提出

王亮经过精挑细选,将爱机购买了回来,但爱机搬回来时只是一台裸机,裸机是不能做任何事情的,由于王亮从无系统安装经历,也不敢擅自下手以免弄坏了电脑,无奈只得再请计算机系的学长帮忙。

2. 案例的分析

参照此电脑硬件配置及王亮的具体需求情况,学长作出的解析是:将 BIOS 参数的第一启动调为 CD-ROM 启动;然后用 GhostWin7_X64_V2013 旗舰版系统安装光盘启动 WIN PE 简易系统,并在此系统内对硬盘进行分区格式化;再次用系统安装光盘重启电脑,选择启动菜单第一项进行 GHOST 恢复安装。

用户可预先在百度上搜索虚拟机软件 VMware Workstation9.0,找到下载网站再下载到本地硬盘;深度 GhostWin7_X64_V2013 旗舰版系统可在系统之家(http://www.xitongzhijia.net/)中下载 ISO 镜像文件,然后将该 ISO 镜像文件刻录成 DVD 安装光盘。

教师在讲授本节时可在已安装好 Windows 7 系统的多媒体教室计算机里先安装虚拟机软件 VMware Workstation9.0 英文版,再在虚拟机预置的分区空间里模拟安装 GhostWin7_X64_V2013 旗舰版系统。

2.3.2 本案例主要涉及的知识点

(1) BIOS 参数设置。

(2) Windows 7 系统安装过程及其技巧。

2.3.3 案例实现的步骤

1. 光盘启动安装

光盘启动安装的步骤如下:

(1) BIOS 启动项参数调整。设置光驱为第一启动项。

重启,按 Del 键进入 BIOS,找到 Advanced Bios Features(高级 BIOS 参数设置)按回车,

进入 Advanced Bios Features(高级 BIOS 参数设置)界面,可以看到以下三个选项:

First Boot Device,开机启动项 1 ;

Second Boot Device,开机启动项 2;

Third Boot Device,开机启动项 3。

正常设置是:

First Boot Device 设为 HDD-0(硬盘启动);

Second Boot Device 设为 CD-ROM(光驱启动)。

当重装系统需从光驱启动时,按 Del 键进入 BIOS 设置,找到 First Boot Device ,将其设为 CD-ROM(光驱启动),方法是用键盘方向键选定 First Boot Device ,用 PgUp 或 PgDn 翻页将 HDD-0 改为 CD-ROM,按 Esc,按 F10,再按 Y,回车,保存并退出。

(2) 硬盘分区。设置好光驱启动后,放入预先刻录好的 GhostWin7_X64_V2013 旗舰版的 DVD 系统安装光盘。再重启电脑,启动后弹出如下菜单项,如图 2-4 所示。

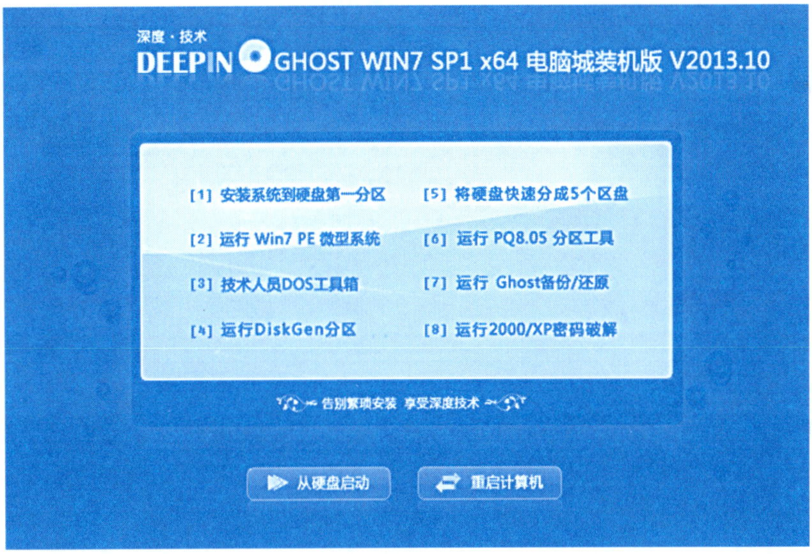

图 2-4 光盘启动菜单

如果硬盘尚未分区,可先在图 2-4 中选择菜单 5 执行硬盘的自动分区,将新机器的新硬盘自动分为 5 个分区。

(3) 系统安装流程。分区完毕后重启机器,再在图 2-4 中单击“安装系统到硬盘第一分区”,选择安装系统到硬盘第一分区,系统开始恢复系统文件到 C 盘,如图 2-5 所示。

待上图中 Ghost 恢复全部完成后重启电脑,按 DEL 键进入 BIOS 设置,找到 First Boot-Device ,将其设回 HDD-0(硬盘启动),现在系统将从硬盘启动,进入自动拷贝系统过程,如图 2-6 所示。

5～ 10 分钟后系统会自动安装结束,自动重启,直至进入系统。Windows 7 旗舰系统完全启动后如图 2-7 所示。

至此,从光盘安装 GhostWin7 系统安装完毕。

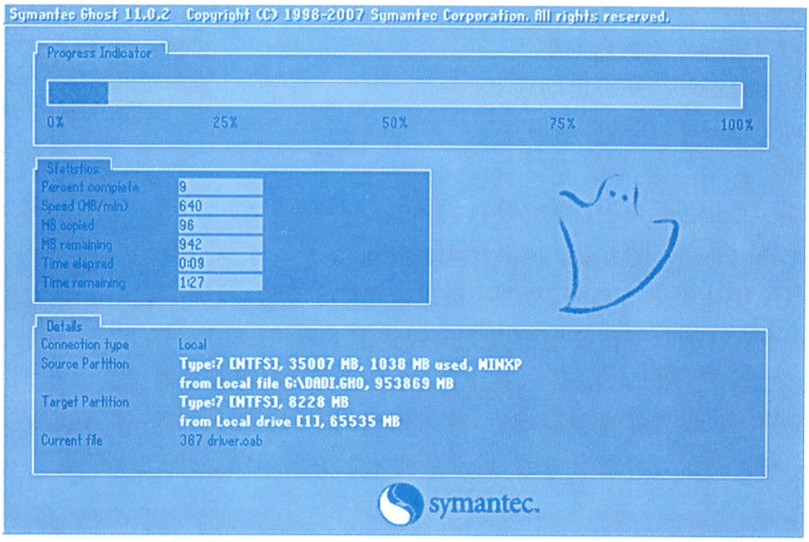

图 2-5 恢复系统文件界面

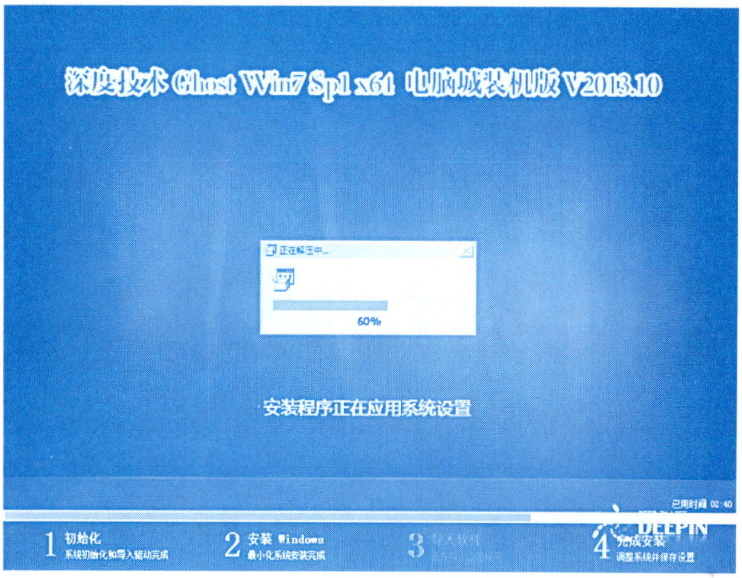

图 2-6 自动拷贝系统过程

2. 硬盘安装 GhostWin7 系统

从硬盘安装 GhostWin7 系统的步骤如下：

(1) 把从网上下载的 Windows7 系统的 ISO 镜像文件解压到一个英文目录，如图 2-8 所示。

(2) 解压后的目标文件夹必须是英文目录(如自建 E :\WIN7)，否则无法安装。在图 2-8 中双击执行 AUTORUN. EXE 程序文件，弹出如下界面，如图 2-9 所示。

图 2-7 Windows7 启动后的桌面

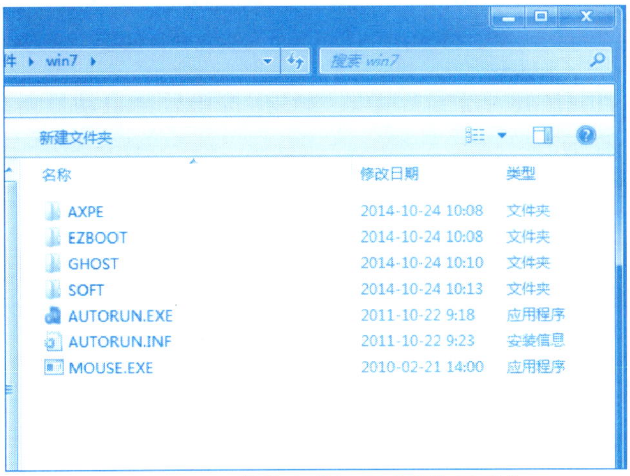

图 2-8 ISO 镜像文件解压后的资源列表

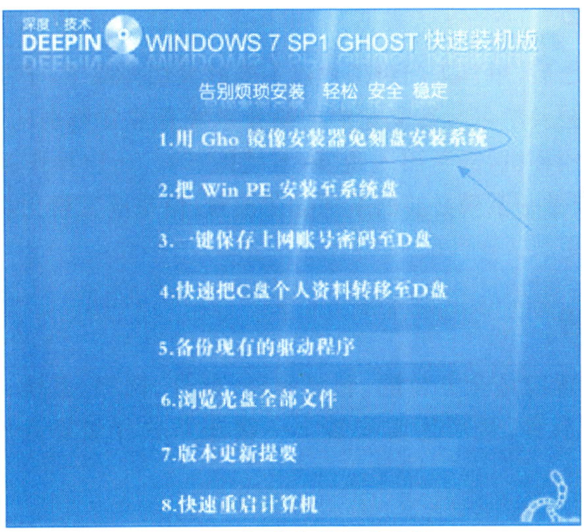

图 2-9 自动安装程序菜单

(3) 在图 2-9 中单击“用 GHOST 镜像安装器免刻盘安装系统”，弹出图 2-10 所示界面：

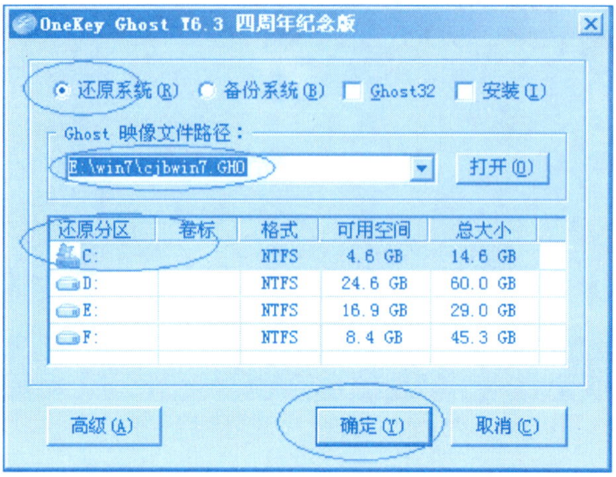

图 2-10　GHOST 源文件与目标分区设置

如图 2-10 所示，选择“还原系统”，单击“确定”按钮后会自动重新启动，进入安装流程(和从光盘安装是一样的)。

至此，从硬盘安装 GhostWin 7 系统安装完毕。

2.4　Windows 7 系统常规优化设置

本节着重讲述 Windows 7 系统的优化设置。

2.4.1　案例的引入

1. 案例的提出

操作系统安装好之后，很多入门级用户以为到此大功告成了，于是立即用这个新装的系统去上网、玩游戏、办公及学习。其实此时的操作系统是非常脆弱的，稍微使用一段时间就会发现系统经常出错或死机，甚至出现蓝屏(系统毁坏)。所以操作系统安装好之后还不能立即投入使用，还必须做一系列必要的系统优化设置，使系统变得更加稳定、更加强壮，这样系统的寿命周期就会更长。

2. 案例的分析

对系统的优化设置应是全方位的，包括硬件、软件、网络、系统内部兼容性等各方面，然后必须安装上杀毒软件，最后还需安装上一键还原软件做好备份以绝后患，做到万无一失。

2.4.2 本案例主要涉及的知识点

(1) 注册表、控制面板及组策略编辑器等应用技巧。

(2) Windows 7 系统常规优化设置。

(3) 使用 360 安全卫士优化 Windows 7 系统。

2.4.3 案例实现的步骤

1. 系统常规优化

系统启动时,选择"开始→运行→ msconfig →引导 →高级选项"命令,在弹出的"引导系统选项"对话框中勾选"处理器数"和"最大内存"选项。

(1) 通过关闭特效,有效提高 Windows7 的运行速度。右键单击计算机,在弹出的菜单中,单击"属性"选项,弹出"查看有关计算机的基本信息"窗口,再单击"高级系统设置"选项,弹出"系统属性"对话框,在"性能"选项栏中单击"设置",弹出"性能选项"对话框,在"视觉效果"选项卡中勾选"平滑屏幕字体边缘"、"启用透明玻璃"、"启用桌面组合"、"在窗口和按钮启用视觉样式"、"在桌面上为图标标签使用阴影"5 项,其余的把钩全去掉,可以马上感觉到速度快了不少,而视觉上几乎感觉不到变化。另外还可以勾选上"显示缩略图,而不是显示图标"。如图 2-11 所示。

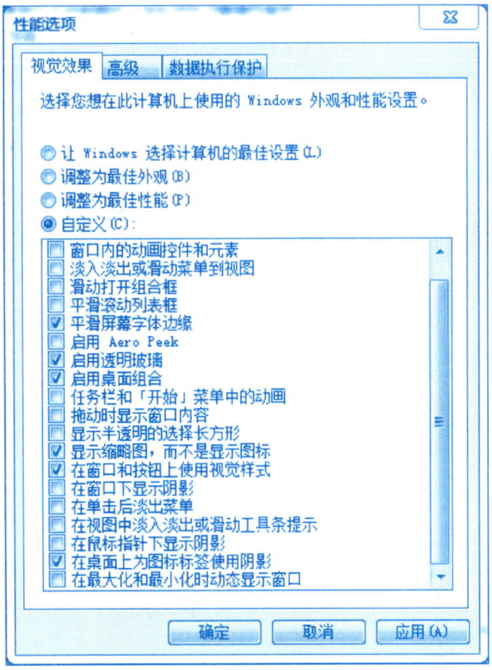

图 2-11 提高 Windows 7 的运行速度设置界面

(2) 可提高文件打开速度10倍的设置。依次选择“控制面板→硬件和声音→显示→设置自定义文本大小(DPI)”命令，打开“自定义DPI设置”对话框，在其中去掉“使用Windows XP风格DPI缩放比例”的勾选，再单击“确定”按钮，如图2-12所示。

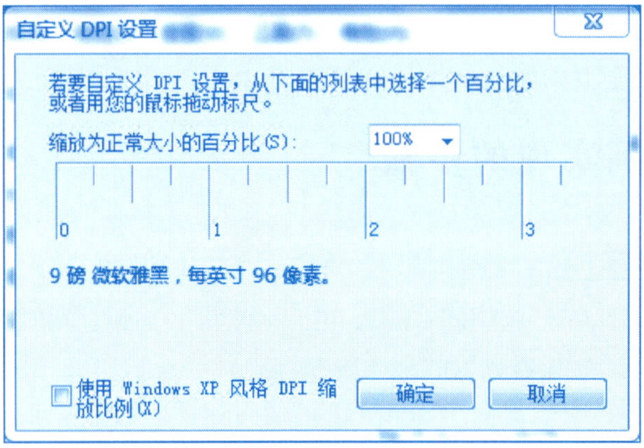

图 2-12　提高文件打开速度的界面

(3) 轻松访问。依次选择“控制面板→轻松访问→轻松访问中心→使计算机易于查看”命令，勾选“关闭所有不必要的动画(如果可能)”，如图2-13所示。

图 2-13　轻松访问设置界面

(4) 更改打开“Windows资源管理器”的默认文件夹。依次选择“开始→所有程序→附件”命令，将鼠标放在“Windows资源管理器”上面右击，弹出快捷菜单，再选择“属性”命令，打开“Windows 资源管理器属性”对话框，在其“快捷方式”选项卡里的“目标”文本框中把文本修改为“%windir%\explorer. exe ,”(注意逗号前有空格)先单击“应用”按钮，再单击“确定”按钮。此后打开“资源管理器”，就直接进入“我的文档”而不是进入“库”，若要还原，把空格跟逗号去掉即可。如图 2-14 所示。

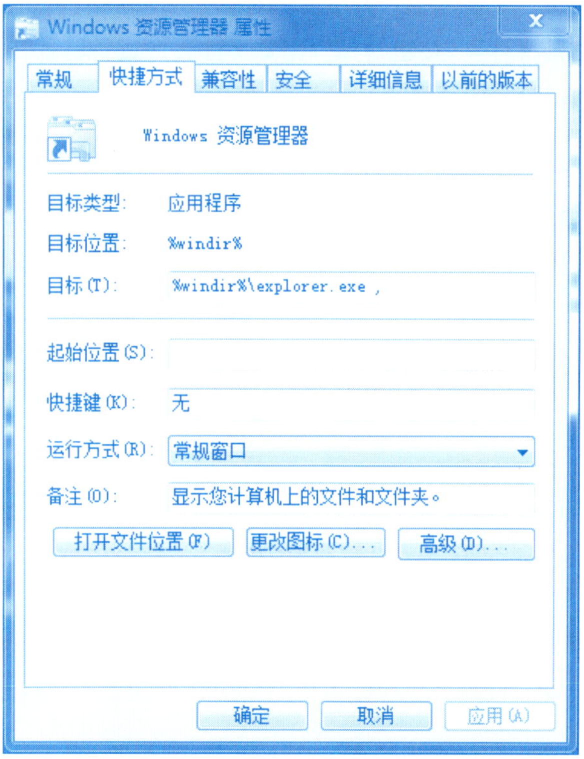

图 2-14 资源管理器的修改界面

(5) 修改“我的文档”、“桌面”、“收藏夹”、“我的音乐”、“我的视频”、“ 我的图片”、“下载”、Temporary Internet Files、Temp、Cookies、Favorites 等文件夹的默认位置(请把它们的默认位置修改为非系统盘)。

方法一：在键盘上按组合键 Win+R 打开运行输入框，然后在运行框中键入 regedit，单击“确定”按钮，打开“注册表编辑器”面板，在“注册表编辑器”中单击“我的电脑”里的命令，修改如下所示的参数：[HKEY_CURRENT_USER\ Software\ Microsoft\ Windows\ CurrentVersion\Explorer\User Shell Folders](不熟悉注册表的不要乱动)。

方法二：在桌面上双击“计算机”图标打开资源管理器，依次双击“本地磁盘(C)→用户→‘当前用户名’”命令，打开上述文件夹所在文件夹，再右击上述文件夹图标，在弹出的快捷菜单中单击“属性”选项，打开“属性”面板，选择“位置”选项卡，单击“移动”按钮，打开“选择一个目标”对话框，在对话框中选择要移动到的目标位置。

(6) 更改临时文件夹位置(%USERPROFILE%\AppData\ Local\Temp)。

在桌面上右击“计算机”图标，在弹出的快捷菜单中单击“属性”选项，打开“属性”面板，选择"高级系统设置"选项卡,单击"环境变量"按钮,打开"环境变量"设置对话框,在对话框中选择"X 用户环境变量"进行设置文件夹的位置。

(7) 更改"IE 临时文件夹"位置。

首先打开 IE 浏览器,单击"工具"菜单,在弹出的下拉菜单中选择"Internet 选项"选项,打开"Internet 选项"面板,选择"常规"选项卡,单击"设置"按钮,打开"Internet 临时文件夹设置"对话框,单击"移动文件夹"按钮,打开"浏览文件夹"对话框,选择需要"移动文件夹"的"目标文件夹"的目标位置。

(8) 系统自动登录。

在键盘上按组合键 Win+R 打开"运行"对话框,然后在"找开"文本框中键入 control userpasswords2 单击"确定"按钮,打开"用户账户"面板,在"用户账户"中单击"用户"选项,在"用户"选项里去掉"要使用本机,用户必须输入用户名和密码"复选钩。

(9) 关闭系统休眠。

单击开始程序,点击"控制面板"选项,打开控制面板对话框,选择"硬件和声音"选项,在选项卡中双击"电源选项"选项,打开"电源选项"属性面板,然后选择"更改节能"选项,单击"高性能"选项,并保存。

(10) 去除历史记录。

在键盘上按组合键 Win+R 找开"运行"输入框,然后在运行框中键入 gpedit. msc,单击"确定"按钮,打开"组策略"面板,在"组策略"中单击"本地组策略编辑器"选项进行如下的设置:

① 单击"计算机配置"选项,选择"管理模板",打开"管理模板"窗口,双击"系统"选项,打开"系统"窗口,双击"关机"选项,打开"关机"窗口,双击"关闭会阻止或取消关机",在设置里选择"已启用"。

② 单击"计算机配置"选项,选择"管理模板",打开"管理模板"窗口,双击"'开始菜单'和任务栏"选项,打开"'开始'菜单和任务栏"窗口,双击"不保留最近打开的历史"选项,在设置里选择"已启用"。

③ 单击"计算机配置"选项,选择"管理模板",打开"管理模板"窗口,双击"'开始菜单'和任务栏"选项,打开"'开始'菜单和任务栏"窗口,双击"退出系统时清除最近打开的文档的历史"选项,在设置里选择"已启用"。

④ 单击"计算机配置"选项,选择"管理模板",打开"管理模板"窗口,双击"Windows 组件"选项,打开"Windows 组件"窗口,双击"Windows 资源管理器"选项,打开"Windows 资源管理器"窗口,双击"在 Windows 资源管理器搜索框中关闭最近搜索条目的显示"选项,在设置里选择"已启用"。

(11) 手动执行以下操作:

单击"开始"按钮,选择"控制面板"选项,打开"控制面板",双击"操作中心",打开"操作中心"选项卡,在更改操作中心设置:将所有勾选的选项全部去掉并将下方客户体验改善计划关闭。

单击"开始"程序,选择"控制面板"选项,打开"控制面板",双击"程序和功能 ",打开"程序和功能”选项卡，在左侧的“打开或关闭 windows 功能”进行设置。

① 关闭“远程差分压缩”。

② 关闭“tablet pc 组件”(有触摸屏/ 画图板的用户不执行)。

③ 关闭“游戏”(需要玩 Windows 内置小游戏的用户不执行)。

④ 关闭“打印和文件服务”(需要使用打印机的用户不执行)。

⑤ 单击“开始”程序，选择“控制面板”选项，打开“控制面板”，双击“声音”选项，打开“声音”选项卡，在“通信”选项卡中将“不执行任何操作”选项勾选。

⑥ 单击“开始”程序，选择“控制面板”选项，打开“控制面板”，双击“鼠标”选项，打开“鼠标”选项卡，在“指针选项”选项卡中将“取消‘提高指针精度’”的选项勾选。

⑦ 单击“开始”程序，选择“控制面板”选项，打开“控制面板”，双击“自动播放”选项，打开“自动播放”选项卡，在“自动播放”选项卡中将“为所有媒体和设备使用自动播放”的选项钩去掉。

⑧ 在桌面上右击“机算机”图标，在弹出的快捷菜单中单击“属性”选项，打开“属性”面板，选择“远程设置”选项卡，勾选“关闭远程协助”选项。

⑨ 在桌面上右击“机算机”图标，在弹出的快捷菜单中单击“属性”选项，打开“属性”面板，选择“系统保护”选项卡，勾选“关闭系统还原”选项。

⑩ 在桌面上右击“机算机”图标，在弹出的快捷菜单中单击“属性”选项，打开“属性”面板，选择“高级系统设置”选项卡，单击“性能”选项里的“设置”按钮，打开“性能选项”对话框，选择“高级”选项卡，单击“虚拟内存”选项里的“更改”按钮，进行以下的设置。

(12) 将“系统盘:\ 用户\ 公用”下的“公用视频”、“公用文档”、“公用图片”、“公用音乐”等文件夹删除。(此项可选)。

(13) 全面彻底了解 Windows 7 的激活状态。

命令一:slmgr. vbs -dli

功能:操作系统版本、部分产品密钥、许可证状态等。

命令二:slmgr. vbs -dlv

功能:最为详尽的激活信息，包括激活 ID、安装 ID、激活截止日期、操作系统版本等。

命令三:slmgr. vbs -xpr

功能:是否彻底激活?

命令四:winver

功能:显示操作系统版本。

(14) 在“Windows 7 系统下检测笔记本电池健康情况”查看命令。

以管理员身份运行，在命令提示符中输入 Powercfg-energy 命令，程序将会自动开始对系统的 60 秒状态跟踪，并分析所获得的数据然后给出报告。

2. Windows 7 系统服务优化

(1) 了解 Windows 7 服务的基础知识。与 Windows XP 和 Windows 2003 才 70 多个服务相比，到 Windows 7 时代，系统已经增加到 150 多个服务(VISTA 系统有 130 多个)，这

不可避免地加大了系统资源占用,拖慢了系统速度,占据了系统 CPU 和内存资源。

当然,在 Windows 7 的各个版本中,启动默认加载的服务数量是明显不同的,功能最多的是 Ultimate 版本(旗舰版),肯定加载的服务也最多。

Windows 系统的服务加载数量严重影响 Windows 7 的开机速度,因此优化服务就显得更加重要。

(2) 如何设置、开启、关闭 Windows 7 系统的各项服务。用 Windows 7 系统自带的服务管理软件可以设置、开启、关闭 Windows 7 系统的各项服务,步骤如下:

在 Windows 7 系统中随时按下 Win+R 组合键打开运行窗口,输入 Services. msc,里面罗列了 3 个建议关闭的服务(勾选中的服务保存后会被自动关闭并禁止下次启动加载):

① Remote Registry 。本服务允许远程用户修改本机注册表,建议关闭;

② Secondary Logon 。本服务替换凭据下的启用进程,建议普通用户关闭;

③ SSDP Discovery 。本服务启动家庭网络上的 UPNP 设备,建议关闭。

这三个服务普通用户都禁止掉,然后跟随向导进入下一步,这里列出了 6 个建议关闭的服务:

- IP Helper 。如果您的网络协议不是 IPV6,建议关闭此服务;
- IPsec Policy Agent 。使用和管理 IP 安全策略,建议普通用户关闭;
- System Event Notification Service 。记录系统事件,建议普通用户关闭;
- Print Spooler 。如果您不使用打印机,建议关闭此服务;
- Windows Image Acquisition(WIA)。如果不使用扫描仪和数码相机,建议关闭此服务;
- Windows Error Reporting Service 。当系统发生错误时提交错误报告给微软,建议关闭此服务。

3. 使用 360 优化 Windows 7 系统

操作流程如下:

(1) 打开 360 安全卫士,单击“电脑体检”标签,再单击“立即体检”按钮进行电脑体检,如图 2-15 所示。

(2) 单击“木马查杀”标签,再单击“全盘扫描”图标,对电脑进行全面病毒查杀,如图 2-16所示。

(3) 单击“系统修复”标签,选择相对应的选项,对系统进行修复,如图 2-17 所示。

(4) 单击“电脑清理”标签,下面提供了各分类的加速功能,选择相对应的选项,对系统进行垃圾清理,如图 2-18 所示。

(5) 单击“优化加速”标签,下面提供了各分类的加速功能,选择相对应的选项,对系统进行优化加速,如图 2-19 所示。

图 2-15 360 安全卫士电脑体检

图 2-16 360 安全卫士查杀木马

图 2-17　360 安全卫士修复系统

图 2-18　360 安全卫士清理垃圾文件

图 2-19 360 安全卫士优化加速系统

2.5 Windows 7 的基本操作

2.5.1 Windows 7 的“桌面”

“桌面”就是在安装好中文版 Windows 7 后，用户启动计算机登录到系统后看到的整个屏幕界面，它是用户和计算机进行交流的窗口。Windows 7 的桌面包括背景、图标、“开始”菜单和任务栏四部分。

提示：Windows 7 中的快速启动区已和任务栏合二为一，而在任务栏的右侧新增加一个显示桌面按钮。

1. 背景

桌面背景将不再是单一的图片。在 Windows 7 中，可以以幻灯片方式显示图片。一些 Windows 主题包括幻灯片，也可以使用个人图片集创建自己的幻灯片。有关设置幻灯片放映背景的详细信息，请参阅创建桌面背景幻灯片放映。

2. 图标

图标是指在桌面上排列的小图像，图标由图片和文字两部分组成，图片作为它的标识，文字表示名称或功能,双击这些图标就可以打开相应的窗口。图标可以是一个程序、文档或文件夹。当我们把鼠标放在图标上停留片刻,桌面上会出现对图标所表示内容的说明或者是文件存放的路径。

用户可以根据自己的需要在桌面上添加各种快捷图标,快捷图标的左下角有小箭头作为标识。快捷图标仅仅提供到所代表的程序或文件的链接,添加或删除该图标并不会影响实际的程序或文件。

3. “开始”菜单

“开始”菜单是用户启动程序的一条捷径,单击“开始”按钮可以显示“开始”菜单,如图 2-20 所示 ,它分为左、右窗格两部分,左侧窗格包括固定程序列表、常用程序列表、所有程序列表和搜索框;右侧窗格包括启动菜单和关机选项按钮区。

从“开始”菜单中,用户几乎可以找到电脑中所有的应用程序,完成所有的任务。比如可以启动各种应用软件,打开文档库,查找文件,连接 Internet 以及关闭、重新启动计算机或待机等,如图 2-20 所示。

图 2-20 “开始”菜单

4. 任务栏

任务栏是位于桌面底部的蓝色长条,它包括“开始”按钮、程序按钮区、通知区域和显示桌面按钮四部分。

Windows 7 是一个多任务操作系统,可以让电脑同时做多份工作。每运行一个程序就会在任务栏的程序按钮区显示相应的程序按钮。通过这些按钮,我们就可以知道电脑正在运行哪些程序,单击这些按钮可切换到不同的任务。

显示桌面按钮位于任务栏的最右面。只要将鼠标指向这个按钮上,桌面上所有打开的窗口就会变成透明,而显示出桌面内容,鼠标移开,窗口就恢复原样。如果单击这个按钮就可以将所有打开的窗口最小化,再单击一下这个按钮,所有已打开的窗口又恢复原样。

通知区域显示的是一些电脑的配置、程序的使用状态以及时间等信息。通知区域内的图标也会因电脑的配置和运行的程序有所不同。右击任务栏空白处,在弹出的菜单中选择“属性”,在对话框的“任务栏”选项卡中,不但可以自定义通知区域中出现的图标和通知,还可以完成“锁定任务栏”、“自动隐藏任务栏”和“改变任务栏在屏幕上的位置”等设置。

任务栏不可删除,但可以改变大小,把鼠标移到任务栏的上边缘,当指针变成双箭头时,上下拖动即可改变任务栏的高度。

2.5.2 Windows 7 的“窗口”

窗口是 Windows 7 环境中的基本对象。打开一个应用程序、文件或文件夹之后，屏幕上就会弹出一个矩形区域，这就是窗口。窗口可以打开多个，在任务栏以按钮形式体现，只有最近操作的一个窗口称为当前活动窗口，当前活动窗口的任务栏按钮是亮色的。

1. 窗口的组成

一般的窗口基本都是由控制按钮区、地址栏、菜单栏、工具栏、搜索栏、状态栏、导航窗格和工作区等几部分组成，如图 2-21 所示。

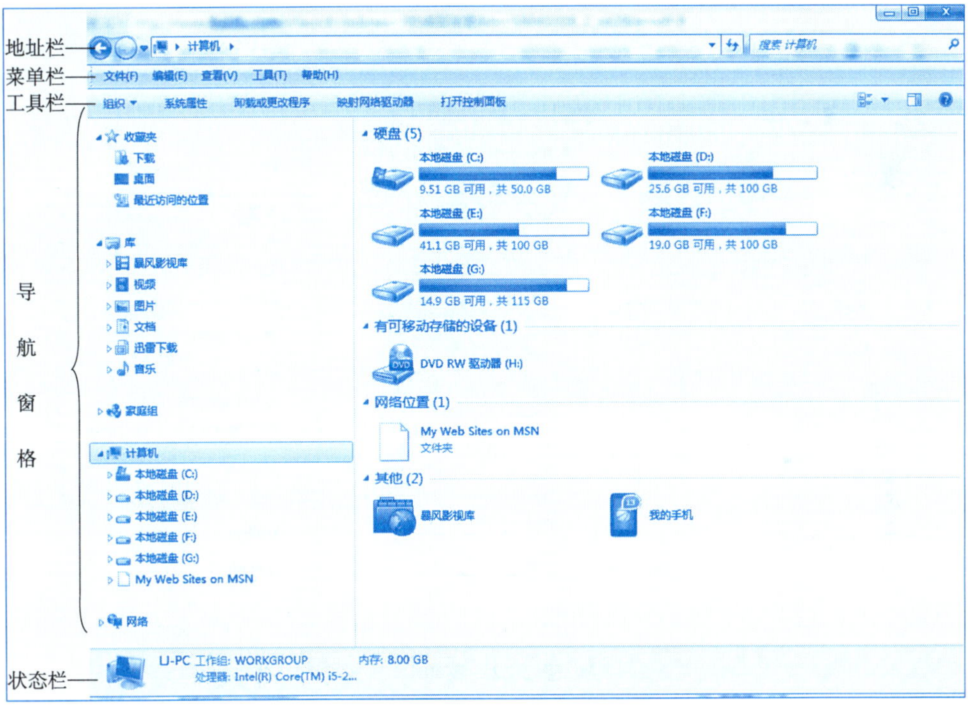

图 2-21 windows 7 窗口

(1) 控制按钮区。位于窗口的右上角的最小化、最大化或还原以及关闭按钮，通过它们可以实现窗口的大小切换和关闭。

(2) 地址栏。它标明了当前窗口的位置，左侧是后退和前进按钮，右侧是搜索栏，只能搜索当前窗口范围内的内容。

(3) 菜单栏。位于地址栏的下面，是存放命令的地方。通过这些命令可以帮助你完成相应的操作。

(4) 工具栏。存放一些常用的功能按钮，单击这些按钮可以很方便地完成日常操作。

(5) 搜索栏。可以帮助你在当前窗口范围内查找内容。

(6) 状态栏。显示当前有关操作对象的一些相关信息。

(7) 导航窗格。可以让你更快速地打开相应的窗口,准确地查找到相应的内容。

(8) 工作区。显示窗口的操作对象和用户的操作结果。

提示:Windows 7 系统中窗口的菜单栏处于隐藏状态,用户通过按 Alt 键可调出菜单栏。

2. 菜单

在 Windows 环境下,所有应用程序窗口都有菜单,菜单是一种形象化的称呼,人们将命令分门别类地集合在一起就构成了“菜单”。

菜单可以分为两种,一种是普通的菜单,称为“下拉菜单”,也叫“下拉列表”,单击“文件”显示一个下拉菜单,单击“组织”右边的小黑色三角 也显示一个下拉菜单;另一种是右键快捷菜单,用户只要在文件或文件夹,窗口或桌面的空白处等地方单击鼠标右键就可以获得,如图 2-22 所示。

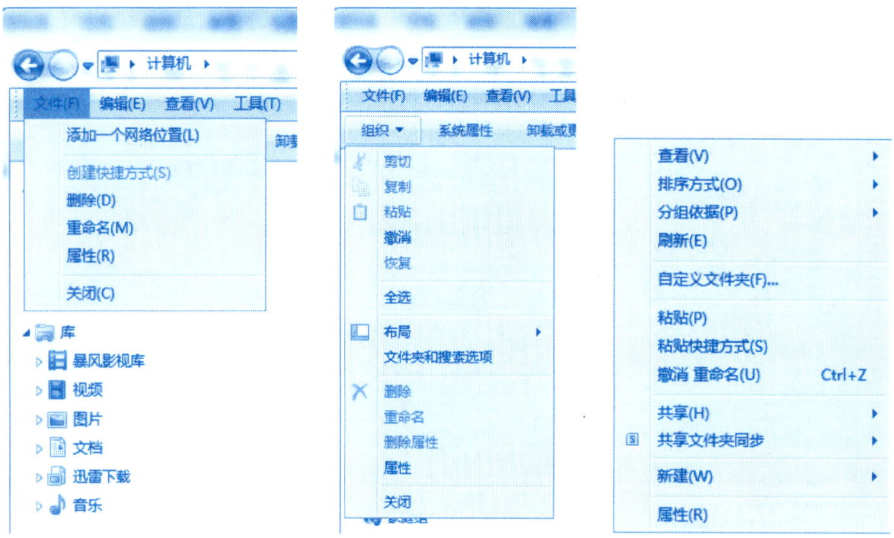

(a) 下拉菜单1　　(b) 下拉菜单2　　(c) 右键快捷菜单

图 2-22　菜单

菜单选项中用一些符号来代表一定的操作含义:

(1) 后面带有▶的表示还有下级子菜单。

(2) 后面带有…的表示该选项会出现一个对话框,供用户对所执行的命令提供进一步的参数或选择。

(3) 如果菜单命令以灰色(浅色)显示,表示该菜单命令当前不可用。

(4) 分组的菜单项目用一条横线隔开。

(5) 前面有√的选项也出现在分组菜单中,表示复选项。

3. 对话框

在 Windows 7 中,当执行某些操作时,系统会出现一个对话框,以给出进一步的说明和操作提示，每个对话框都是针对特定的任务而设计的，其形态也各不相同，但是操作方法几乎都是一样的。

对话框不同于窗口，窗口可以移动和改变其大小，对话框却只能移动不能改变其大小。对话框基本上都是由标题栏、选项卡、组合框、文本框、列表框、下拉列表框、微调框、命令按钮、单选钮和复选框等几部分组成的。

(1) 选项卡。多数对话框都是由多个选项卡构成，它位于标题栏的下方，用户可以通过不同选项卡之间的切换来查看和设置相应的信息，如图 2-23 所示。

(2) 文本框。用来输入新的文本信息，也可以对原有信息进行修改或删除操作。

(3) 下拉列表框。是单行式的列表框，在该框的右边有一个向下的箭头，单击该箭头可以打开下拉列表框，用户可以从中选择一项。

(4) 微调框。既可以输入数值，也可以通过调整按钮来设置需要的数值。

(5) 复选框：通常由一个或多个小正方形组成，被选中时，方形中间会出现一个小钩。

(6) 单选钮。是一组相互排斥的选项，用户只能从中选择一项，被选中的单选按钮中间会出现一个实心的小圆点。

图 2-23 “任务栏”选项卡

2.5.3 Windows 7 的启动

打开计算机的电源，计算机就开始自动启动 Windows 7 系统。系统启动成功后，屏幕显示 Windows 7 的桌面。

启动的方法有两种:冷启动和热启动。

(1) 冷启动。指在主机和显示器均未加电的情况下启动。

方法:接通电源,计算机自检后进入系统(如设置有口令,则要输入)。

(2) 热启动。指计算机系统已加电且已运行,在通电的情况下重新启动。改变系统设置、软硬件配置或运行软件时出现故障、死机等需要重新启动情况下,一般采取热启动方式。

① 正常热启动。选择"开始→'关机'旁的三角形→重新启动"命令。

② 运行出现故障时热启动。按 Ctrl+Alt+Del 键,在"应用程序"选项卡中选择"结束任务"。

③ 死机时热启动。直接按主机箱面板上的 Reset 键,是计算机的非正常启动。

④ 瞬间锁定计算机后热启动。突然有事要离开片刻,但又不想关机,为了不让别人动你的计算机,你只需要按下徽标键+L 键,即可快速锁定计算机,除非知道密码,否则谁也别想动。

2.5.4 键盘的使用及其功能

1. 键盘

键盘是用户与计算机进行信息交流的主要接口,是计算机最重要的输入设备。键盘分为主键盘区、功能键区、编辑盘区和辅助盘区,此外还配有一些专用键,其使用功能见表 2-2。主键盘区的功能是输入数据和字符;功能键区随不同软件的具体定义而不同;编辑盘区有插入键、删除键以及作为光标移动的功能键等;辅助盘区又称为小键盘区,可用来输入大批数据、算式,如图 2-24 所示。

图 2-24 键盘

表 2-2 键盘上专用键的使用功能

专用键	名　称	简要使用功能
Shift(↑)	上档控制键	按下 Shift 键不放,可输入双字符键的上档字符
Caps Lock	字母大写锁定键	计算机默认状态为小写,该键按下后键盘右边对应的指示灯亮,输入英文字母都呈大写形式

续表

专用键	名　称	简要使用功能
Num Lock	小键盘锁定键	键盘右边对应的指灯亮(默认),具有数字键功能;指示灯灭,则为光标移动键
Esc	退出键	一般用于退出正在运行的系统,不同软件其功能也有所不同
Tab	跳格键	每按一次,光标向右跳过若干个字符的位置,这取决于应用软件的有关约定
Enter	回车键	执行键入的命令,或表示输入行结束、换行
Ctrl 和 Alt	控制键	与其他键组合,形成组合功能键
Back Space(←)	退格键	删除光标左边的一个字符
Del(delete)	删除键	删除光标右边的一个字符
Insert	插入/改写键	按一次进入改写状态,键入的字符会替换掉原光标处的字符;再按一次返回插入状态(默认)
Home、End	光标快速移动键	Home 光标移至页首或行首,End 光标移至页尾或行尾,具体由软件系统决定
PgUp、PgDn	光标快速移动键	PgUp 是当前页上翻一页;PgDn 是当前页下翻一页
Scroll Lock	屏幕锁定键	在 DOS 系统中,按下此键屏幕停止滚动,再按一次则恢复
Print Screen	屏幕复制键	按一次将整个屏幕上的内容复制到剪贴板;(Print Screen)+Alt 组合键将当前窗口复制到剪贴板
(win)	Windows 键	可以打开开始菜单;Win+E 组合键可打开资源管理器;Win+D 组合键可显示桌面
	菜单键	相当于按了鼠标右键

2. 基准键位

基准键位是指用户上机时的标准手指位置。它位于键盘的第二排,共有八个键。方法是将双手食指定位到 J 键和 F 键,其他手指依次搭在相应的键上,如图 2-25 所示。其中,F 键和 J 键上分别有一个突起,这是为操作者不看键盘就能通过触摸此键来确定基准位而设置的,它为盲打提供了方便。所谓盲打就是操作者只看稿纸不看键盘的输入方法。

正确的姿势不仅对提高输入速度有重大影响,而且可以减轻长时间上机操作引起的疲劳。键盘操作时的正确姿势为:

(1) 原稿放在键盘左侧,身体应保持笔直,稍偏于键盘右方。

(2) 座椅要旋转到便于手指操作的高度,两脚平放。

(3) 两肘贴于腋边,手指轻放在基准键上。

2.5.5 剪贴板及其使用

几乎所有 Windows 的应用程序都可以借助剪贴板来实现程序内部或程序之间的数据交换。剪贴板是在内存中开辟的临时存储区,是应用程序的数据交换中心。剪贴板一般只保留最后一次存入的内容,并且一直保留到退出 Windows 为止。

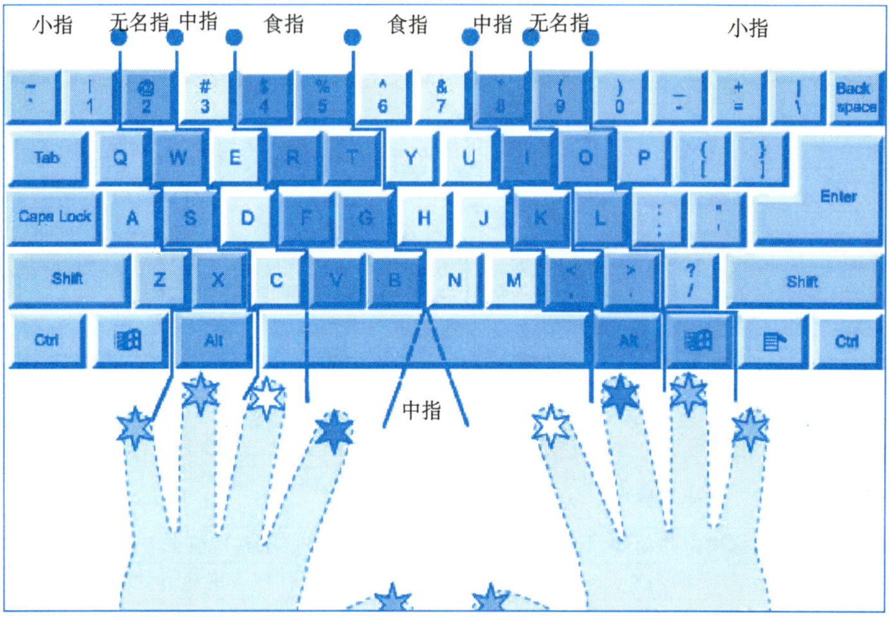

图 2-25　键盘指法

剪贴板中的内容可以反复进行多次粘贴。

剪贴板的使用：将当前窗口中的内容移动或复制到剪贴板中的方法是进行“剪切”或“复制”操作，应用程序读取剪贴板中的内容时进行“粘贴”操作。

2.6　文件管理(Windows 7 基本操作)

2.6.1　文件和文件夹管理

1. 文件概念

文件是计算机中一个很重要的概念，它是操作系统用来存储和管理信息的基本单位，操作系统的一个重要功能就是文件管理。文件的内容多样，可以是程序、数据、文档、音乐和图片等。文件一般存储在磁盘，称为磁盘文件。磁盘文件可以没有内容，称为空文件。

2. 文件名

任何一个文件都有一个名称，文件的操作依据文件名进行。

文件名由基本名+.+扩展名组成，基本名和扩展名之间用点“.”分隔。

例如，“第 2 章 操作系统.ppt”，其中“第 2 章 操作系统”为基本文件名，ppt 为扩展名。一般基本文件名由用户自己定义，扩展名则由创建文件的应用程序自动生成。

在 Windows 7 中，文件名可使用 255 个字符，除/、\、:、<、>、*、?、“”、| 字符以外

的所有字符(包括空格)。文件基本名应反映文件的特点,容易记忆和识别。文件命名要遵循以下规则:

(1) 同一个目录下的文件不能重名,不同目录下允许存在同名文件。

(2) 设备名和系统文件名是系统的保留字,不能作用户的文件名。

3. 文件的分类

文件的扩展名用来区别不同类型的文件,使用时有一些约定与习惯用法,见表2-3。

表2-3 常用文件类型和扩展名

文件类型	扩展名	文件说明
文档文件	txt doc wps htm pdf hlep	文本文件,可用记事本和写字板打开 word默认文档,word及wps软件可打开 wps软件可打开 网页文件,各种浏览器可打开 电子书文件,各种电子阅读软件可打开 帮助文件
压缩文件	rar 、zip	由压缩软件将文件压缩后形成的文件
图形文件	bmp、gif、jpg、pic、png	这些文件类型用常用图像处理软件可打开
声音文件	mp3、wav、 cda	常用的音频格式文件,各种媒体播放器可播放 CD格式文件,各种媒体播放器可播放
动画文件	gif、swf	目前Internet上常用的动画文件格式 flash动画发布文件
影视文件	avi、rm、flv、movm、peg	常用的视频格式文件,各种媒体播放器可播放
系统文件	int、sys、dll、adt	安装文件时常见到的文件
可执行文件	exe、com	也叫应用程序文件,安装运行时经常见到的文件

4. 文件名通配符

用户可以在查找和排列文件时使用通配符。最常用的两个通配符是"*"和"?","*"在文件名称中替代任意一组字符;"?"在文件名称中替代任意一个字符。

例如,用*.*可以表示所有文件,?d*.txt则表示所有第二个字符是d的文本文件,S*.BAT则表示所有文件名以S开头的批处理文件。

5. 文件夹

文件夹是放置文件和文件夹的容器。文件夹的图标像一本书,打开文件夹就像翻开书一样,里边的内容一目了然,非常直观。文件夹是在磁盘上组织程序和文档的一种手段,它既可包含文件,也可包含其他文件夹。Windows中的目录称为文件夹,用户正在操作的目录被反相显示,称为当前文件夹。

6. 文件目录结构和路径

Windows 7 系统中所有的文件均按树型结构进行组织和管理。最上层的目录称为根目录,根目录之下可有若干子目录,子目录之下还可以有子目录,如图 2-26 所示。

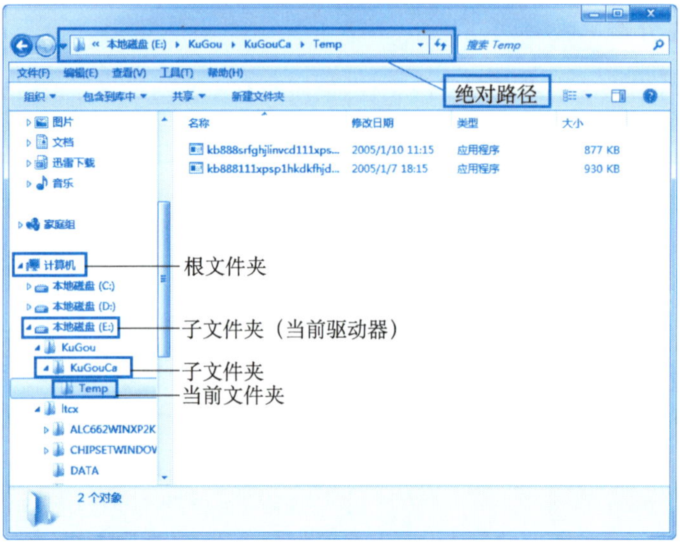

图 2-26　文件目录结构和路径

驱动器是查找、读取磁盘信息的硬件。驱动器分为软盘驱动器、硬盘驱动器和光盘驱动器。每个驱动器都用一个字母来标识,一般软盘驱动器用 A:或 B:标识;硬盘驱动器用 C:、D:、E:等来标识。第一个硬盘驱动器一定命名为 C:(一般用来安装操作系统,又叫系统盘),其他硬盘驱动器则依次命名为 D:、E:、F:…光驱、移动存储盘等依次接着按英文字母顺序后推。

我们在使用计算机时要找到所需的文件,除了要知道文件名外,还必须知道其存放的位置。这个文件在计算机中的存储位置就叫路径。路径分为绝对路径和相对路径,相对路径是从当前路径开始的路径,绝对路径是从盘符开始的路径。

2.6.2　案例的引入

1. 案例的提出

目前,几乎各行各业在招聘员工时都要求应聘者能熟练操作使用电脑,因为电脑已成为现代工作的必备工具,所以现在所有高等院校都开设了电脑这门课程。

2. 案例的分析

利用资源管理器的菜单工具、鼠标右键、键盘及快捷键对文件与目录资源进行相应的操作管理。

2.6.3 案例主要涉及的知识点

Windows 基本操作技巧，包括新建、复制、移动、重命名、属性设置、文件搜索、文件保存等操作。

2.6.4 案例实现的步骤

(1) 创建文件夹。在桌面上双击“计算机”图标，单击左窗格的“本地磁盘(D:)”，在右窗口的空白处单击右键，在弹出的快捷菜单中选择“新建”→“文件夹”，输入文件夹名为“win7 文件基本操作”，如图 2-27 所示。

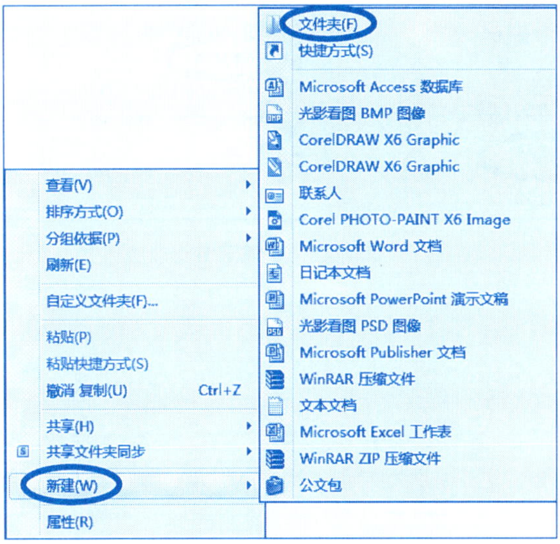

图 2-27 新建文件夹

(2) 创建文件。单击左窗格的“本地磁盘(D:)”，在右窗口的空白处单击右键，在弹出的快捷菜单中选择“新建”→“文本文档”和“Microsoft Word 文档”，新建一个“新建文本文档.txt”文件和一个“新建 Microsoft Word 文档”文件，如图 2-28 所示。

(3) 重命名。在“新建文本文档.txt”文件上单击鼠标右键，在弹出的快捷菜单中选择“重命名”命令，然后输入“什么是记事本.txt”作为新的文件名，如图 2-29 所示。

(4) 移动文件。选中并单击右键“什么是记事本.txt”文件，在弹出的快捷菜单中选择“剪切”命令，然后打开“win7 文件基本操作”文件夹，在右窗口的空白处单击鼠标右键，在弹出的快捷菜单中选择“粘贴”命令。

(5) 复制文件。选中并单击右键“新建 Microsoft Word 文档”文件，在弹出的快捷菜单中选择“复制”命令，然后打开“win7 文件基本操作”文件夹，在右窗口的空白处单击鼠标右键，在弹出的快捷菜单中选择“粘贴”命令。

(6) 删除文件。选中“新建 Microsoft Word 文档”文件，按键盘上的 Delete 键删除文件。

(7) 画图。单击“开始”按钮，选择“画图”命令，打开“画图”窗口。

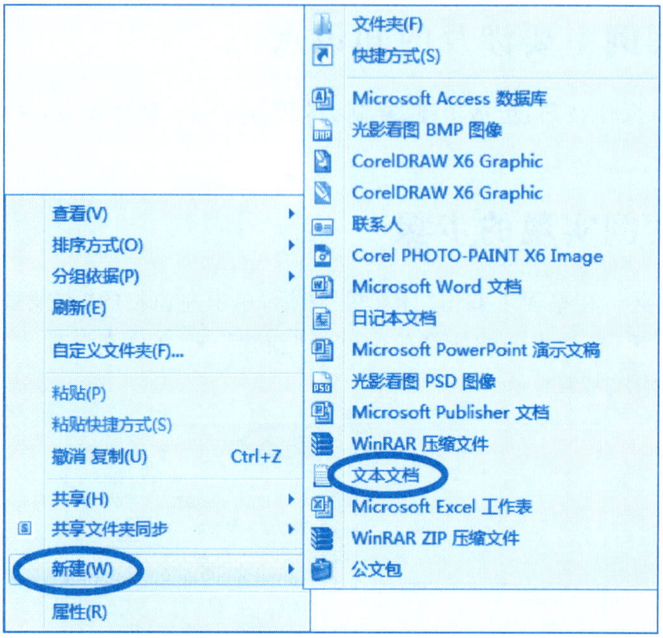

图 2-28　新建文件

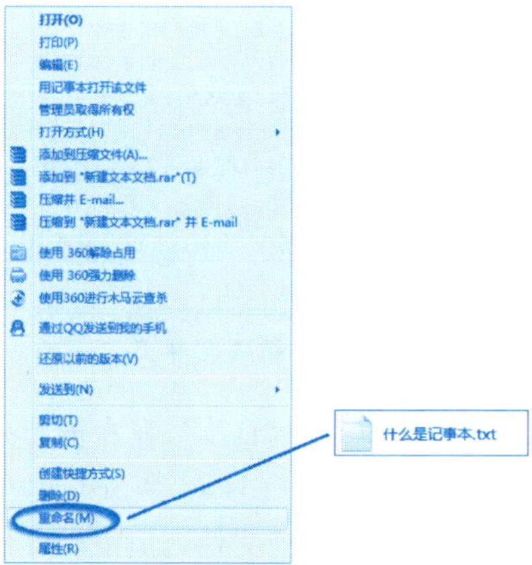

图 2-29　文件重命名

① 设置画布大小。将鼠标移动到画布的右下角，当光标箭头变成双箭头时，将鼠标左键按下向窗口的右下角拖到宽 600、高 500 处，然后选择画笔和颜色，如图 2-30 所示。

② 使用画图工具作一幅自己喜欢的画，并用文字工具在画面上拖曳出一个文本框，输入班级和姓名，并选择合适的字体和字号，如图 2-31 所示。

③ 保存文件。单击“画图”按钮，从弹出的下拉菜单中选择“另存为→BMP 图片”命令，弹出“保存为”对话框，在左侧的列表框中选择“本地磁盘(D:)”，在右窗口双击“win7 文件基本操作”，然后在“文件名”文本框中输入“背景图”，“保存类型”选择“24 位位图(＊.bmp;＊.dib)”，单击“保存”按钮，如图 2-32 所示。

图 2-30 创建画图文件

④ 设置桌面背景。单击“画图”按钮，从弹出的下拉菜单中选择“设置为桌面背景”→“填充”命令，桌面的背景图就变成如图 2-33 所示的背景。

(8) 复制桌面。

① 将鼠标移动到任务栏最右侧的“显示桌面”按钮上，这时在桌面上所有打开的窗口就变成透明，用左手按键盘编辑区域上的 print screen 键，这一操作就可以将桌面背景复制到剪贴板上。

② 在“画图”软件的窗口中，单击“画图”按钮，从弹出的下拉菜单中选择“新建”命令，单击工具栏的“粘贴”，或者在画布的空白处单击右键，选择“粘贴”，或者按组合键 Ctrl+V。

③ 单击标题栏上的“保存”按钮，将该图保存到“win7 文件基本操作”文件夹中，主文件名为“桌面”，扩展名为 . PMG。

(9) 打开“资源管理器”。按 Alt+print screen 组合键，然后粘贴到“画图”的画布中，并保存到“win7 文件基本操作”文件夹中，主文件名为“资源管理器”，扩展名为 . PMG。

(10) 创建压缩文件。选中“win7 文件基本操作”文件夹，单击右键选择“添加到 win7 文件基本操作 . rar”，这时“本地磁盘(D:)”的右窗口创建了一个叫“win7 文件基本操作 . rar”的压缩文件，如图 2-34 所示。

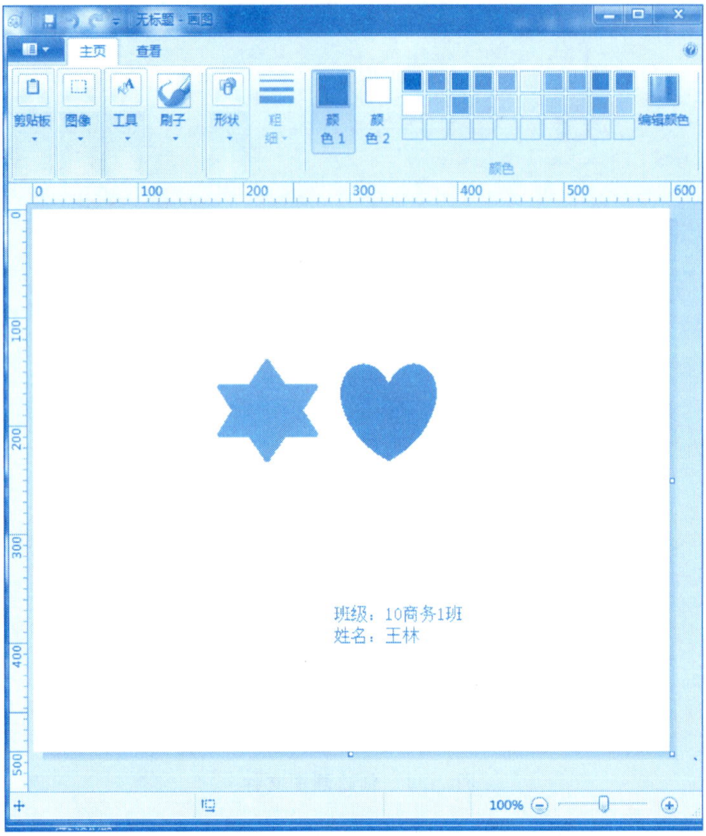

图 2-31　利用画图工具画图

图 2-32　保存文档

图 2-33 桌面设置效果

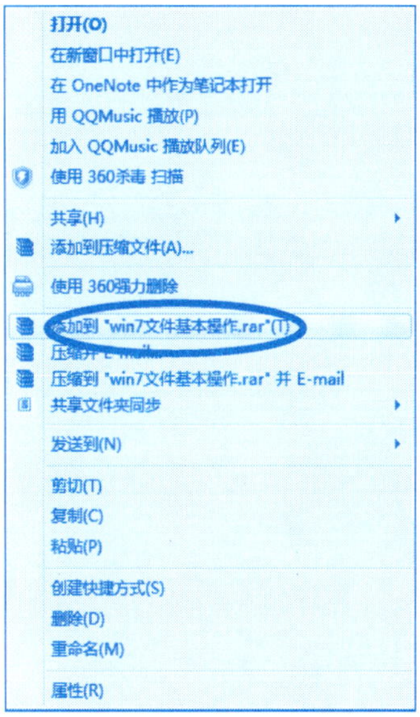

图 2-34 创建压缩文件

2.7 小结与拓展练习

1. 小结

本章以实际任务的方式详细展示了 Windows 7 操作系统的安装流程，且对刚安装完后裸系统的安全性、强壮性及快速恢复方面作了非常具体的优化设置与部署。最后以全国计算机等级考试的具体试题的方式介绍了 Windows 7 系统内部的基本操作知识。通过本章的学习,读者可以娴熟自如地安装与操作使用 Windows 7 系统。

2. 拓展练习

请你从网上免费下载虚拟机软件 VMware Workstation9.0 和深度 GhostWin7_X64_V2013 旗舰版系统,将这两个软件分别刻录成两个光盘;然后在机房里的机器上先安装上虚拟机软件 VMware Workstation9.0,再在虚拟机预置的分区空间里模拟安装 GhostWin7_X64_V2013 旗舰版系统。

第 3 章

Office 2010 新功能概述

教学提示

本章主要介绍 Office 2010 增加的新功能，并全面介绍了 Word 2010、Excel 2010、PowerPoint 2010、Access 2010、OneNote 2010 的基本功能。

教学目标

(1) 了解 Office 2010 与 Office 2003 对比几项功能的改进。
(2) 了解 Office 2010 新增功能。
(3) 掌握 Word 2010 的新增功能及其使用。
(4) 掌握 Excel 2010 的新增功能及其使用。
(5) 掌握 PowerPoint 2010 的新增功能及其使用。
(6) 掌握 Access 2010 的新增功能及其使用。
(7) 掌握 OneNote 2010 的新增功能及其使用。

3.1 Office 2010 的十项改进

(1) 更加丰富的视觉特效。通过 Office 2010，用户可以轻松实现强大的视觉效果，并且将专业级的设计效果应用到图片和文字以及 PowerPoint 的视频中。通过增强的图片编辑特效以及格式化功能，用户可以制作出更加精美的文档。

(2) 更加高效的协同工作。通过集成的通信工具 SharePoint Workplace，用户可以查看联机状态的联系人信息。采用即时消息的方式可以轻松进行沟通，并且在沟通的同时，用户还可以在 Office 中共同编辑同一份文档，实现更好的版本控制和更高的办公效率。

(3) 更加灵活地使用 Office。Office Web Apps 可以让用户更为灵活地使用 Office 2010。用户可以随时随地通过智能手机或者已连接网络的计算机来访问自己的文档。

Office Web Apps 企业部署网址：

http://technet.microsoft.com/zh-cn/Office/ee815687(en-us).aspx

(4) 更加丰富的模板，如图 3-1 所示。

(5) 更加轻松快速地处理文档。Microsoft Office 后台视图(backstage)取代了传统的文件菜单，用户只需要简单地单击几下鼠标，即可实现文档的保存、共享、打印以及发布。通过增强的功能区，用户可以快速访问自己常用的命令，并且可以通过自定义的选项卡来个性化自己的工作环境。

(6) 实时预览。在 Office 2010 中，当用户在选择实现某项功能之前，可以得到预览。比如在选择字号或者字体时，当鼠标移动到某种字号时，工作区中的字体就会瞬时改变，用户可以方便地看到所选择的效果。

(7) 保护视图。当打开从不安全位置获得的文件时，Office 2010 会自动进入保护视图，保护视图相当于沙箱，防止来自 Internet 和其他可能不安全位置的文件中可能包含的病毒、蠕虫和其他种类的恶意软件，避免它们对计算机可能构成的危害。在“受保护的视图”中，只

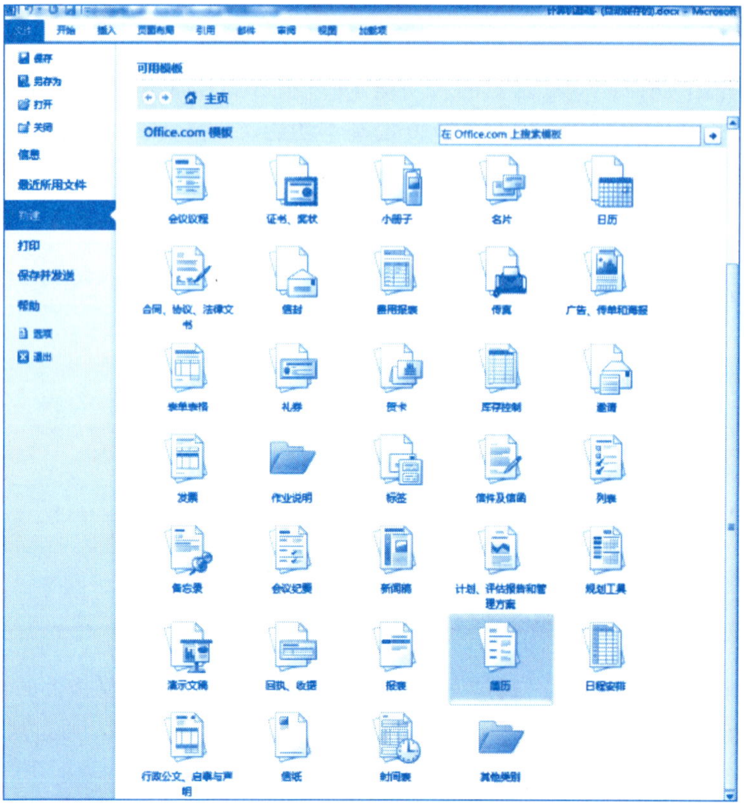

图 3-1 Word 2010 模板库

能读取文件并检查其内容,不可进行编辑等操作,降低可能发生的风险。

(8) 自定义功能区(Ribbon)。在 Office 2010 中,功能区不仅变得更加强大和智能,也变得更加人性化。其中一个特点便是拥有了自定义功能。用户可以根据自己的需要按需调整工具栏按钮,可以自定义设置包括功能区、工具选项卡、快速访问栏等。

(9) 自动保存"未保存的文件"。以往版本中,当用户退出 Office 并选择"不保存"按钮后,当前编辑的内容将不会产生任何存储。在 Office 2010 中,即使用户单击了"不保存"按钮,Office 依然会为用户提供一个自动备份的文档,避免用户由于误操作、误单击而造成的损失。

(10) 保护用户信息。在与其他人共享文档之前,用户可以使用文档检查器检查文档中的隐藏元数据、个人信息或文档中可能存储的内容。

文档检查器可以查找和删除类似如下的信息:

① 注释;

② 版本;

③ 修订;

④ 墨迹注释;

⑤ 隐藏文字;

⑥ 文档属性；

⑦ 自定义 XML 数据；

⑧ 页眉和页脚中的信息。

文档检查器可以帮助用户确保与其他人共享的文档不包含任何隐藏个人信息或用户不希望发布的任何隐藏内容。此外，企业用户可以对文档检查器进行自定义，以添加对其他类型的隐藏内容的检查。

3.2 Office 2010 新增加的功能

（1）截图工具。通过“插入”选项中的“屏幕截图”功能，用户可以轻松地截取图片，只需用鼠标单击，便可将相应窗口截图插入到编辑区域中。通过可用视窗的选择，用户可以实现截取浏览器或者运行中的软件的视图。

此外，“屏幕剪辑”还提供了自定义截图功能，会自动隐藏 Office 组件窗口，以免对需要截图的内容造成遮挡。用户可以通过鼠标自由选取截图区域，如图 3-2 所示。

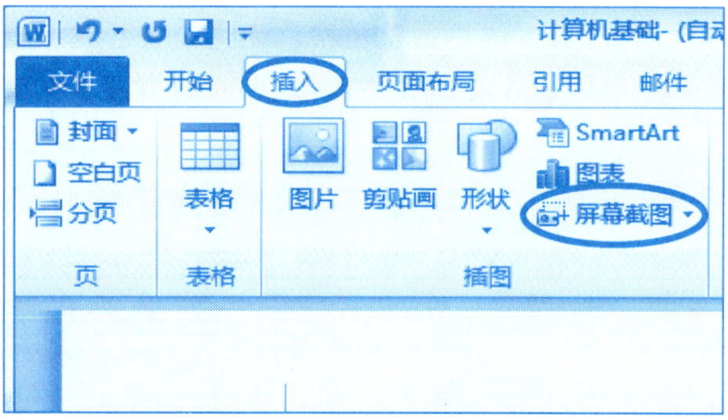

图 3-2 屏幕截图工具

（2）删除背景工具。在 Word 的“图片工具”下或者图片属性菜单里可以找到。此外背景移除工具还可以添加、去除图片水印，如图 3-3 所示。

图 3-3 删除背景工具

（3）SmartArt 模板。通过使用 SmartArt 模板，用户可以轻松快捷地制作精美的业务流程图。在 Office 2010 中，SmartArt 自带资源得到了进一步扩充。其“图片”标签便是新版 SmartArt 的最大亮点，用它能够轻松制作出“图片＋ 文字”的抢眼效果，同时其中“类别”中也有新图形加入，如图 3-4 所示。

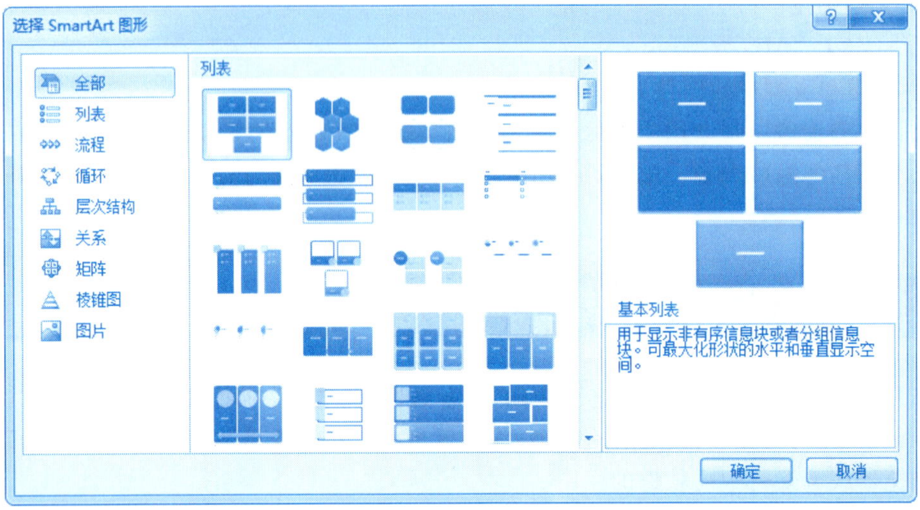

图 3-4　SmartArt 模板

（4）文件选项。“文件”按钮实则更像是一个控制面板。界面采用了“全页面”形式，分为三栏，最左侧是功能选项卡，最右侧是预览窗格。无论是查看或编辑文档信息，还是进行文件打印，随时都能在同一界面中查看到最终效果，极大地方便了对文档的管理，如图 3-5 所示。

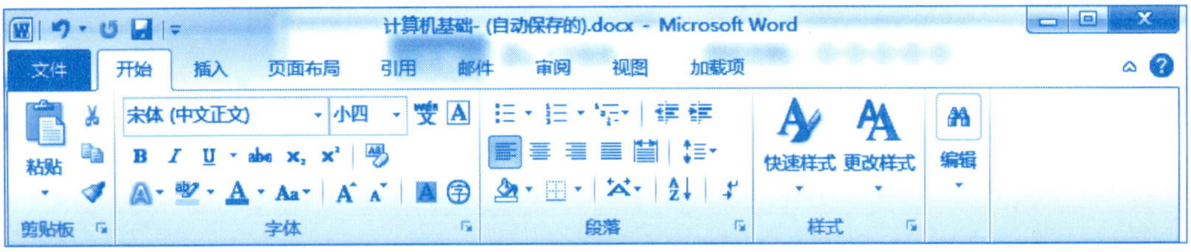

图 3-5　文件选项工具

“文件”按钮中的主要功能：

① 信息。在“信息”选项卡中集成了“权限”、“准备共享”、“版本”等功能，同时，可以直接在最右侧预览窗格中修改文件属性，简单易用，如图 3-6 所示。

② 最近所用文件。在“最近所用文件”选项卡中，不仅列出了最近使用的文档，也列出了未保存的文档。可以使用“图钉”按钮对常用文档进行固顶。

此外，可以直接将最常用的文档以列表的形式显示在左侧菜单下。只需勾选“快速访问此数目的‘最近使用的文档’”复选框，设定最多显示文档数目即可，如图 3-7 所示。

③ 打印。“打印”选项卡整合了打印预览、打印设置等多项内容，所有与打印相关的操作都可以在这“一站式”完成，如图 3-8 所示。

（5）翻译器。在“审阅”选项下的“语言”选项卡中的“翻译”按钮，单击可启用或关闭该功能。对于文档中有大量外语的用户，这是一项十分方便有用的功能，如图 3-9 所示。

图 3-6　“信息”选项卡

图 3-7　“最近所用文件”选项卡

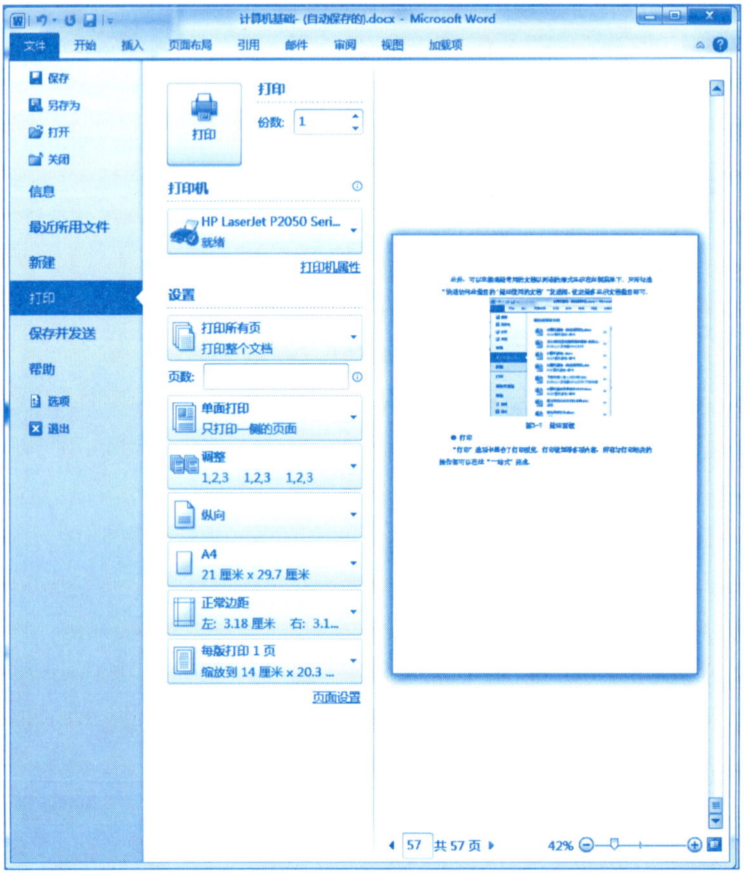

图 3-8 “打印”选项卡

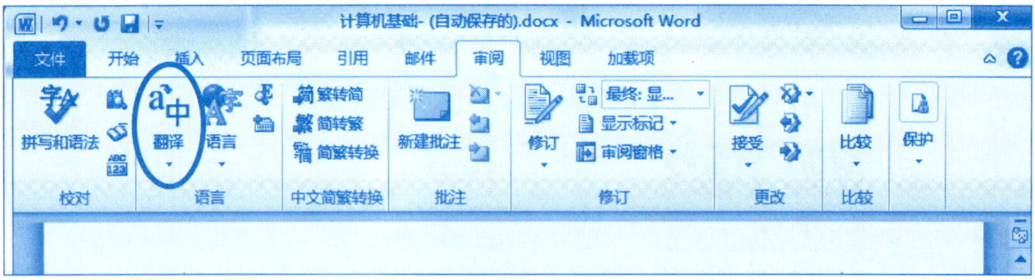

图 3-9 翻译工具

(6) 浮动工具栏。浮动工具栏提供了在选定的文章的上下文中,用户可能调用的最频繁的格式命令。浮动工具栏的出现如一个幻影图像,而且当光标移动到这个图像上时,浮动工具栏变成格式工具栏。当光标从工具栏移开,或如果没有一个指令被选择,浮动工具栏就会褪色消失。

(7) 快速访问工具栏。在标题栏的左边,Office 2010 新增加了快速访问工具栏。用户可以根据自己使用工具的实际情况,自定义其中的工具。这一功能使得工具的访问变得更加简单方便。

(8) 协同工作。通过 SharePoint、Office2010 实现了多人同时连线编辑。多个用户可以同时分别完成文档中的不同部分,最终一起完成同一份文档。这对于提高团队合作的效率是十分有意义的。

(9) 上载中心。用户可以在上载中心中管理上传的文件。

(10) 粘贴预览。这一功能让用户在选择粘贴操作前,就可以预览到粘贴后的效果,帮助用户更明智地选择操作。其中有"保留源格式"、"合并格式"、"只保留文本"三种格式选择,用户可以根据需要选择不同的格式。

(11) 照片编辑功能。在 Office 2010 中,用户可以创建具有整洁、专业外观的图像。除了使用照片、绘图或 SmartArt 外,还可以利用下列功能:

① 屏幕快照。快速截取屏幕快照,并将其添加到工作簿中,然后使用"图片工具"选项卡上的工具编辑和改进屏幕快照。

② 图片修正。微调图片的颜色强度(饱和度)、色调(色温),或者调整其亮度、对比度、清晰度或颜色。

③ 新增和改进的艺术效果。对图片应用不同的艺术效果,使其看起来更像素描、绘图或绘画作品。新增艺术效果包括铅笔素描、线条图形、水彩海绵、马赛克气泡、玻璃、蜡笔平滑、塑封、影印、画图笔画等。

④ 更好的压缩和裁剪功能。更好地控制图像质量和压缩之间的取舍,以便选择工作簿将适用的相应介质(打印、屏幕、电子邮件)。

⑤ 新增的 SmartArt 图形布局。借助新增的图片布局功能,可以使用照片来阐述案例。

3.3 Office 2010 与 Office 2003 的对比

(1) 选项卡工程化。Office2010 采用名为 Ribbon 的全新用户界面,将 Office 中丰富的功能按钮按照其功能分为了多个选项卡。选项卡按照制作文档时的使用顺序依次从左至右排列。当用户在制作一份文档时,用户可以按照选项卡的排列,逐步地完成文档的制作过程,就如同完成一个工程。

选项卡可以通过双击选项卡来关闭/打开。

(2) 功能区分组条理化。选项卡下按照功能的不同,将按钮分布到各个功能区。当用户需要使用某一项功能的时候,用户只需要找到相应的功能区,在功能区中就可以快速地找到该工具。

(3) 显示比例工具条简捷化。Office2010 的工作区与 2003 相比变得更加地简洁。在工作区的右下方增加了"显示比例"的工具条。用户通过拖动工具条可以实现快速精确地改变视图大小。

(4) 文件按钮集成化。在 Office 2010 中,"文件"选项集成了丰富的文档编辑以外的操作。用户在编辑文档之外的操作都可以在"文件"中找到。

其中,值得一提的是在"保存和发送"中新增加了保存为 PDF/XPS 格式,使得用户不需要借助第三方软件就可以直接创建 PDF/XPS 文档。

3.4 Office 2010 详解

3.4.1 Office Word 2010

从整体特点上看,Word 2010 丰富了人性化功能体验,改进了用来创建专业品质文档的功能,为协同办公提供了更加简便的途径。同时,云存储使得用户可以随时随地访问到自己的文件。

Office Word 2010 也增加了在线实时协作功能,用户可以从 Office Word Web Apps 中启动 Word 2010 进行在线文档的编辑,并可在左下角看到同时编辑的其他用户(包括其他联系方式、IM 等信息,需要 Office Communicator)。而当其他用户修改了某处后,Word 2010 会提醒当前用户进行同步。注:此功能也存在于部分其他 Office 2010 程序中。

Word 2010 的字体可实时预览,并在浮动工具栏里实现格式设计的功能。由于 Word 2010 文档完全支持 XML 格式,生成文档的扩展名是 DOCX,因此文件可直接发送至博客或 Wiki(百科全书)中。新的 Word XML 格式还在很大程度上缩减文件尺寸。

Word 2010 还提供了多种与他人共享文档的方法,用户可以在没有第三方工具的情况下将 Word 文档转换成 PDF 或 XPS 格式的文件。通过 SharePoint Server 内置的工作流服务,用户可以在 Word 2010 中发起并跟踪文档审批流程,这将缩短企业范围的审批周期。

(1) 字体特效——书法字体。Word 2010 提供了多种字体特效,其中还有轮廓、阴影、映像、发光四种具体设置供用户精确设计字体特效,可以让用户制作更加具有特色的文档,如图 3-10 所示。

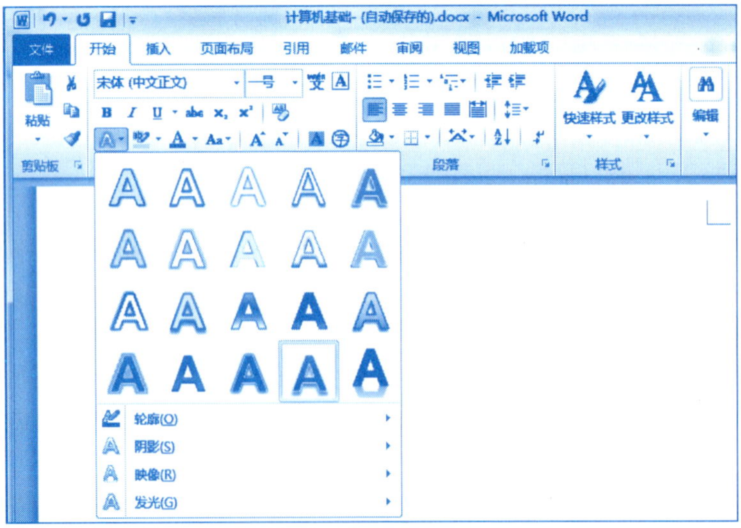

图 3-10 字体效果设置

在“文件”选项“新建”选项卡中有“书法字帖”模板。创建书法字帖后，用户会看到字帖纸，并且可以输入书法字体，如图 3-11 所示。

图 3-11 书法字帖

(2) 导航窗格。Office Word 2010 增加了导航窗格的功能，用户可在导航窗格中快速切换至任何章节的开头(根据标题样式判断)，同时也可在输入框中进行即时搜索，包含关键词的章节标题会在输入的同时，瞬时地高亮显示。

(3) 翻译工具——屏幕翻译。在“审阅”选项下“语言”组中有“翻译”按钮，可以开启屏幕翻译功能。

启用“屏幕翻译提示”功能后，当鼠标指向某单词或是使用鼠标选中一个词组或一段文本时，屏幕上就会出现一个小的悬浮窗口，给出相关的翻译和定义。

此功能还可以提供“播放”按钮，为用户提供朗读服务。

另外“复制”选项也会在窗口中出现，用户可以将翻译后的内容复制下来，粘贴在文档的相应位置。

(4) 图片处理。Word 2010 的图片处理功能更加强大。新增加了多种艺术效果，并且可以直接在 Word 中对图片进行剪裁锐化、柔化、亮度、对比度、饱和度、色调的调节。

(5) 粘贴选项。在 Word 2010 中,在进行粘贴时,图片旁边会出现粘贴选项。在粘贴选项中,有常见的各种操作,方便用户选用。

此外,Word 2010 中在进行粘贴之前,工作区会出现粘贴效果的预览图。用户可以在未粘贴的时候就看到粘贴后的效果,如图 3-12 所示。

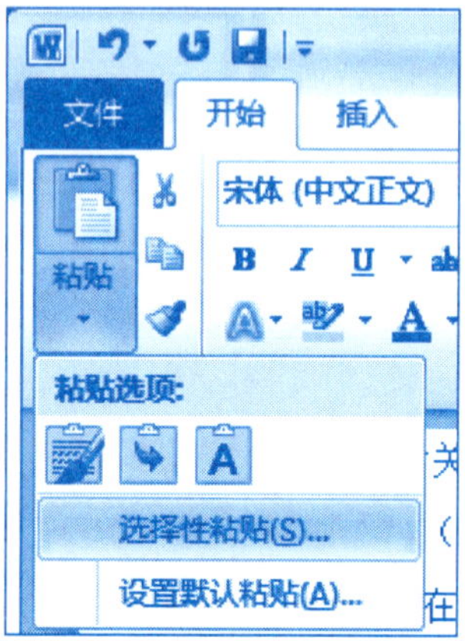

图 3-12　粘贴选项

(6) SmartArt。SmartArt 是 Word 2010 中新增加的一种插图形式。应用 SmartArt,用户可以将观点和信息转化为图形,从而更加明确有效地传递信息。

SmartArt 图形中的分类可以帮助用户快速地创建心仪的图形,如图 3-13 所示。

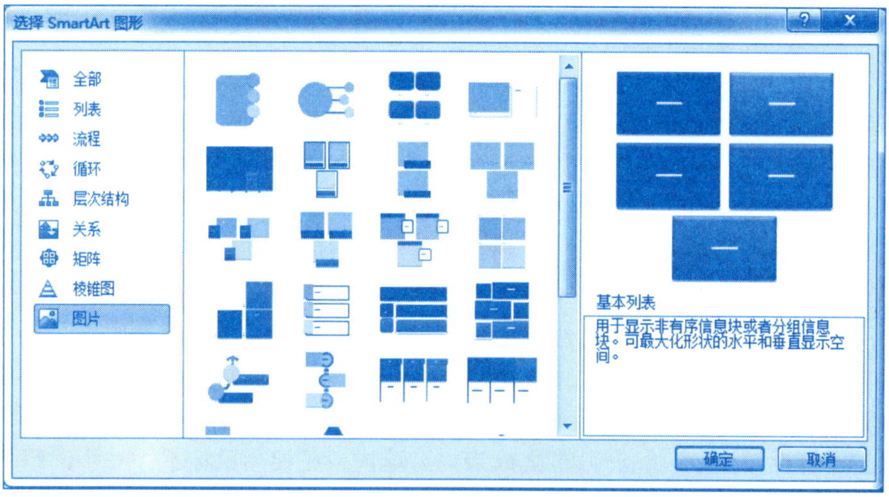

图 3-13　SmartArt 图形库

(7) 支持显卡 GPU 硬件加速。随着更多图形化功能的加入,Word 2010 开始增加了硬件加速的支持,也就是说图形芯片会有助于提高部分特性的性能。

开启硬件加速的前提条件是需要显卡支持 DirectX 9.0c ,而且有 64MB 显存。

开启“硬件图形加速”的方法如图 3-14 所示。

图 3-14　硬件图形加速设置

(8) 方便地插入表格。在 Word 2010 中建立表格变得更加方便快捷。在“表格”的下拉列表中可以快速选择表格大小，绘制表格的功能也得到了加强。

(9) 将 Word 文件转化为 PDF/XPS 文件。

在 Word 2010 中的“文件”选项的“保存并发送”选项中，增加了创建 PDF/XPS 文件的功能。用户可以不借助第三方软件，直接将 Word 文件转化为 PDF/XPS 文件，如图 3-15 所示。

(10) 邮件——绘制信封。Word 2010 中增加了制作信封的功能。在“邮件”选项中，用户可以快速地制作个性化的信封。将信封打印后，用户可以得到自己制作的个性纸质信封。

(11) 共享功能。使用共享功能，用户可以将文档保存在 live 账户的 SkyDrive 网络硬盘目录下，可从任何计算机使用文档，或者与他人分享。需要说明的是，SkyDrive 服务是免费的，不过需要用户拥有 Windows Live 账户。

(12) 一起设置文本和图像格式。Word 2010 可以为图片和文字提供相同的艺术效果。

(13) 使用 OpenType 功能微调文本。Word 2010 提供高级文本格式设置功能，其中包括一系列连字设置以及样式集与数字格式选择。用户可以与任何 OpenType 字体配合使用这些新增功能，以便为录入文本增添更多光彩。

(14) 其他新功能。

① 新编号格式。Word 2010 包含新的固定位数数字编号格式，例如 001、002、003…以及 0001、0002、0003…

② 复选框内容控制。用户可以向窗体或列表中快速添加复选框。

③ 表格上的可选文字。在 Word 2010 中，用户可以向表格和摘要添加标题，以使读者能够获取附加信息。

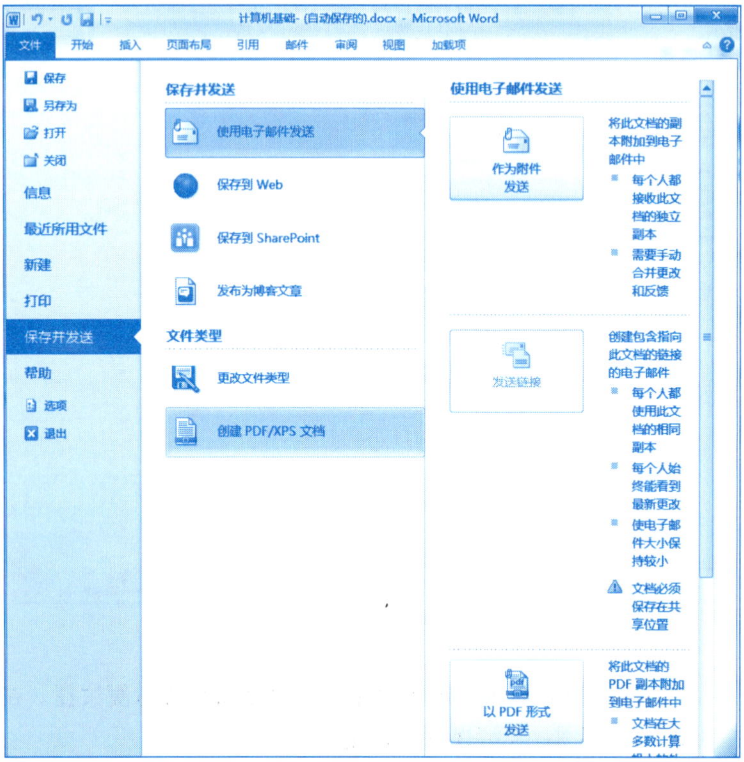

图 3-15　Word 文件转化为 PDF/XPS 设置

3.4.2　Office Excel 2010

在 Excel 2010 中，多线程的运用有助于提高数据透视表中数据检索、排序和筛选的速度，从而提高数据透视表的整体性能。

Excel 2010 新增了 Sparkline 迷你图特性，可根据用户选择的数据直接在单元格内画出折线图、柱状图等，并配有 Sparkline 迷你图设计面板供自定义样式。

Excel 2010 使用了全新的图表引擎，用户可以将丰富的可视化增效特性应用于图表，例如，3D 效果、柔和阴影以及透明度。

此外，Excel 2010 图表引擎与 Word 2010 以及 PowerPoint 2010 相互兼容，因此用户能够在所有应用程序中以同样的方式创建图表并与之交互。

另外，Excel 最大支持的行列数将由 65536 行、256 列增强到 1048576 行、16384 列。

(1) 增强图表性能，可更有效地分析大型数据集。在 Excel 2010 中，数据系列中的数据点数目仅受可用内存限制。这样，用户(特别是有专业需求的用户)可以更有效地可视化和分析大型数据集。

在 Excel 2010 中，用户可以使用宏录制器录制对图表和其他对象所做的格式设置更改。

(2) 迷你图。“迷你图”是在 Excel 2010 中新增加的一项功能。使用“迷你图”功能，可以在一个单元格内显示出一组数据的变化趋势，让用户获得直观、快速的数据的可视化显示。对于业绩、股票信息等来说，这种数据表现形式将会非常适用。

在 Excel 2010 中，迷你图有三种样式：折线图、直列图、盈亏图。不仅功能具有特色，其使用时的操作也很简单。先选定要绘制的数据列，挑选一个合适的图表样式，接下来再指定好迷你图的目标单元格，确定之后整个图形便成功地显示出来，如图 3-16 所示。

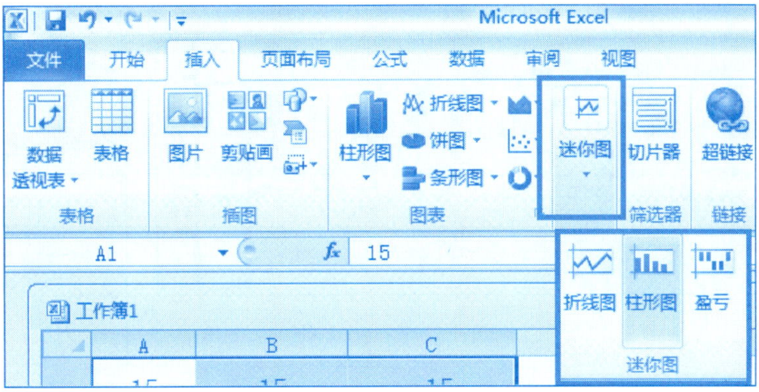

图 3-16 “迷你图”向导

(3) Gemini。如果需要对大量数据进行建模和分析，可以下载 Gemini 加载项。使用它，商业用户可以集成来自多个源的数据，高效处理极大量数据，甚至是包括亿万行数据的工作表，并与大量数据（例如，含有大量行的数据集）轻松交互并进行处理。它作为 SQL Server 2008 R2 的一部分发布。

(4) 切片器。切片器是 Excel 2010 中的新增功能，它提供了一种可视性比较强的筛选方法以筛选数据透视表中的数据。一旦插入切片器，用户即可使用多个按钮对数据进行快速分段和筛选，以及显示所需数据。

此外，对数据透视表应用多个筛选器之后，用户不再需要打开列表查看数据所应用的筛选器，这些筛选器会显示在屏幕上的切片器中。用户还可以设置切片器的格式，使其与工作簿的格式设置相符，并且能够在其他数据透视表、数据透视图和多维数据集函数中重复使用这些切片器，如图 3-17 所示。

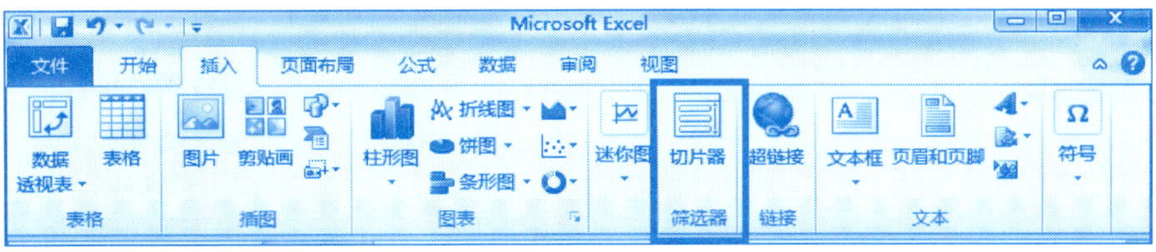

图 3-17 切片器功能

(5) 兼容函数。Excel 2010 的函数功能充分考虑了兼容性问题，为了保证文件中包含的函数可以在更早版本中使用，在新的函数功能中添加了“兼容性”函数菜单，以方便用户的文档在不同版本中都能够正常使用。

(6) 公式编辑器。Excel 2010 增加了数学公式编辑，在“插入”选项中用户便能看到新增加的“公式”图标，单击后 Excel 2010 便会进入一个公式编辑页面。在这里包括二项式定理、傅里叶级数等专业的数学公式都能直接打出。同时它还提供了包括积分、矩阵、大型运算符等在内的单项数学符号,足以满足专业用户的录入需要,如图 3-18 所示。

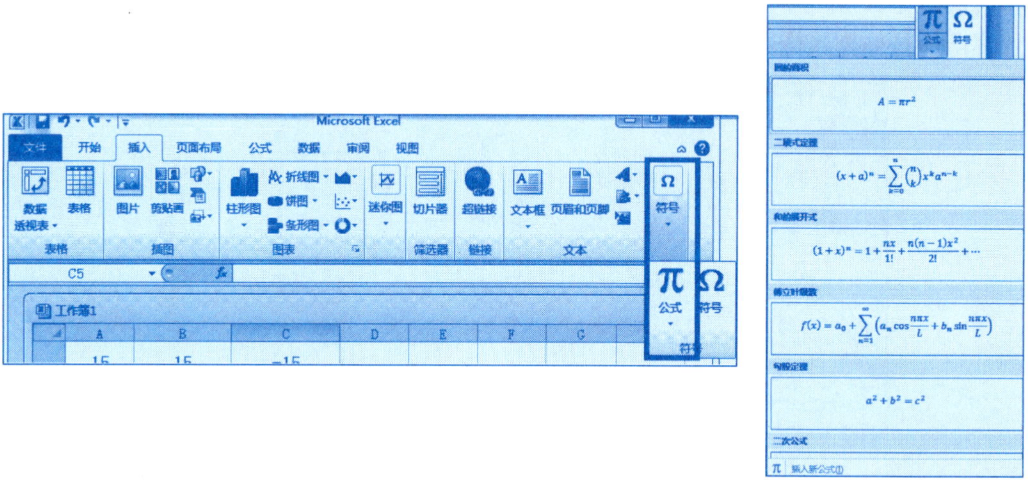

(a) 公式编辑器一　　　　(b) 公式编辑器二

图 3-18　公式编辑器

(7) 丰富的条件格式。Excel 2010 中新增加了多种条件格式,使用户更加有效地处理数据,如图 3-19 所示。

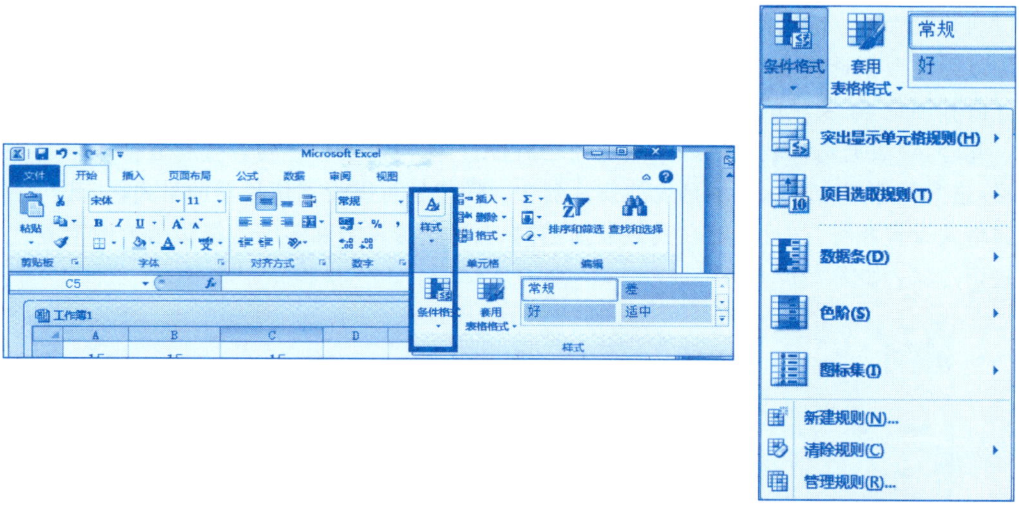

(a) 条件格式设置一　　　　(b) 条件格式设置二

图 3-19　条件格式设置

(8) 开发工具。开发工具在 Excel 2010 中并没有改进。在默认情况下,Ribbon 菜单中不显示"开发工具"选项,需要用户自行设置。单击"文件"按钮,单击"选项"打开"Excel 选项"窗口,在"自定义功能区"选项中,勾选"主选项卡"下的"开发工具",最后单击确定即可。

(9) 改进的数据透视表。其主要增强包括以下几方面:

① 性能增强。在 Excel 2010 中,多线程有助于提高数据透视表中数据检索、排序和筛选的速度。

② 数据透视表。可以在数据透视表中向下填充标签,还可以在数据透视表中重复标签以显示所有行和列中嵌套字段的项目标题。

③ 增强的筛选功能。通过单击切片器中的按钮,可以使用切片器筛选数据透视表数据,以及在不打开其他菜单的情况下快速查看所应用的筛选器。此外,利用筛选界面中的新增搜索框,可以在数据透视表的项目(总数可能上千个,甚至上百万个)中查找所需数据。

④ 回写支持。在 Excel 2010 中,可以在 OLAP 数据透视表的值区域中更改值,并将其回写到 OLAP 服务器上的 Analysis Services 多维数据集。可以在模拟模式下使用回写功能,然后在不再需要更改时回滚这些更改,或者也可以保存这些更改。可以对支持 UPDATE CUBE 语句的任何 OLAP 提供程序使用此回写功能。

⑤ 值显示方式功能。"值显示方式"功能包含许多新增的自动计算,如"父行汇总百分比"、"父列汇总百分比"、"父级汇总百分比"、"按某一字段汇总百分比"、"按升序排名"和"按降序排名"。

⑥ 数据透视图增强。现在,通过添加和删除字段可以更轻松地在数据透视图中直接筛选数据和重新组织图表布局。类似地,用户只需单击一次鼠标即可隐藏数据透视图上的所有字段按钮。

(10) 改进的规划求解加载项。Excel 2010 包含新版规划求解加载项,用户可以使用此新版加载项在模拟分析中找到最佳解决方案。规划求解具有改进的用户界面、新增的基于遗传算法的先进规划求解(可处理具有任何 Excel 函数的模型)、新增的全局优化选项、更好的线性编程和非线性优化方法,以及新增的线性和可行性报表。

(11) 针对开发人员的改进。这些改进包括以下几方面:

① 对 XLL SDK 的改进。XLL 软件开发工具包(SDK)现在支持调用新的工作表函数、开发异步用户定义函数、开发可卸载到计算群集的群集安全用户定义函数,以及构建 64 位 XLL 加载项。

② VBA 改进。利用 Excel 2010 提供的许多相应功能,开发人员可以将拥有的任何其余 Excel4.0 宏迁移到 VBA。其中,改进了与打印相关的方法的性能以及以前无法通过 VBA 访问的图表属性。

③ 更好的用户界面可扩展性。如果要开发自定义的工作簿解决方案,可以使用更多的选项来以编程方式自定义功能区和新增的 Backstage 视图。例如,可以通过编程方式激活功能区上的选项卡,并使自定义选项卡具有与内置上下文选项卡相似的行为(即仅在发生特定事件时显示选项卡)。此外,还可以使自定义功能区组随着功能区大小的调整而增大和缩小,以及使用大量控件自定义上下文菜单。另外,还可以向 Backstage 视图添加自定义 UI 以及其他元素。

④ 对 Open XML SDK 的改进。除了 Open XML SDK 1.0 中引入的部件级支持外,Open XMLSDK 2.0 现在还支持架构级对象。这简化了在 Office 2010 桌面应用程序外以

编程方式处理工作簿和其他文档的过程，例如，作为基于服务器的解决方案的一部分。

3.4.3 Office PowerPoint 2010

(1) 插入剪辑视频和音频。用户可以直接在 PowerPoint 2010 中轻松嵌入和编辑视频，而不需要其他软件。剪裁、添加淡化效果，甚至可以在视频中包括书签以播放动画。

通过 PowerPoint 2010，在将视频插入演示文稿中时，这些视频即已成为演示文稿文件的一部分。在移动演示文稿时不会再出现视频文件丢失的情况。

用户可以修剪视频，并在视频中添加同步的重叠文本、标牌框架、书签和淡化效果。此外，也可以对视频应用边框、阴影、反射、辉光、柔化边缘、三维旋转、棱台和其他设计器效果。当重新播放视频时，也会重新播放所有效果。

(2) 左侧面板的分节功能。PowerPoint 2010 新增加了分节功能。在左侧面板中，用户可以将幻灯片分节，方便管理幻灯片。

(3) 文档压缩。为了方便用户存储、播放幻灯片，PowerPoint 2010 中提供了针对不同应用环境的文档压缩功能，该功能对于包含有大量图片的幻灯片效果尤其明显。打开“文件”选项，在“信息”选项卡中即可看到“压缩媒体”按钮。

需要注意的是，PowerPoint 2010 会对文档大小做自动判断，只有当文件大于一定容量时，才会出现“压缩媒体”按钮。

此外，在“压缩媒体”时，有三种不同的压缩模式供用户选择，如图 3-20 所示。

图 3-20 文档压缩功能

(4) 广播幻灯片。广播幻灯片功能允许其他用户通过互联网同步观看主机的幻灯片播放。单击“幻灯片放映”选项中“广播幻灯片”按钮，如图 3-21 所示。

在弹出窗口中单击“启动广播”按钮，如图 3-22 所示。

稍后 PowerPoint 2010 将会自动分配给用户一个共享链接，创建共享广播链接需要 Windows Live ID 账户。

成功登录 Windows Live ID 之后，PowerPoint 2010 便开始准备广播的相关操作。

准备完成之后，便可看到创建好的共享广播链接，最后，单击“开始放映幻灯片”按钮即可。

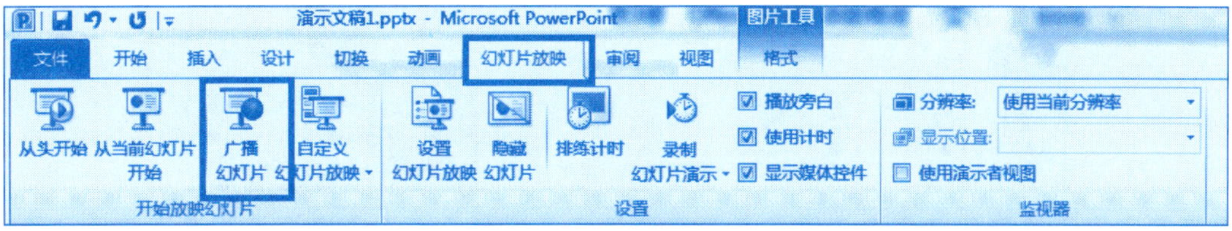

图 3-21　广播幻灯片工具

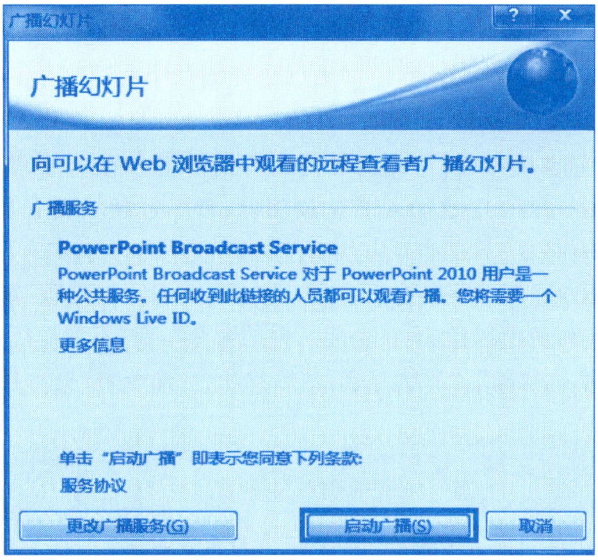

图 3-22　广播幻灯片设置

(5) 过渡时间精确设置。为了更加方便地控制幻灯片的切换时间，在 PowerPoint 2010 中切换幻灯片设置摒弃了原来的"快中慢"的设置，变成了精确的设置，用户可以自定义精确的时间。

(6) 从当前开始放映。PowerPoint 2010 的"从当前开始放映"是一项十分贴心的功能。当用户在编辑幻灯片时，为了查看播放时的效果，选择这项功能，就可以看到当前编辑的幻灯片的播放效果了。在实际播放时，这项功能也可以让用户自定义播放幻灯片。

(7) 录制演示。录制演示功能可以说是"排练计时"的强化版，它不仅能够自动记录幻灯片的播放时长，还允许用户直接使用激光笔(可用 Ctrl+ 鼠标左键在幻灯片上标记)或麦克风为幻灯片加入旁白注释，并将其全部记录到幻灯片中，大大提高了新版幻灯片的互动性。这项功能使得用户不仅能够观看幻灯片，还能够听到讲解等，给用户以身临其境，如同处在会议现场的感受，如图 3-23 所示。

(8) 音、视频编辑功能。PowerPoint 2010 内置了丰富的音、视频编辑功能，可以很容易地对已插入影音执行修正。除了拥有便捷的视频截取功能外，它还专门提供了诸如"淡入淡出"、"音量大小"等常规调节功能。此外，用户也可以通过鼠标悬停，直接在幻灯片上预览影像，方便用户的操作，降低了复杂幻灯片的整体制作难度。

图 3-23 录制演示

(9) 格式刷。PowerPoint 2010 增加了类似格式刷的工具——Animation Painter,可将动画效果应用至其他对象,用法同格式刷。

(10) 图形组合。制作图形时,可能需要使用不同的组合形式,例如联合、交集、打孔和裁切等。在 PowerPoint 2010 中也加入了这项功能,只不过默认没有显示在 Ribbon 工具条中。

单击"文件"选项中的" 选项"选项卡,在弹出的"PowerPoint 选项"窗口中,在"从下列位置选择命令(C):"下拉列表中选择"不在功能区中的命令",在"不在功能区中的命令"中找到并选择"形状交点"、"形状剪除"、"形状组合"、"形状联合"命令,按提示操作即可添加这四项功能。

(11) 合并和比较演示文稿。使用 PowerPoint 2010 中的合并和比较功能,用户可以比较当前演示文稿和其他演示文稿,并可以立即合并它们。如果与他人共同处理演示文稿,并使用电子邮件和网络共享与他人交换更改,则此功能非常有用。

如果用户只希望通过比较两个演示文稿来了解它们之间的不同之处,而不打算保存组合的(合并的)演示文稿,则此功能非常有用。

用户可以管理和选择要融入到最终演示文稿中的更改或编辑内容。合并和比较功能最大限度地减少了您同步同一演示文稿的多个版本中的编辑内容所花费的时间。

(12) 将演示文稿转换为视频。将演示文稿转换为视频是分发和传递它的一种新方法。如果希望为同事或客户提供演示文稿的高保真版本(通过电子邮件附件形式、发布到网站,或者刻录 CD 或 DVD),就可以选择将其保存为视频文件。

(13) 使用三维动画图形效果切换。可以在幻灯片之间使用新增平滑切换效果来吸引观众,这些切换效果包括真实三维空间中的动作路径和旋转。

(14) 将鼠标转变为激光笔。在"幻灯片放映"视图中,只需按住 Ctrl,单击鼠标左键,即可开始标记。

3.4.4 Office Access 2010

Access 2010 使用起来非常简单,它提供的现成模板使您可以快速开始工作,同时它还提供了强大的工具,即使您不是一名数据库专家,通过 Access 2010,您也可以充分利用所拥有的信息。

它的特点就在于使用简便。Access 2010 让您充分运用信息的力量。您不用是数据库专家，一样可以大显神通。同时，通过新增加的网络数据库功能，您在追踪与共享数据，或是利用数据制作报表时，将可更加轻松无负担，这些数据自然也就更具影响力。网页浏览器有多近，数据离您就有多近。

(1) 最好上手、最快上手。在 Access 2010 中，您可以发挥社群的力量。采用其他人建立的数据库模板，并且分享您的独到设计。使用由 Office Online 预先建置，针对常见工作而设计的全新数据库模板，或是选择社群提供的模板，并且加以自定义，以符合您的独特需求。

(2) 为您的数据建立集中化存取平台。使用多种数据联机，以及从其他来源链接或汇入的信息，以整合您的 Access 报表。您可以透过改良的"设定格式化的条件"功能与计算工具，建立起丰富、动态化、富含视觉效果的报表。Access 2010 报表已可支持数据横条效果，让您以及阅读报表的人都能更容易掌握趋势、洞烛先机。

(3) 在任何地方都能存取您的应用程序、数据或窗体。将您的数据库延伸到网络上，让没有 Access 客户端的使用者，也能透过浏览器开启网络窗体与报表。数据库如有变更，将自动获得同步处理。或者，您也可以脱机处理您的网络数据库，进行设计与数据变更，然后在重新联机时，将这些变更同步更新到 Microsoft SharePoint Server 2010 上。透过 Access 2010 与 SharePoint Server 2010，您的数据将可获得集中保护，以符合数据、备份与稽核方面的法规需求，并且提高可存取性与管理能力。

(4) 让专业设计深入您的 Access 数据库。把亲切熟悉、赏心悦目的 Office 主题，原汁原味地套用到您的 Access 客户端与网络数据库上。您可以在多种主题中恣意挑选，或是设计您独特的自定义主题，使窗体与报表更加美观。

(5) 以拖放方式为数据库加入导航功能。不用撰写任何程序代码，或设计任何逻辑，就能创造出具备专业外观与网页式导览功能的窗体，让您常用的窗体或报表在使用上更为方便。共有六种预先定义的导览模板，外加多种垂直或水平索引卷标可供选择。多层的水平索引卷标可用于显示大量的 Access 窗体或报表。只要以拖放方式，就能显示窗体或报表。

(6) 更快、更轻松地完成工作。Access 2010 能简化您寻找及使用各项功能的方式。全新的 Microsoft Office Backstage 检视取代了传统的档案菜单，让您只需轻按几下鼠标，就能发布、备份及管理数据库。功能区设计也经过改良，进一步加快您存取常用命令的速度。

(7) 使用 IntelliSense 建立表达式，不费吹灰之力。经过简化的"表达式建立器"可以让您更快、更轻松地建立数据库中的逻辑与表达式。IntelliSense 的快速信息、工具提示与自动完成，有助于减少错误，省下死背表达式名称和语法的时间，把更多时间挪到应用程序逻辑的建立上。

(8) 以前所未有的超快速度设计宏。Access 2010 拥有面目一新的宏设计工具，您可以更轻松地建立、编辑并自动执行数据库逻辑。宏设计工具能提高用户生产力，减少程序代码撰写错误，并且轻松整合复杂无比的逻辑，建立起稳固的应用程序。以数据宏结合逻辑与数据，将逻辑集中在源数据表上，进而加强程序代码的可维护性。您可以通过更强大的宏设计工具与数据宏，把 Access 客户端的自动化功能延伸到 SharePoint 网络数据库以及其他会更新您的数据表的应用程序上。

(9) 把数据库部分转化成可重复使用的模板。重复使用由数据库的其他用户所建置的数据库组件,节省时间与心力。您可以将常用的 Access 对象、字段或字段集合储存为模板,并且加入现有的数据库中,以提高您的生产力。应用程序组件可以分享给组织所有成员使用,以求建立数据库应用程序时能拥有一致性。

(10) 整合 Access 数据与实时网络内容。您可以经由网络服务通信协议,联机到数据源。您可通过 Business Connectivity Services,将网络服务与业务应用程序的数据,纳入您建立的数据库中。此外,全新的网页浏览器控制功能,还可让您将 Web 2.0 内容整合到 Access 窗体中。

3.4.5 Office OneNote 2010

1. OneNote 2010 的十大优点

(1) 在应用程序之间无缝工作。用户可以将 OneNote 置于屏幕一侧,以便在 Web 上搜索时,在 Word 2010 中审阅文档或者在创建 PowerPoint 2010 幻灯片时,随时都可用它来记笔记或作为参考。如果用户需要记住创意的来源,使用"链接笔记"功能,只需单击一下便可以准确跳转到信息的来源,如图 3-24 所示。

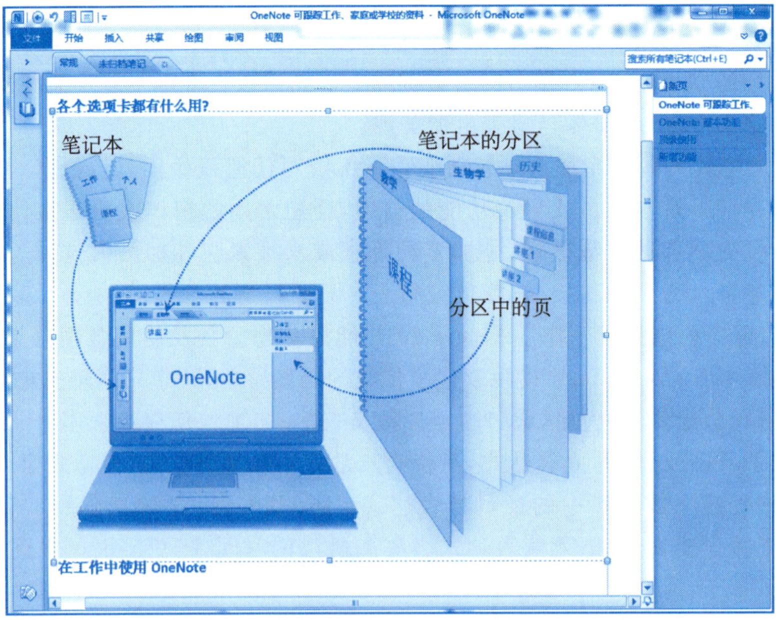

图 3-24 链接笔记功能

(2) 发现组织信息的新方式。改进的笔记本导航栏提供的工具使用户可以在笔记本之间轻松组织和跳转。用户还可以更好地使页组直观可见和展开页组以改进笔记结构和位置。此外,新增的分区工具使得访问或复制笔记本分区或者分区之间的合并更加容易。

(3) 快速将信息归档到正确位置。使用“快速归档”,用户可以轻松地挑选笔记本,在从多个来源(包括文档、网页和电子邮件)插入笔记时将笔记发送到该笔记本。

(4) 掌握小组项目的变化。与多个用户协作处理一个共享笔记本时,OneNote 2010 中的自动突出显示功能将提供一个清晰的视图,显示自用户上次打开该笔记本后进行的更改。

此外,新增的页面版本功能提供了按日期和作者排列的版本历史记录。如果有人无意中更改了内容,只需单击便可还原为该页面的上一版本。与用户所有的共享笔记本编辑一样,联机时更改将自动同步。

(5) 随时访问信息。OneNote 2010 中改进的搜索功能将在用户键入的同时显示搜索结果。此外,新的排名系统可以沿用过去的选择,设置笔记、页、页标题和最近挑选的内容的优先次序,这样,用户便可以更加轻松快捷地获取信息。

(6) 几乎可从任何地点访问笔记本。可以从 Web 或 Windows phone 编辑和审阅笔记,方便地将笔记本带到任何地方。用户可以在许多地点并使用多种设备访问、编辑、共享和管理笔记。

(7) 在笔记本内轻松参考页和分区。使用 Wiki 链接,用户可以轻松参考和浏览笔记本中的相关内容,例如笔记页、分区和分区组。创建指向新内容的 Wiki 链接,以便将每个使用同一笔记本的人自动指向正确位置。

(8) 对文本快速应用样式。新增的文本样式提供了建立和组织想法的更多格式选项。设置文本基本样式的快捷键与 Word 2010 中所用的相同,使用这些快捷键可以节省时间。或者,使用 OneNote 中新提供的格式刷在段落之间复制格式。

(9) 利用增强的用户体验完成更多工作。在 OneNote 2010 中,访问功能变得更加简便。新增的 Microsoft Office Backstage 视图替换了传统的“文件”菜单,只需单击几下即可共享、打印和发布笔记。通过改进的功能区,用户可以快速访问常用命令,创建自定义选项卡或者创建自己的选项卡。

(10) 跨越沟通障碍。OneNote 2010 可在不同的语言间进行工作和沟通。将鼠标悬停在一个字词上便可获得即时翻译,或者只需单击几下鼠标即可翻译所选文字。还可以为编辑、帮助、显示和屏幕提示选择各自的语言设置。

2. OneNote 2010 新功能

(1) 编辑改进功能。基本样式库 OneNote 2010 添加了基本笔记记录样式快速库,例如,标题 1、2、3。它们提供了一种快速、简单的方式来向重复笔记类型(例如,课堂或会议笔记)应用一致的结构和外观。

改进的项目符号列表:此更改非常简单但很有必要,现在,列表中首层项目符号项的缩进与前文缩进完全相符。

数学公式:OneNote 2010 支持添加公式这一功能。此功能对需要在其笔记中输入数学公式的学生或其他任何人员非常有用。在运行 Windows 7 的 Tablet PC 上,此功能得以进一步增强,在此类 Tablet PC 上,OneNote 可以识别和转换手写数学公式和键入的数学公式。

(2) 即时搜索。Onenote2010 提供了即时搜索功能。对于搜索到的内容将全部以其他颜色突出显示。更为强大的地方在于搜索不仅针对文本,针对拍摄的图片当中的文字一样可以实现搜索。

(3) 导航窗格。OneNote 2010 中新增的导航窗格将显示处于打开状态的笔记本。通过单击笔记本的图标,可以轻易在打开的笔记本间移动。通过单击导航窗格顶部的箭头,用户可以展开视图,其中将显示各个笔记本及其嵌入节的详细信息。单击其相应的选项卡,打开笔记本中的节。此新增功能使在多个笔记本和节间进行导航变得更加容易。

OneNote 2007 导航窗格显示了有关笔记本及其嵌入节的详细信息。

(4) 集成在 Word 2010 和 PowerPoint2010 中。在 Word 2010 和 PowerPoint2010 中,"审阅"选项下有 OneNote 快捷按钮,可以快速地启动 OneNote,让 Word、PowerPoint 和 OneNote 协同工作,如图 3-25 所示。

图 3-25 集成按钮

(5) 文件。和其他 Office 2010 产品一样,OneNote 2010 也增加了"文件"选项。

(6) 改进的共享和协作。

① 突出显示未读笔记。自用户上次查看共享笔记本以来,用户所在团队或工作组中的其他成员在共享笔记本中添加或更改的新内容将自动突出显示,这使用户能够迅速查看新增内容。含有新增内容的笔记本标题、分区选项卡和页选项卡将显示为粗体,以使用户能够快速导航。

② 创作信息。其他人员在共享笔记本中添加或更改的内容现在将通过带有作者首字母缩写的小型色标条表示。用户可以轻松查看新增信息的添加人员和位置。

③ 版本支持。用户可以快速显示任何页面的早期版本,包括其撰写人员和时间。与页面早期版本相关的更改将自动突出显示。

④ 更快地同步页面。如果多个人员正在同时使用同一页面,系统将加快此页面的同步速度,以便以接近实时的速度向所有作者显示更改,如图 3-26 所示。

(7) 音频和视频录制工具。OneNote2010 新增加了音频和视频录制功能。用户可以采用音频或者视频的形式制作笔记,如图 3-27 所示。

(8) 完善的绘图工具。OneNote2010 的绘图功能十分强大。使用绘图工具,完全可以满足用户在做笔记时,对于绘图的需求,如图 3-28 所示。

(9) 组织和查找笔记。

① 分区选项卡和页选项卡改进。OneNote 2010 前所未有地简化了在含有大量分区和页面的笔记本中导航这一过程,现在,新建分区变得更加容易。其他改进包括:对页选项卡

图 3-26 共享与协作功能

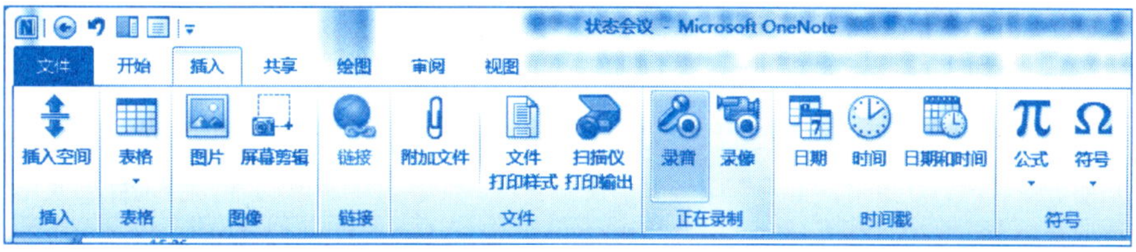

图 3-27 音频和视频录制工具

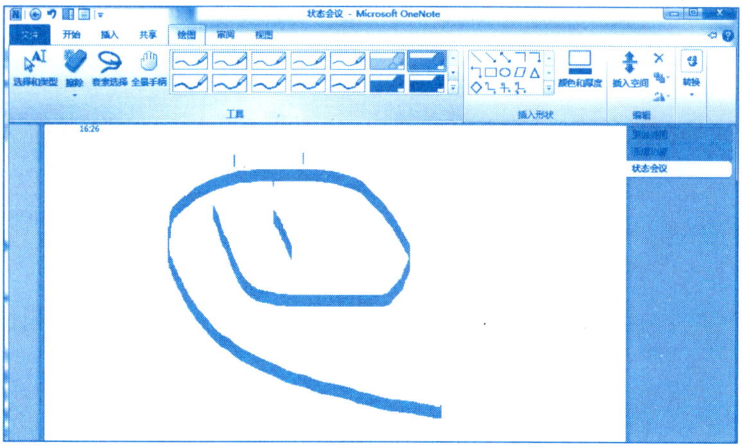

图 3-28 绘图工具

层次结构可视化效果的改进、折叠子页组的功能和从页选项卡中的任意位置插入新页的功能。

② 快速搜索简化了导航。若要获得笔记本中最常使用的页面，快速搜索是最快的方

式。快速搜索在用户键入内容的同时就会显示搜索结果。快速搜索不仅可以搜索页面内容,还可以根据笔记本名称、节标签和页面标题进行搜索。页面作者还可以快速地搜索最近(昨天、上周、上个月等)添加的内容,也可以快速浏览在特定某一天所做的更改。

③ Wiki 链接。用户只需键入 Wiki 链接语法(例如,"我希望的页标题")或使用"插入超链接"对话框中的新页面搜索体验,即可轻松创建指向笔记本中的任何现有页面(甚至是新页面)的链接。这样用户就能够轻松创建与 Wiki 相似的含有跨不同页面的大量交叉链接的笔记本。

④ 快速存档。用户可以采用多种方法将信息导入到 OneNote 中,其中包括从 Microsoft Outlook 和 Windows Internet Explorer 中的"发送至 OneNote",用户还可以使用 OneNote 打印驱动程序向笔记本直接输出任何文档或文件。通过 OneNote 2010 中新增的"快速存档"弹出窗口,用户可以快速选择笔记本中的导入位置。为了简化重复导入过程,此功能会记住上次导入内容的位置。如果要移至不同位置,用户还可以在"快速存档"位置中进行搜索,以查找特定分区或页面。

(10) 触摸屏支持。

① 手指平移和自动切换。在运行 Windows 7 的兼容计算机上,用户可以用手指在 OneNote 2010 中滚动和四处平移任何页面。根据输入设备,OneNote 将在笔、平移和选择之间自动切换。

② 手指缩放。这是多点触控设备(例如,运行如 Windows 7 等兼容单点触控或多点触控的操作系统的 PC)上的标准手势。通过采用缩放手势,用户可以放大和缩小 OneNote 中的笔记本页面。

③ 改进的导航控件。对于在与触摸屏兼容的 PC 和操作系统上使用 OneNote 2010 的客户,此版本添加了若干导航增强功能。

④ 编程代码改变。对开发者来讲,为了支持 64 位系统,VBA(应用程序的可视化基础)进行了升级,而 Office2010 对象模型也已经得到了更新。因此,当企业用户自 Office2003 升级至 Office2010 的时候,很有可能需要处理旧的、不兼容的程序代码,对代码兼容性进行计划和测试。

第 4 章

Word 2010应用

教学提示

本章主要介绍了Word 2010文档的基本操作和编辑方法，能使用Word 2010建立及编辑文档，能综合应用所学内容设计图文并茂的文档。

教学目标

(1) 了解Word 2010文字处理软件的特点和功能。
(2) 熟练掌握Word 2010文档的基本操作和编辑方法。
(3) 掌握图文混排的基本方法。
(4) 能灵活运用各方面知识和技巧制作各类图文并茂的文档。

4.1 Word文档的基本操作

4.1.1 Word 2010的界面

1. 启动Word 2010

方法一：依次单击“开始”→“所有程序”→Microsoft Office→Microsoft Office Word 2010命令，即可以启动Word 2010。

方法二：如果桌面上有Word的快捷方式图标，直接双击启动Word 2010。

2. Word 2010的界面布局

(1) 标题栏。窗口的第一行，称为标题栏。在标题栏的左上角有一个“控制菜单的图标” 。标题栏最右边有 ，第一个按钮是最小化按钮，单击该按钮，窗口会变成图标放在任务栏中，依然在后台继续运行。第二个是“还原”按钮，说明此时窗口是最大化的。如果单击“还原”按钮，标题栏最右边变成了 ，中间为“最大化”按钮，此时的状态为原始大小，单击“最大化”按钮，可以将窗口变成最大化。最左边的符号是关闭按钮。

(2) 选项栏和相应的工具组。第二行是选项栏，单击各个选项，下面会出现系列子选项或者工具组，如图4-1所示。选项栏有“文件”、“开始”、“插入”、“页面布局”、“引用”、“邮件”、“审阅”、“视图”、“加载项”选项。不同的选项栏，会有不同的子选项或者工具组，如图4-1所示。

① “文件”选项。单击“文件”选项，会出现“保存”、“另存为”、“打开”、“关闭”、“信息”、“最近使用文件”、“新建”、“打印”、“保存并发送”、“帮助”、“选项”、“退出”子选项，这些子选项就是一些命令，如图4-2所示。

② “开始”选项。单击“开始”选项，会出现“剪贴板”、“字体”、“段落”、“样式”、“编辑”等

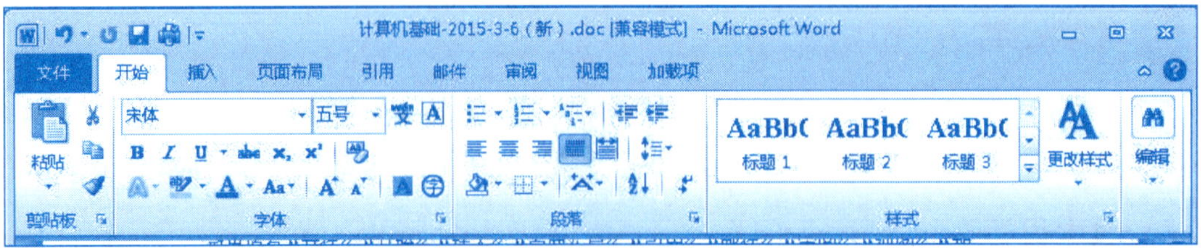

图 4-1 选项栏

工具组或者子选项。有的工具组的工具按钮右下角有一个三角形的符号,单击会出现下拉子选项。

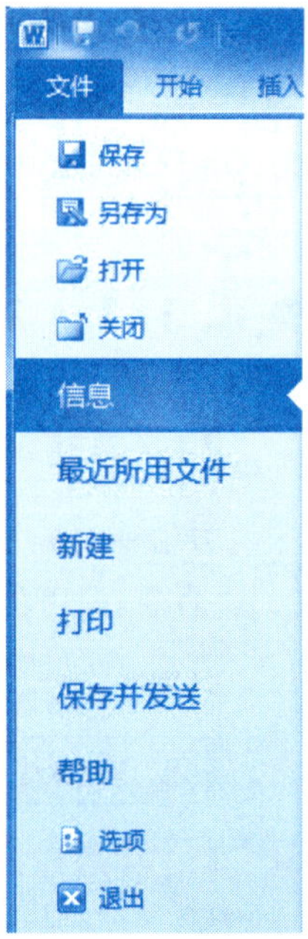

图 4-2 "文件"选项

每一组工具的右下角有一个箭头的符号  ,单击会出现一个对话框。比如单击"字体"工具组,会出现一个"字体"的对话框,可以对字体做进一步的细化选择,如图 4-3 所示。

③ "插入"选项。单击"插入"选项,会出现"页"、"表格"、"插图"、"链接"、"页眉和页脚"、"文本"、"符号"工具组或者子选项。

④ "页面布局"选项。单击"页面布局"选项,会出现"主题"、"页面设置"、"稿纸"、"页面背景"、"段落"、"排列"工具组或者子选项。

⑤ "引用"选项。单击"引用"选项,会出现"目录"、"脚注"、"引文与书目"、"题注"、"索引"、"引文目录"工具组或者子选项。

⑥ "邮件"选项。单击"邮件"选项,会出现"创建"、"开始邮件合并"、"编写和插入域"、"预览结果"、"完成"工具组或者子选项。

⑦ "审阅"选项。单击"审阅"选项,会出现"校对"、"语言"、"中文简繁转换"、"批注"、"修订"、"更改"、"比较"、"保护"工具组或者子选项。

⑧ "视图"选项。单击"视图"选项,会出现"文档视图"、"显示"、"显示比例"、"窗口"、"宏"工具组或者子选项。

⑨ "加载项"选项。单击"加载项"选项,会出现"特殊符号"项。

(3) 工作区。工作区用来输入文本,插入图片、表格等内容。

在工作区的右边有一个垂直滚动条,其上下均有一个三角形按钮,单击该按钮可以上移或下移一行,两个三角形连在一起的按钮,表示单击这个按钮可以上移动一页或下移动一页。

工作区的下面一行是状态栏,左边有"页面"、"字数"、"文字"、"插入"或者"改写"状态, 

表示文档一共有 5 页,该页是第 1 页,字数一共有 6 696 字,文字为"中文"输入,处于"插入"状态。状态栏的右边为视图方式, 

上从左到右为"页面视图"、"阅读板式视图"、"WEB 板式视图"、"大纲视图"、"草稿"。旁边的是显示比例调整,可以拖动滑块调整工作区文本的显示比例。

图 4-3 "字体"对话框

3. 关闭 Word 2010

方法一:单击控制菜单图标,会弹出一个菜单项,单击"关闭"。

方法二:按下 Alt+F4 组合键。

方法三:单击右上角的关闭按钮,直接关闭 Word 2010。

方法四:双击控制菜单图标。

4.1.2 文档的操作及基本编辑方法

1. 创建 Word 文档

下面通过创建"桂林山水.docx"文档的案例来了解文档建立的方法。

双击桌面上的 Word 的快捷方式图标,启动 Word 2010 软件。进入文本编辑状态,输入以下文档内容,以"桂林山水.docx"为文件名保存在"win7 文件基本操作"文件夹中。

我看见过波澜壮阔的大海,玩赏过水平如镜的西湖,却从没看见过漓江这样的水。漓江的水真静啊,静得让你感觉不到它在流动;漓江的水真清呀,清得可以看见江底的沙石;漓江的水真绿呀,绿得仿佛那是一块无瑕的翡翠。船桨激起的微波扩散出一道道水纹,才让你感觉到船在前进,岸在后移。

我攀登过峰峦雄伟的泰山,游览过红叶似火的香山,却从没看见过 GuiLin 这一带的山,GuiLin 的山真奇啊,一座座拔地而起,各不相连,像老人,像巨象,像骆驼,奇峰罗列,形态万千;GuiLin 的山真秀啊,像翠绿的屏障,像新生的竹笋,色彩明丽,倒映水中;GuiLin 的山真险啊,危峰兀立,怪石嶙峋,好像一不小心就会栽倒下来。

这样的山围绕着这样的水,这样的水倒映着这样的山,再加上空中云雾迷蒙,山间绿树红花,江上竹筏小舟,让你感到像是走进了连绵不断的画卷,真是"山作青罗带,水为碧玉簪"。

2. 文本块的选择、修改、删除和插入等基本编辑技巧

(1) 将光标定位在"山作青罗带,水为碧玉簪"后,也就是文档的末尾,按 Enter 键,输入一个新段落,内容如下:

人们都说:"我们乘着木船荡漾在漓江上,来观赏 GuiLin 的山水。"

(2) 将最后一段话移到第一段的前面,作为第一段。

(3) 单击保存按钮,保存该文件,并将文件另存为"WD1. docx"。

3. 文本的查找与替换操作

(1) 单击"开始"菜单,选择其中工具栏中的"编辑"→"替换"命令,将插入点定位在"替换"选项卡上"查找内容"框中,输入 GuiLin,如图 4-4 所示。

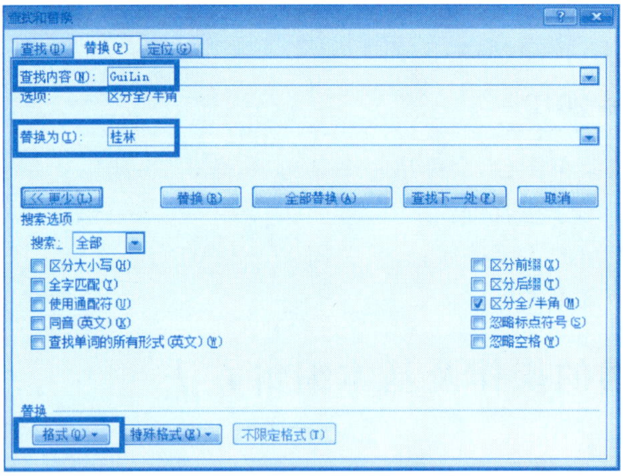

图 4-4 "查找和替换"对话框

(2) 单击"更多"按钮,然后将光标定位在"替换为"框中,输入"桂林"。

(3) 单击"格式"按钮下的"字体"命令。在对应的"字体"对话框中进行设置,将字体设置为"红色、加粗、华文新魏、加双下划线",如图 4-5 所示。

(4) 最后单击"全部替换"按钮。

4. 字符格式、段落格式的设置

(1) 在第一段之前添加标题"桂林山水",要求黑体、二号字、居中、加蓝色下划线,字符缩放 150%,字符间距设置为 1.3 磅。

(2) 将正文文本设置为宋体、五号。并将第一段文字底纹设置为灰度-15%,字符缩放

图 4-5　字体设置面板

为 120%。

(3) 将正文文本设置为首行缩进 2 字符，标题设置为段前、段后各 20 磅，第一段设置为多倍行距 1.5 行，其余各段为单倍行距，如图 4-6 所示。

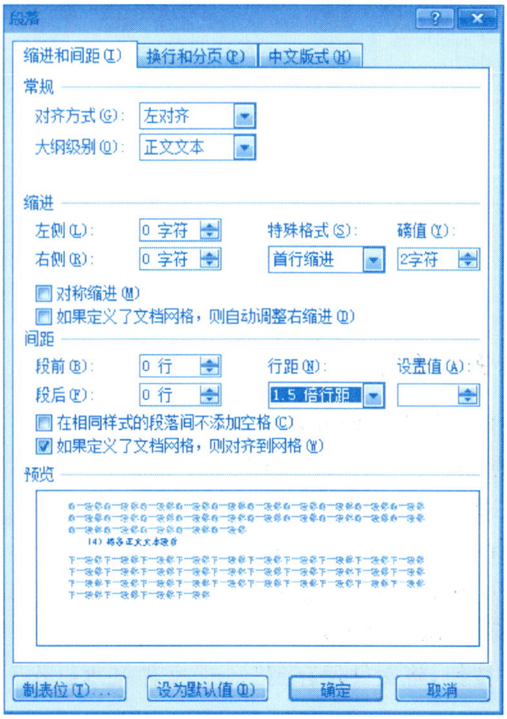

图 4-6　“段落”对话框

5. 页面设置

(1)设定纸张大小为 16 开,上下边距为 2.0cm,左右边距为 2.5cm。

(2) 设置页眉、页脚为 2cm,如图 4-7 所示。

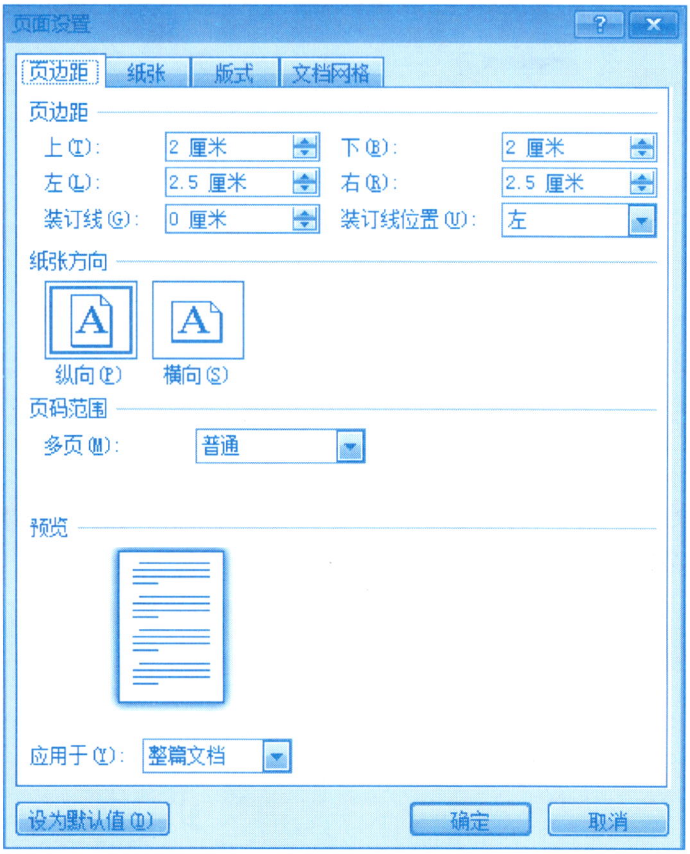

图 4-7 “页面设置”对话框

6. Word 文档的保存设置

将 WD1 文件设置为自动保存时间间隔为 10 分钟,并为该文档设置密码保护。

(1) 单击“文件”→“选项”命令,打开“word 选项”对话框,在“保存”选项卡中将自动保存时间间隔设为 10 分钟,如图 4-8 所示。

(2) 单击“文件”→“保存”(或“另存为”)命令,在打开的对话框中单击最底下的“工具”按钮下的常规选项,出现如图 4-9 所示对话框,在“打开文件时的密码”和“修改文件时的密码”文本框中分别输入密码,如图 4-9 所示。

(3) 最后单击“保存”按钮,将文件保存到“win7 文件基本操作”文件夹里。

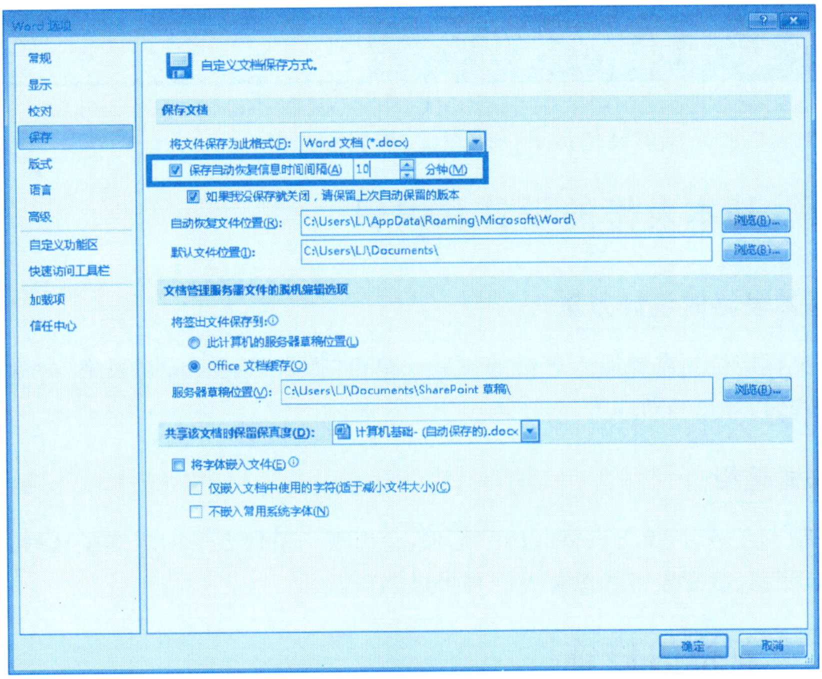

图 4-8　自动保存时间间隔设置

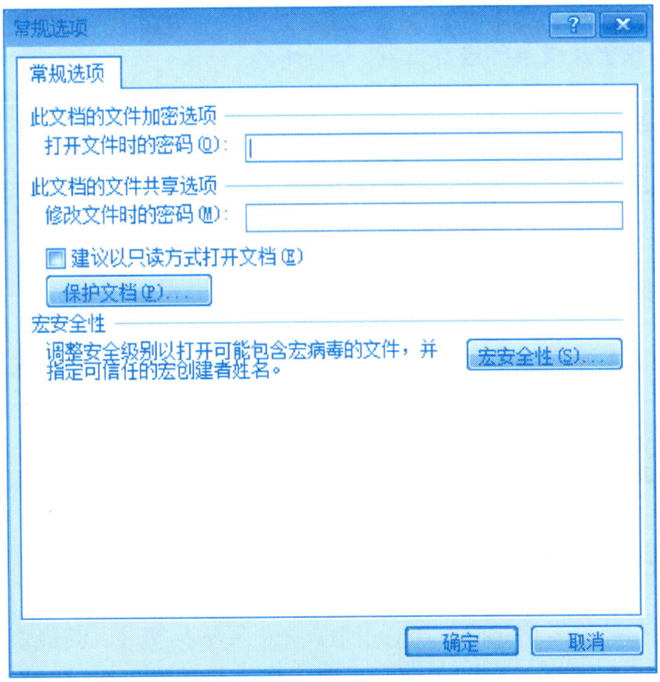

图 4-9　设置密码保护

4.2 Word 中表格的操作

Word 中表格的操作主要包括表格的设计、编辑和修饰。

4.2.1 基本表格的设计和编辑

1. 基本表格的设计方法

首先将光标定位到需要插入表格的位置。单击“插入”选项下的“表格”命令，使用鼠标拖放的方法，选择好行和列即可。

2. 样式选择

创建好基本表格后，单击表格“设计”选项，会出现一系列表格的样式供选择。右边还有表格的边框、底纹、绘制表格和擦除等工具可以选择。

4.2.2 表格的修饰

1. 表格的修饰

指对单元格的底色及线条等进行设置。

2. 边框线条的设定

选择需要加边框的单元格区域，单击“设计”中的“边框”命令，可以选择边框线的粗细、笔的颜色。按下“边框”旁边的三角形符号，可以选择需要修饰的边框线条。

3. 底色的设定

选择需要加边框的单元格区域，单击“设计”中的“底纹”，可以选择“底纹”颜色。

4.3 案例引入

4.3.1 案例的提出与分析

如果你希望制作一份表格化的简历，或制作一张课程表，那么，就快来学习本节的内容。使用 Word 不仅可以方便地绘制表格，还可以对表格进行美化，为其设置边框和底纹。除此之外，还能对表格中的数据进行简单的计算或统计。

4.3.2 案例主要涉及的知识点

(1) 创建表格的方法。

(2) 表格的调整,包括插入行,插入列,插入单元格,删除行,删除列,删除单元格,表格行高与列宽的调整,合并、拆分单元格,平均分布各行、各列等。

(3) 表格中的计算与排序。

(4) 表格格式化操作,包括表格字符格式化、表格边框与底纹的设置。

4.3.3 案例实现的步骤

(1) 启动 Word 2010,输入"学生成绩表",设置为居中、三号、宋体、加粗,并以"学生成绩表"为文件名保存文件。

(2) 创建表格。单击"插入"→"表格"选项,打开"插入表格"对话框,插入一个5行5列的表格并输入数据,如图4-10、图4-11所示。

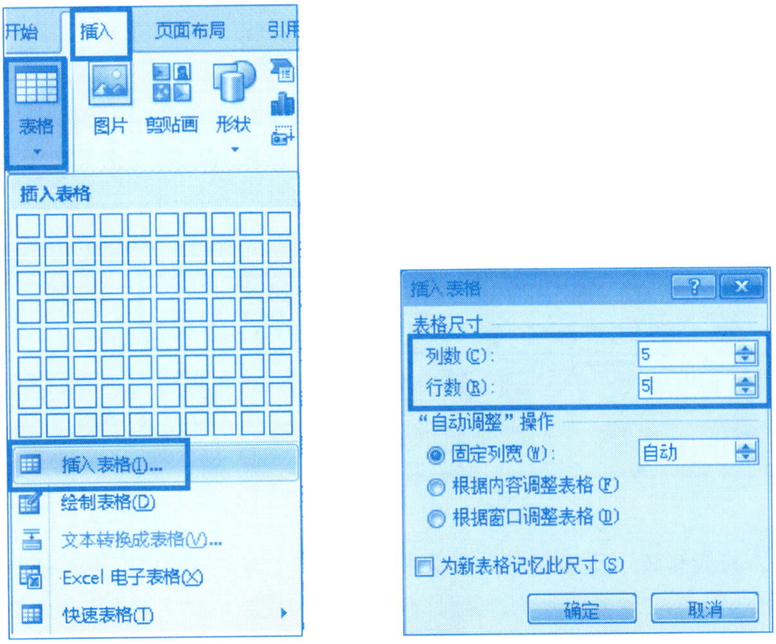

图4-10 插入表格

学生成绩表

学号	姓名	性别	考试成绩	平时成绩
201402001	李明	男	80	77
201402002	王小兰	女	86	80
201402003	张琼	女	90	86
201402004	杨小军	男	76	86

图4-11 在表格中输入数据

(3) 插入行和列。选择第五行,单击鼠标右键,在出现的快捷菜单中选择“插入”→“在下方插入行”命令,并输入如下内容:“201402005　赵刚　男 72　87”;同样,选择第五列,单击鼠标右键,在出现的快捷菜单中选择“插入”→“在右侧插入行”命令,并在第一行和第六列单元格中输入“综合成绩”,如图 4-12 所示。

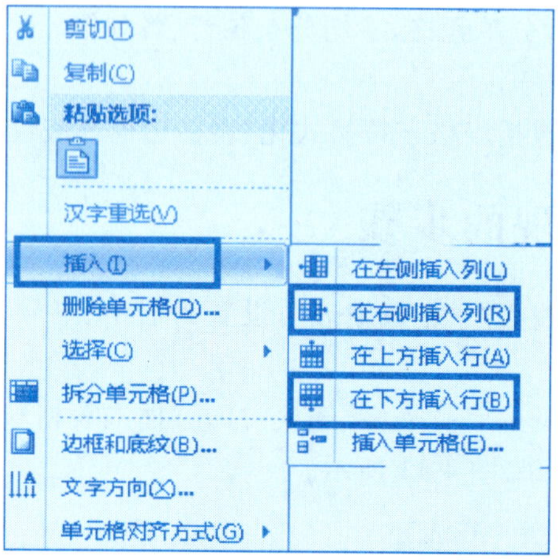

图 4-12　表格中插入行和列

(4) 用公式计算每位同学的综合成绩。用公式计算综合成绩,将光标定位于要求存放计算结果的单元格中,选择“表格工具”→“布局”→“f_x公式”命令,在公式对话框中输入“=Average(left)”,最后单击“确定”按钮,如图 4-13 所示。

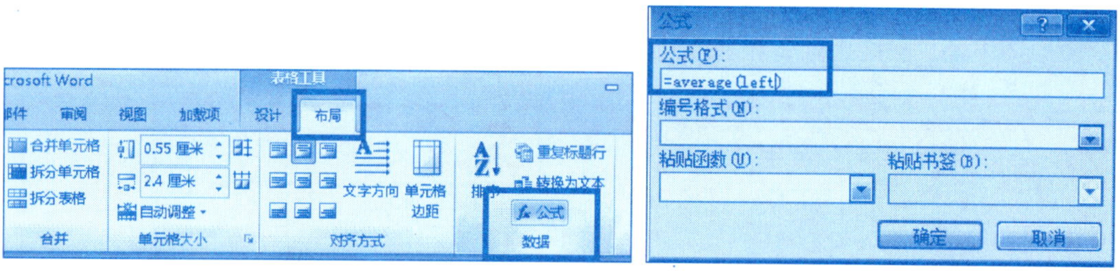

图 4-13　公式的插入

(5) 排序。将光标置于上表格任一单元格中,单击工具栏上的“开始”→“排序”命令,打开“排序”对话框,设置主要关键字为“性别”升序排序,次要关键字为“综合成绩”升序排序。类型选项按默认值,单击“确定”按钮,如图 4-14、图 4-15 所示。

(6) 合并单元格。在最后一行下面插入两行,选中倒数第二行的前三列,单击鼠标右键,在弹出的快捷菜单中,选择“合并单元格”命令,然后输入“总分”,选中倒数第一行的前三列,单击鼠标右键,在弹出的快捷菜单中,选择“合并单元格”命令,然后输入“平均分”,如图 4-16 所示。

(7) 用公式分别计算考试成绩和平时成绩的部分“=sum(above)”,用公式计算平均分所在列的平均分“=average(above)”,结果如图 4-17 所示。

图 4-14 数据排序

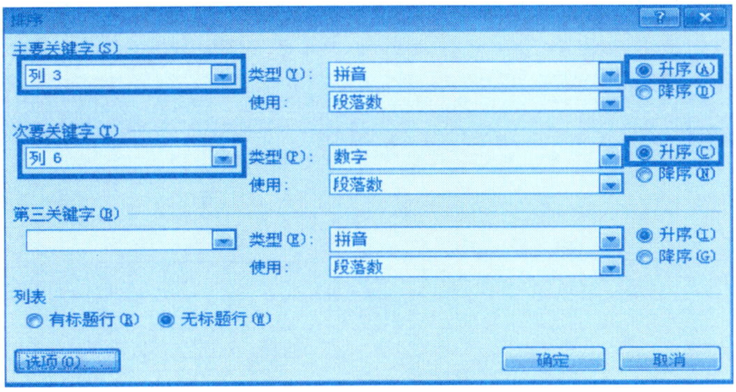

图 4-15 "排序"对话框

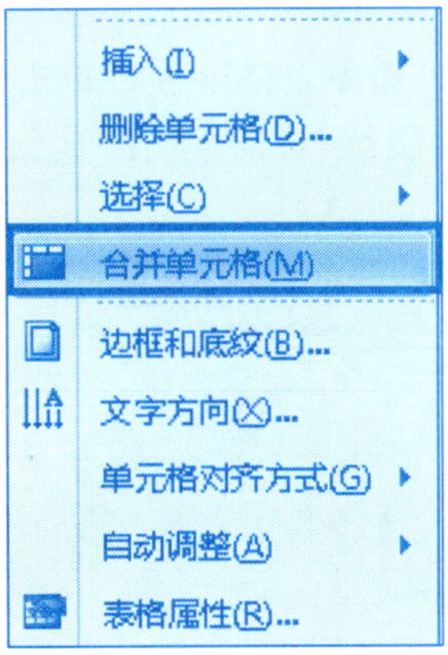

图 4-16 合并单元格

学生成绩表

学号	姓名	性别	考试成绩	平时成绩	综合成绩
201402001	李明	男	80	77	78.5
201402005	赵刚	男	72	87	79.5
201402004	李小军	男	76	86	81
20142002	王小兰	女	86	80	83
201402003	张琼	女	90	86	88
总分			404	416	
平均分				82	

图 4-17 利用公式计算

(8) 将表格内项目及数据全部设为仿宋、五号、居中。

(9) 设置行高和列宽。选定表格第一行单击鼠标右键,在弹出的快捷菜单中选择“表格属性”命令,弹出“表格属性”对话框,在“行”和“列”选项卡中,在“指定高度”和“指定宽度”中,将高度设置为 0.9cm,其余各行高度设置为 0.7cm,将各列宽度设置为 2.0 cm,如图 4-18 所示。

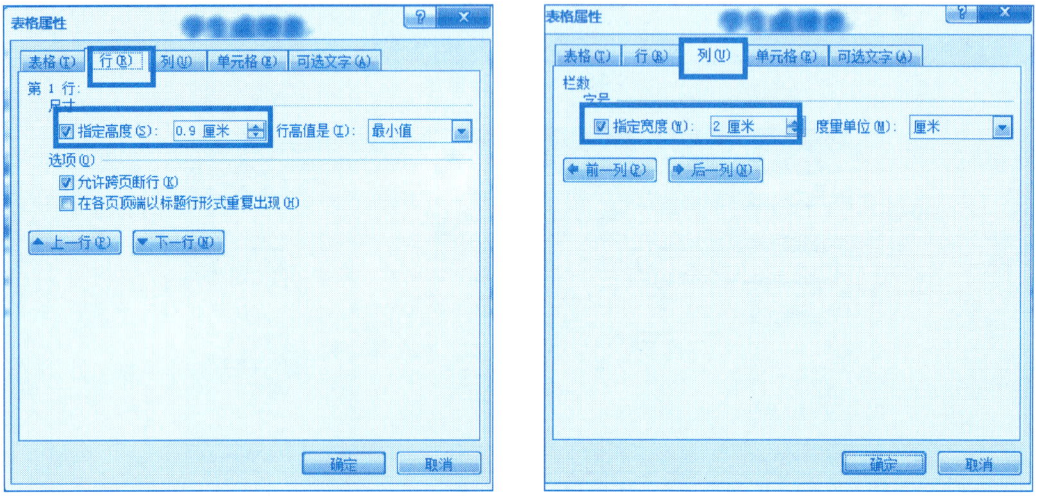

图 4-18 设置行高和列宽

(10) 设置表格的边框和底纹。选中表格第一行单击鼠标右键,在弹出的快捷菜单中选择“边框和底纹”命令,弹出“边框和底纹”对话框,在“底纹”选项卡中设置图案样式为 15%,如图 4-19 所示。

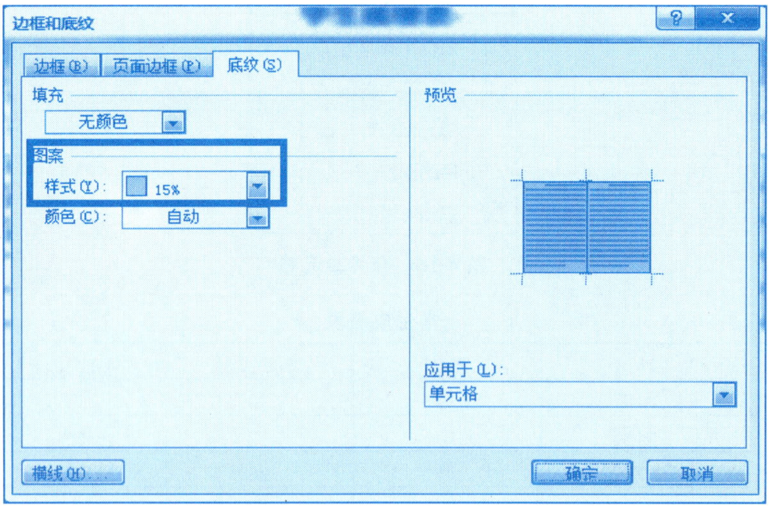

图 4-19 设置边框和底纹

(11) 保存 word 文档“学生成绩表”,退出 word 2010,最终设置效果如图 4-20 所示。

学生成绩表

学号	姓名	性别	考试成绩	平时成绩	综合成绩
201402001	李明	男	80	77	78.5
201402005	赵刚	男	72	87	79.5
201402004	李小军	男	76	86	81
20142002	王小兰	女	86	80	83
201402003	张琼	女	90	86	88
总分			404	416	
平均分				82	

图 4-20 最终设置效果

4.4 Word 综合应用:图文混版

4.4.1 插入图的方法

图文混排是 Word 的功能之一。用户可以用 Word 提供的绘图工具绘制图形,也可在文档中插入由其他软件提供的来自文件的图片、剪贴画,使用形状工具自行设计的形状图,还可以插入 SmartArt 图形(比如程序流程图)、图表等,使设计的文档图文并茂。

1. 来自文件的图片

单击"插入"选项,在"插图"组中,单击"图片"命令,弹出"插入图片"对话框,可以从文件中选择编辑好的图片插入 Word 文档。

2. 剪贴画

单击"插入"选项,在"插图"组中,单击"剪贴画"命令,单击右边的剪贴画面板上的"搜索"按钮,出现很多剪贴画,直接选择需要插入的剪贴画就可以了。

3. 使用形状工具自行设计的形状图

单击"插入"选项,在"插图"组中,单击"形状"命令,会出现很多形状图,选择其中的形状图,在绘图区域,拖放鼠标就可以画出形状图了。

4. SmartArt 图形

单击"插入"选项,在"插图"组中,单击 SmartArt 命令,弹出"选择 SmartArt 图形"的对话框,选择需要的图,按下"确定"按钮即可。

5. 图表

单击"插入"选项,在"插图"组中,单击"图表"命令,弹出"插入图表"对话框,选择所需的图形,按下“确定”按钮,根据需要在出现的动态表中输入数据,图会随着表数据变化而变化。

此外,还可以在“插入”选项下的“文本”组,插入文本框、艺术字、设置首字下沉等效果,方法与插入插图方法类似。

4.4.2 案例的提出与分析

在前面我们已经学习了在 word 中输入文字,以及文字的美化,但是一篇文章如果只有文字,常常会枯燥无味,如果能插入一些图片、艺术字等那就不一样了,所以下面我们就来学习一下如何插入图片、艺术字等。

4.4.3 案例主要涉及的知识点

- 将图片、文本框、自选图形插入到文档中。
- 艺术字的制作。
- 图文混排的技巧。
- 实现图片的缩放、剪裁、移动和文字环绕。

4.4.4 案例实现的步骤

(1) 网上下载“西湖十景”的文字说明,启动 Word,并以“西湖十景”为文件名保存文件。

(2) 页面设置。选择“页面布局”→“页面设置”命令,打开“页面设置”对话框。在页面设置对话框中,选择“纸张”选项卡,“纸张”设置为“16 开”;选择“页边距”选项卡,上、下分别设置为“2 厘米”,左、右设置为“2.5 厘米”,如图 4-21 所示。

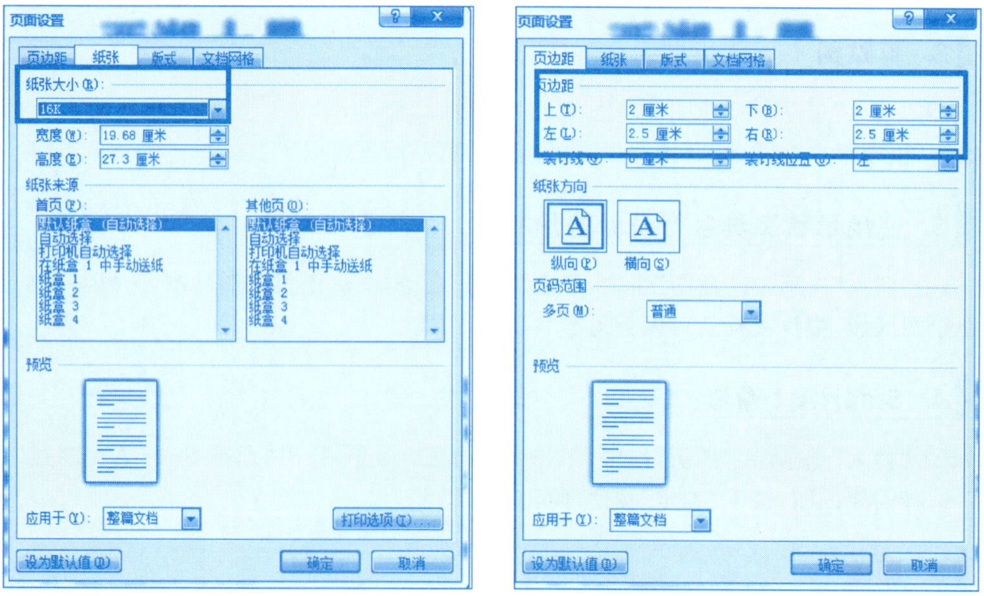

图 4-21 “页面设置”对话框

(3) 插入图片文件。网上下载一幅“西湖十景”的图片。

① 鼠标定位在“漫步堤上更能感受西湖景致之美。”后按回车键，另起一行，选择“插入”→“图片”命令，打开“插入图片”对话框。选取需要插入的图片，单击“插入”按钮，如图 4-22、图 4-23所示。

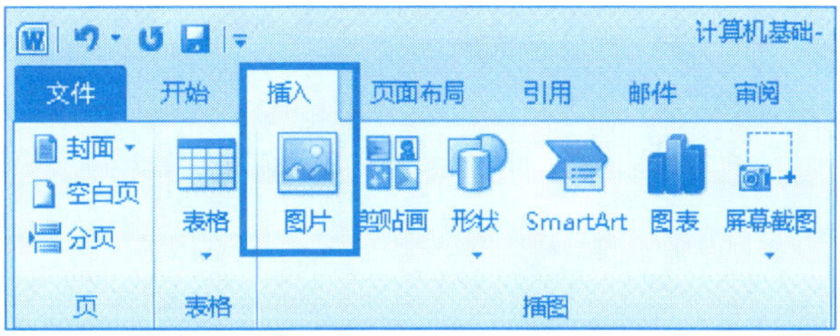

图 4-22　插入图片按钮

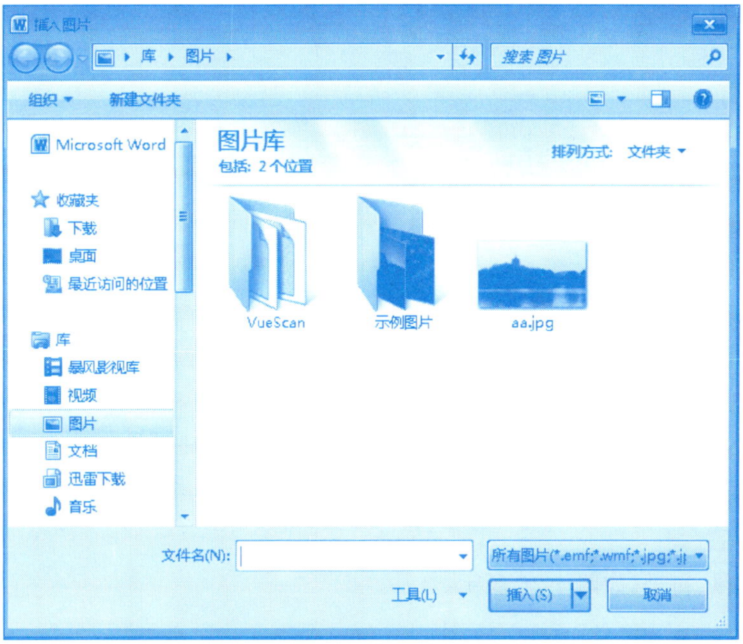

图 4-23　“插入图片”对话框

② 设置图片格式。单击图片，显示“图片工具”栏，单击“图片工具”→“格式”选项中的“自动换行”下拉菜单里的“上下型环绕”命令，将插入的图片设置为“上下型环绕”方式，如图 4-24所示。

(4) 艺术字的操作。

① 插入艺术字。将插入点光标移动到第一段的上方，在“插入”选项中，单击“文本”分组中的“艺术字”命令，并在打开的艺术字预设样式面板中选择合适的艺术字样式，如图 4-25所示。

② 编辑艺术字。打开艺术字文字编辑框，直接输入艺术字“西湖十景”即可。将艺术字

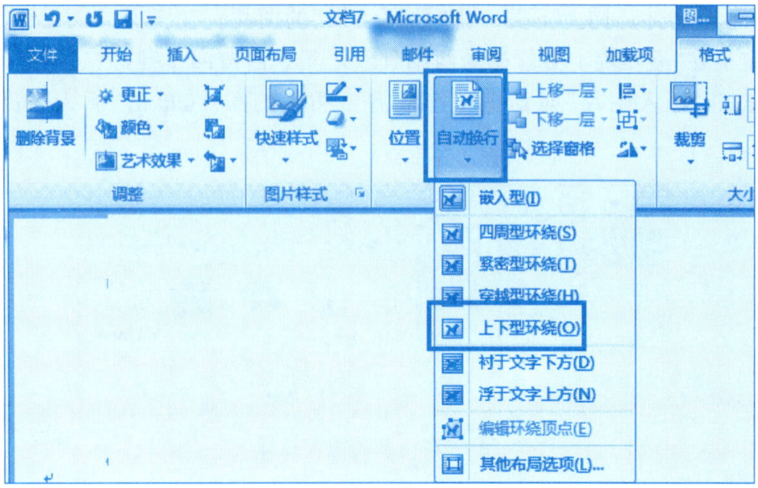

图 4-24 设置图片格式

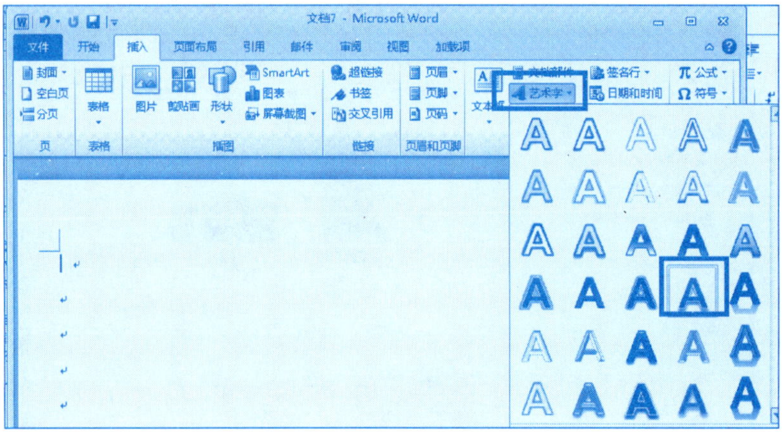

图 4-25 艺术字的插入

分别设置为黑体、初号,如图 4-26 所示。

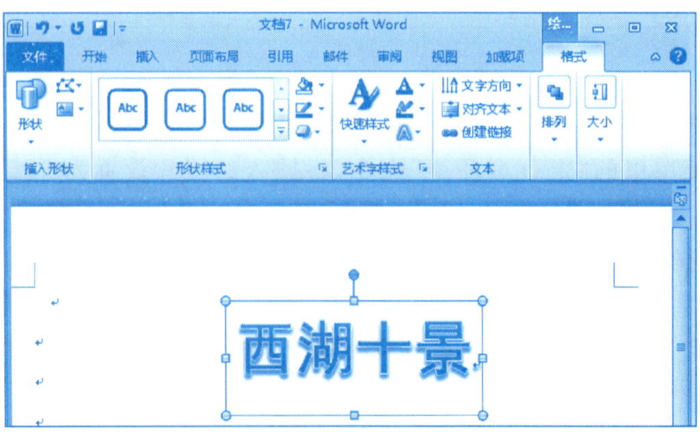

图 4-26 编辑艺术字文本及格式

(5) 插入文本框。

① 插入文本框。切换到“插入”选项。在“文本”分组中单击“文本框”命令，如图 4-27 所示。

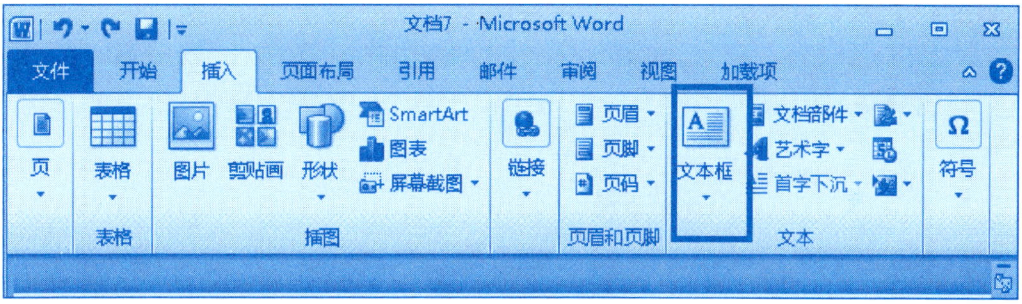

图 4-27 插入文本框

② 在打开的内置文本框面板中选择“绘制文本框”命令，如图 4-28 所示。

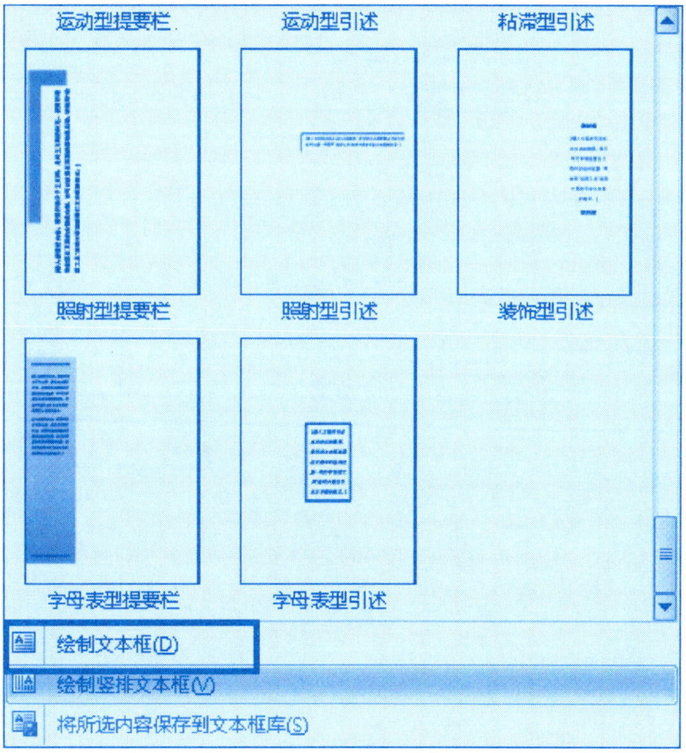

图 4-28 文本框的类型

③ 返回 Word 2010 文档窗口，所插入的文本框处于编辑状态，直接输入“姓名、学号”文本内容即可。

(6) 设置文本格式。

① 将小标题设置为小四号、黑体、段前 0.5 行、段后 0.5 行、1.5 倍行距。

② 正文设置为宋体、五号、首行缩进 2 个字符、1.5 倍行距。

(7) 选中"1. 苏堤春晓……这里引进了一批日本樱花、草坪,使园内景色越具诱人之处,以景寓意,情景交融,别有一番情趣。"文本,选择"页面布局"选项里的"分栏"命令,设置参数,如图 4-29、图 4-30 所示。

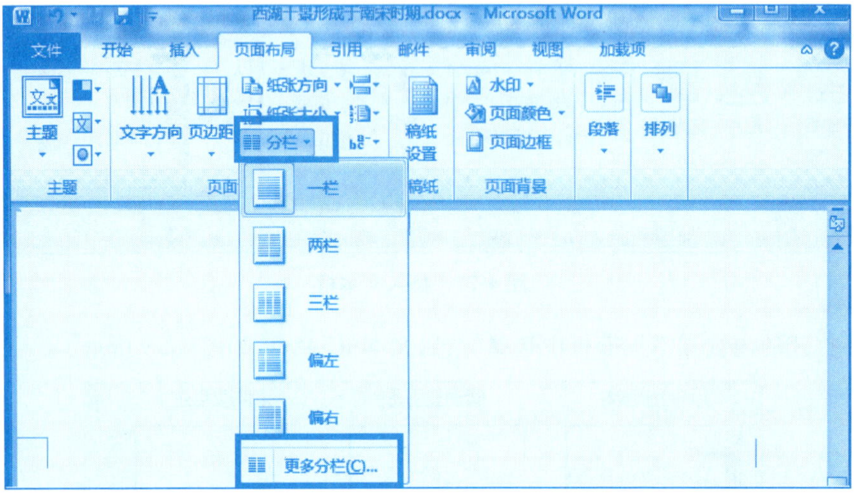

图 4-29　设置分栏

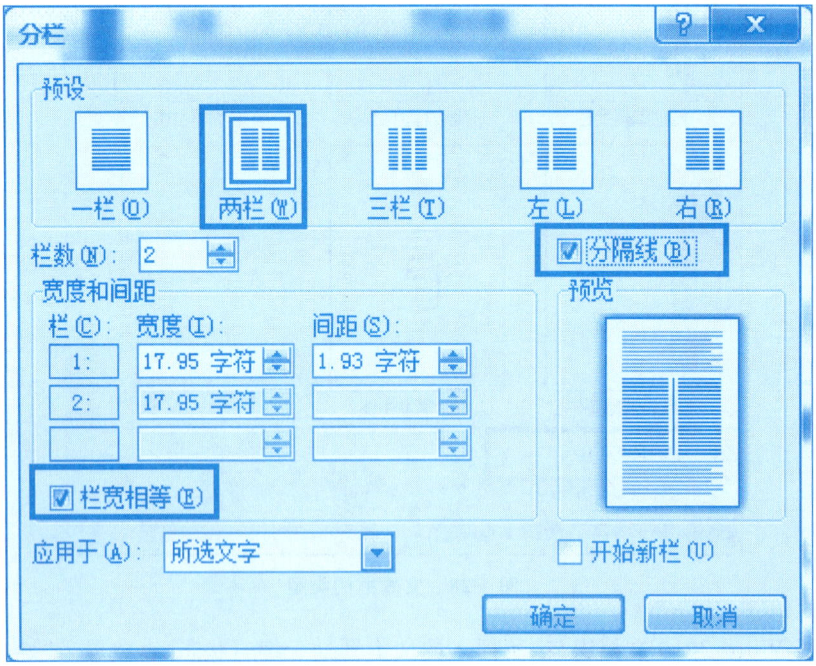

图 4-30　"分栏"对话框

(8) 最后完成效果如图 4-31 所示。

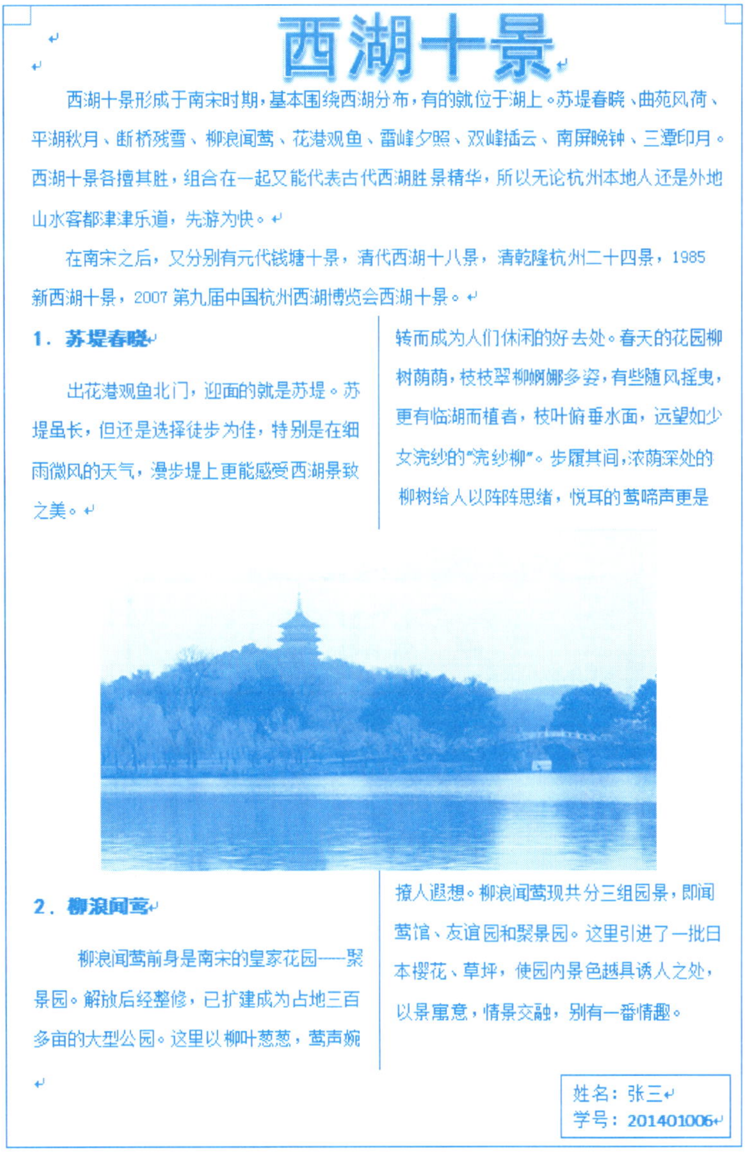

西湖十景

西湖十景形成于南宋时期，基本围绕西湖分布，有的就位于湖上。苏堤春晓、曲苑风荷、平湖秋月、断桥残雪、柳浪闻莺、花港观鱼、雷峰夕照、双峰插云、南屏晚钟、三潭印月。西湖十景各擅其胜，组合在一起又能代表古代西湖胜景精华，所以无论杭州本地人还是外地山水客都津津乐道，先游为快。

在南宋之后，又分别有元代钱塘十景，清代西湖十八景，清乾隆杭州二十四景，1985新西湖十景，2007第九届中国杭州西湖博览会西湖十景。

1. 苏堤春晓

出花港观鱼北门，迎面的就是苏堤。苏堤虽长，但还是选择徒步为佳，特别是在细雨微风的天气，漫步堤上更能感受西湖景致之美。转而成为人们休闲的好去处。春天的花园柳树荫荫，枝枝翠柳婀娜多姿，有些随风摇曳，更有临湖而植者，枝叶俯垂水面，远望如少女浣纱的"浣纱柳"。步履其间，浓荫深处的柳树给人以阵阵思绪，悦耳的莺啼声更是

2. 柳浪闻莺

柳浪闻莺前身是南宋的皇家花园——聚景园。解放后经整修，已扩建成为占地三百多亩的大型公园。这里以柳叶葱葱，莺声婉撩人遐想。柳浪闻莺现共分三组园景，即闻莺馆、友谊园和聚景园。这里引进了一批日本樱花、草坪，使园内景色越具诱人之处，以景寓意，情景交融，别有一番情趣。

姓名：张三
学号：201401006

图 4-31 最后设置效果

4.5 Word 高级进阶(一)：简报

4.5.1 案例的提出与分析

随着形势的发展变化，办公室工作的内容越来越广泛，任务越来越艰巨，综合性越来越强，对办公室工作人员服务能力的要求越来越高，其中，计算机应用是一项基本的工作技能。

4.5.2 案例主要涉及的知识点

(1) 文字的录入和编辑等操作。

(2) 文本框操作并对文本框进行编辑。

(3) 图文混排及页面的排版。

4.5.3 案例实现的步骤

(1) 设计简报的布局:将整个版面划分为 7 个版块,注意各个版块的大小位置。

(2) 新建一个文件名为“简报”的 word 文档,单击“页面布局”→“页面设置”命令,打开“页面设置”对话框,将纸张设为 A4 纸,左右页边距 2.2 厘米,上下页边距为 2.0 厘米,单击“确定”按钮,如图 4-32 所示。

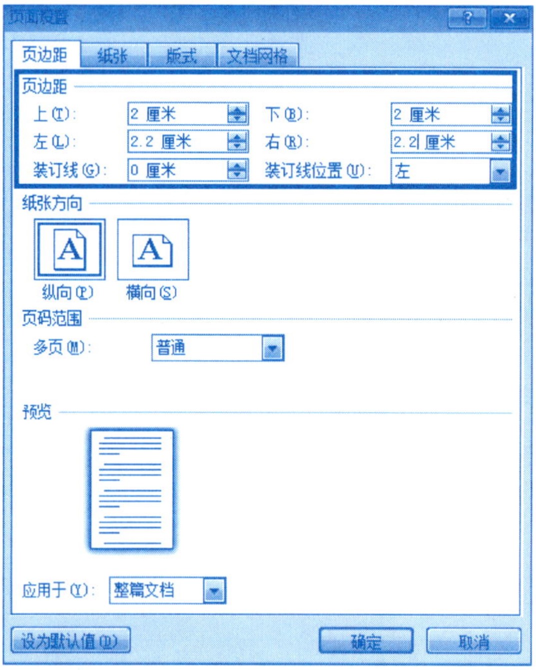

图 4-32 “页面设置”对话框

(3) 版块 1 的制作。

① 单击“插入”→“文本框”→“绘制文本框”命令,在文档的版心拖动生成一个文本框。右击文本框边框,在弹出的“格式”选项中单击“形状填充”命令,在下拉列表中把“主题颜色”设置为“蓝色”,单击“形状轮廓”命令,在下拉列表中选择“无轮廓”。在“大小”子选项中,“高度”设置为 3.5 厘米,“宽度”设置为 10 厘米。单击“确定”按钮。利用鼠标拖动文本框到页面的左上角的位置,如图 4-33、图 4-34 所示。

② 在文本框中输入文字“工作简报”,选中文字,单击“开始”选项,在“字体”子选项中,

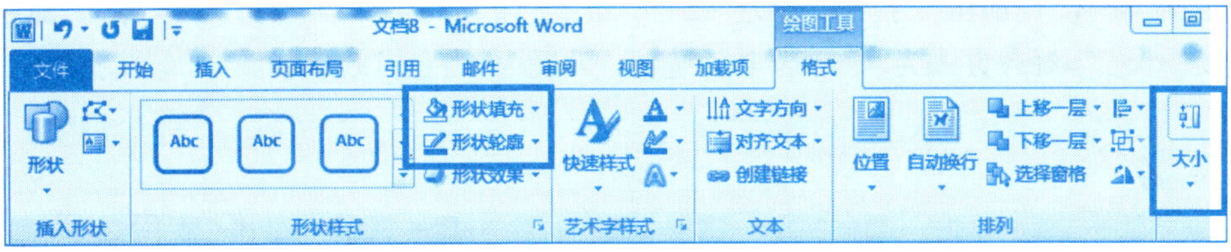

图 4-33 “格式”选项栏

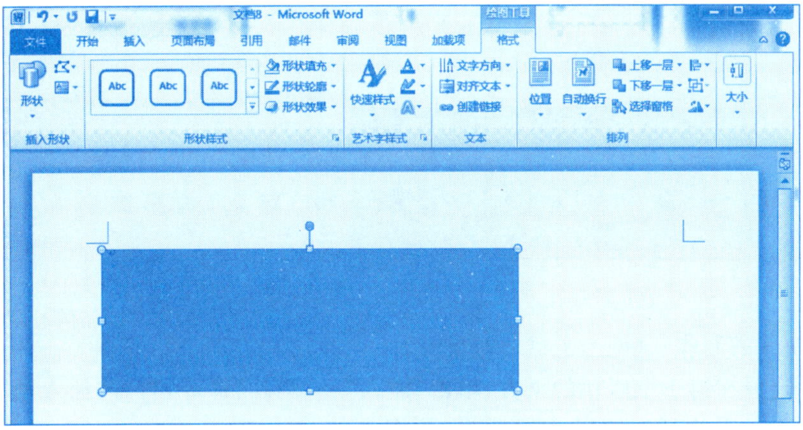

图 4-34 “文本框”拖动效果

把字体设置为“华文新魏”，字号设置为 65 号，对齐方式设置为“居中”，字体颜色设置为“深红”。效果如图 4-35 所示。

图 4-35 文本设置效果

(4) 版块 2 的制作。

① 插入文本框。重复上面插入文本框的步骤，插入一个文本框，将“形状填充”设置为“无填充颜色”将文本框的高度设置为 3.5 厘米，宽度设置为 7 厘米。

② 在文本框中输入文字“CONTENT 目录 2013 年 4 月 总第 25 期”，第一行的文字的

字体设置为“黑体”、“加粗”，字号设置为“二号”，第二行的文字的字体设置为“宋体”、“加粗”，字号设置为“小二”，对齐方式为“中部居中”，“颜色”设置为“黑色”，效果如图 4-36 所示。

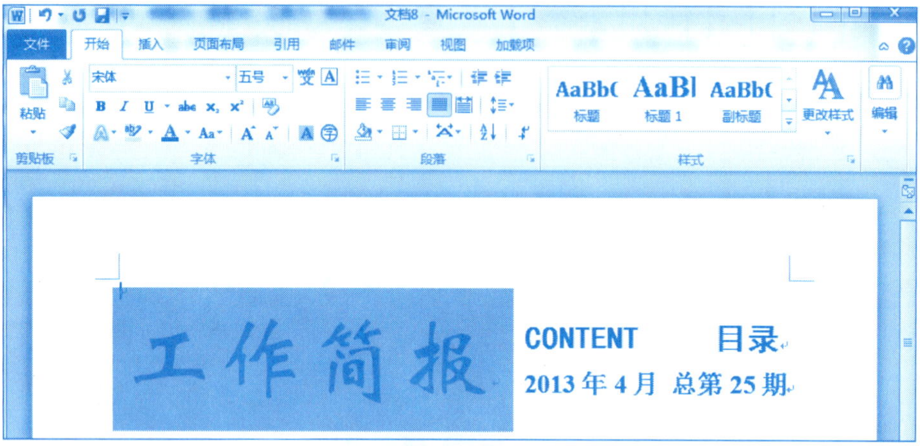

图 4-36　版块 2 设置效果

（5）版块 3 的制作。（网上下载一幅图片）

① 鼠标定位在第 1 个版块的下方，单击“插入”→“图片”命令，打开“插入图片”对话框，选中需要的图片，单击插入按钮，插入图片，如图 4-37、图 4-38 所示。

图 4-37　插入图片命令

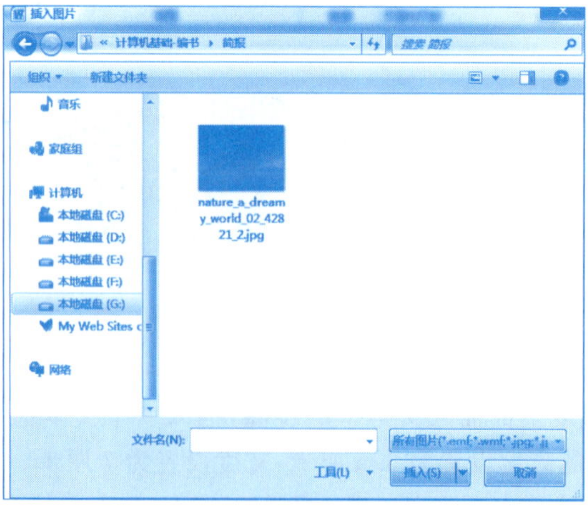

图 4-38　“插入图片”对话框

② 设置图片格式。选中图片，单击“自动换行”命令，选择“上下型环绕”。

(6) 版块 4 的制作。

① 鼠标定位在图片的下方，插入文本框，输入如图 4-39 所示的文字。

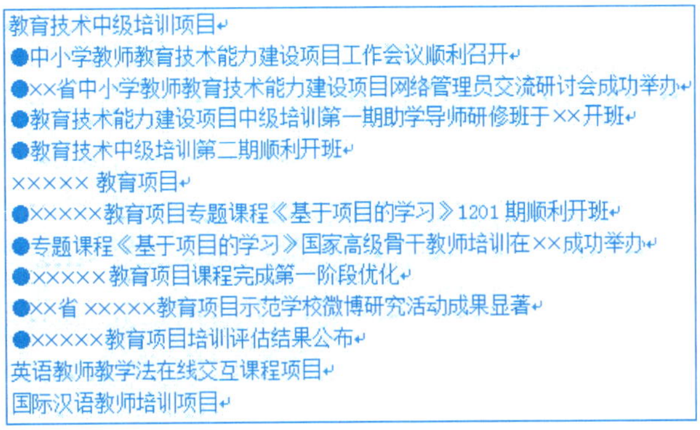
教育技术中级培训项目
●中小学教师教育技术能力建设项目工作会议顺利召开
●××省中小学教师教育技术能力建设项目网络管理员交流研讨会成功举办
●教育技术能力建设项目中级培训第一期助学导师研修班于××开班
●教育技术中级培训第二期顺利开班
××××× 教育项目
●×××××教育项目专题课程《基于项目的学习》1201 期顺利开班
●专题课程《基于项目的学习》国家高级骨干教师培训在××成功举办
●×××××教育项目课程完成第一阶段优化
●××省 ×××××教育项目示范学校微博研究活动成果显著
●×××××教育项目培训评估结果公布
英语教师教学法在线交互课程项目
国际汉语教师培训项目

图 4-39 输入的文本内容

② 设置文本格式。将小标题的字体设置为宋体、小四、加粗、1.5 倍行距；其他文本设置为宋体、五号、1.5 倍行距，如图 4-40 所示。

图 4-40 文本设置的效果

(7) 版块 5 的制作。插入一个文本框,单击"格式"→"形状填充"命令,在下拉列表中设置"主题颜色"为"蓝色",单击"形状轮廓"命令,在下拉列表中单击"无轮廓"选项。选择"大小"子选项,"高度"设置为 2 厘米,"宽度"设置为 17 厘米。在文本框内输入如下文字"××省中小学教师教育技术能力建设项目办公室",最终效果如图 4-41 所示。

图 4-41　最终效果

4.6 Word 高级进阶(二):求职信

4.6.1 案例的提出与分析

小王是一个马上就毕业的大学生,正准备找工作,首先要做的就是制作一份求职简历。

知道简历在求职中的重要性，小王不敢怠慢，找到了自己的大学老师请教，老师根据小王自身的情况，对求职简历的制作给出了如下建议：

(1) 制作自荐书。

(2) 制作个人简历。

(3) 制作封面。

4.6.2 案例主要涉及的知识点

(1) 字符和段落的格式化。

(2) 表格的制作。

(3) 制作位。

(4) 页面边框。

(5) 打印。

4.6.3 案例实现的步骤

1. 制作“自荐书”

(1) 新建一个 Word 文档，单击“页面布局”→“页面设置”命令，进入“页面设置”对话框，将纸张设置为 A4 纸，上、下、左、右的页达距都设置为 2.5 厘米，单击“确定”按钮，保存设置，如图 4-42 所示。

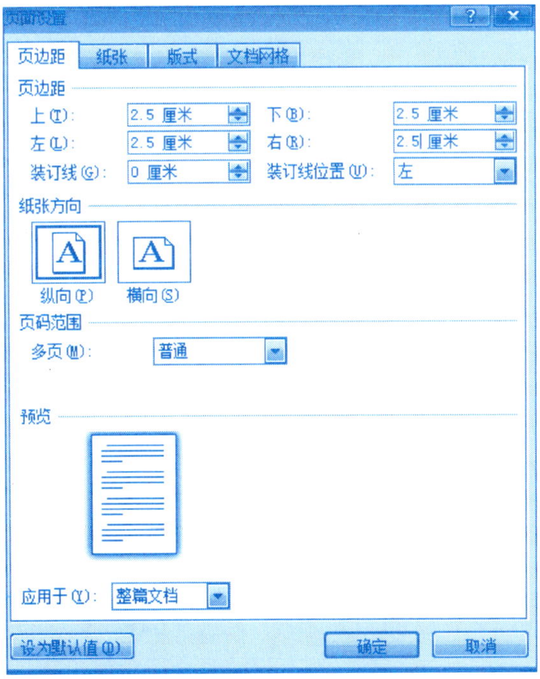

图 4-42 “页面设置”对话框

(2) 在编辑区域输入如图 4-43 所示文字。

自荐书
尊敬的领导:
您好!
我是一名即将毕业的本科毕业生。我很荣幸有机会向您呈上我的个人资料。在投身社会之际,为了更好地发挥自己的才能,谨向各位领导作一下自我推荐。
美好的大学生活,培养了我科学严谨的思维方法,更造就了我积极乐观的生活态度和开拓进取的创新意识。课堂内外拓展的广博的社会实践、扎实的基础知识和开阔的视野,使我更了解社会;在不断的学习和工作中养成的严谨、踏实的工作作风和团结协作的优秀品质,使我深信自己完全可以在岗位上守业、敬业、更能创业!我相信我的能力和知识正是贵单位所需要的,我真诚渴望,我能为单位的明天奉献自己的青春和热血。
我个性开朗活泼,兴趣广泛;思路开阔,办事沉稳;关心集体,责任心强;待人诚恳,工作主动认真,富有敬业精神。在四年的学习生活中,我很好的掌握了专业知识,学习成绩一直名列前茅。在学有余力的情况下,我阅读了大量专业和课外书籍,并熟悉掌握了各种设计软件。
自荐书不是广告词,不是通行证。但我知道:一个青年人,可以通过不断的学习来完善自己,可以在实践中证明自己。尊敬的先生/小姐,如果我能喜获您的赏识,我一定会尽职尽责地用实际行动向您证明:您的过去,我来不及参与;但您的未来,我愿奉献我毕生的心血和汗水!再次致以我最诚挚的谢意!

图 4-43　自荐书的内容文字

(3) 设置字符格式。将标题字体设置为华文新魏、初号、居中、正文字体设置为宋体、小四、1.5 倍行距,首行缩进 2 字符(第一段除外),设置效果如图 4-44 所示。

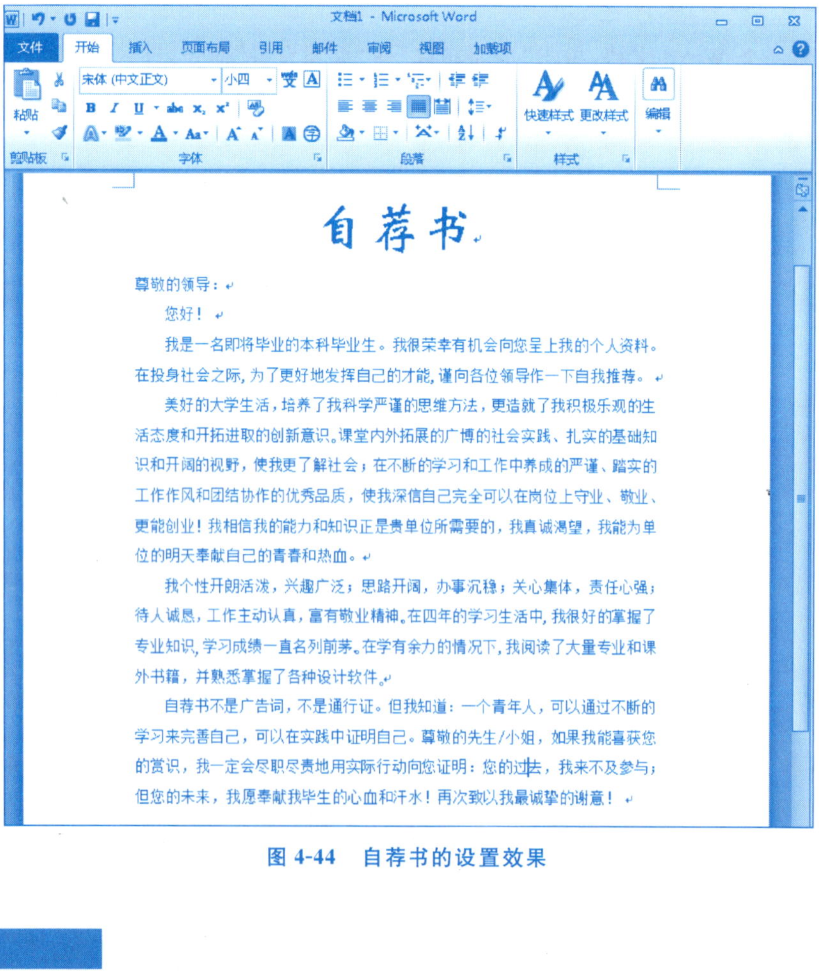

图 4-44　自荐书的设置效果

2. 制作“个人简历”表格

(1) 输入表格的标题“个人简历”，创建如图 4-45 所示的表格，并输入文本。

个人简历

<table>
<tr><td colspan="2">姓名</td><td>×××</td><td>出生年月</td><td>1992.10</td><td rowspan="4">照片</td></tr>
<tr><td colspan="2">性别</td><td>男</td><td>政治面貌</td><td>党员</td></tr>
<tr><td colspan="2">籍贯</td><td>广西</td><td>学历</td><td>本科</td></tr>
<tr><td colspan="2">学位</td><td>×××大学</td><td>专业</td><td>酒店管理</td></tr>
<tr><td rowspan="4">个人能力</td><td>性格特点</td><td colspan="4">为人诚实、大方，热情开朗；工作认真、善于合作，有较强的适应能力和自学能力；有较强的管理与组织能力</td></tr>
<tr><td>专业技能</td><td colspan="4">英语通过国家六级，具有良好的听、说、读、写能力，口语流利
对 office 等常用软件操作熟练
熟练掌握酒店管理的相关知识</td></tr>
<tr><td>工作经历</td><td colspan="4">2013 年 9 月—12 月在××酒店实习</td></tr>
<tr><td>奖获特长</td><td colspan="4">连续 3 次获得系二等奖学金
2014 年 7 月获优秀毕业生奖</td></tr>
<tr><td colspan="2">求职意向</td><td colspan="4">××酒店管理岗位</td></tr>
<tr><td colspan="2">联系方式</td><td colspan="4">联系电话：×××××××</td></tr>
</table>

图 4-45 个人简历内容文本

(2) 选中需要设置底纹的单元格，单击鼠标右键，选择“边框和底纹”，打开“边框和底纹”对话框，选择“底纹”选项卡，设置图案样式为 15%，如图 4-46、图 4-47 所示。

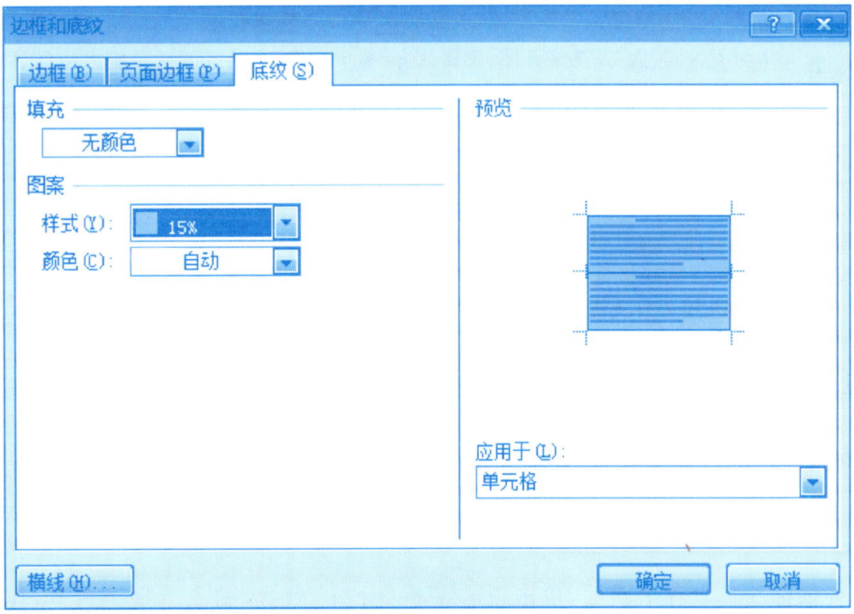

图 4-46 设置单元格底纹

个人简历

<table>
<tr><td colspan="2">姓名</td><td>×××</td><td>出生年月</td><td>1992.10</td><td rowspan="4">照片</td></tr>
<tr><td colspan="2">性别</td><td>男</td><td>政治面貌</td><td>党员</td></tr>
<tr><td colspan="2">籍贯</td><td>广西</td><td>学历</td><td>本科</td></tr>
<tr><td colspan="2">学位</td><td>×××大学</td><td>专业</td><td>酒店管理</td></tr>
<tr><td rowspan="4">个人能力</td><td>性格特点</td><td colspan="4">为人诚实、大方，热情开朗；工作认真、善于合作，有较强的适应能力和自学能力；有较强的管理与组织能力</td></tr>
<tr><td>专业技能</td><td colspan="4">英语通过国家六级，具有良好的听、说、读、写能力，口语流利
对 office 等常用软件操作熟练
熟练掌握酒店管理的相关知识</td></tr>
<tr><td>工作经历</td><td colspan="4">2013 年 9 月—12 月在××酒店实习</td></tr>
<tr><td>奖获特长</td><td colspan="4">连续 3 次获得系二等奖学金
2014 年 7 月获优秀毕业生奖</td></tr>
<tr><td colspan="2">求职意向</td><td colspan="4">××酒店管理岗位</td></tr>
<tr><td colspan="2">联系方式</td><td colspan="4">联系电话：×××××××</td></tr>
</table>

图 4-47　单元格底纹设置效果

(3) 选中需要进行设置的单元格，将字体设置为“楷体_GB 2312”，字号为五号，加粗，对齐方式为“居中”。设置效果如图 4-48 所示。

个人简历

<table>
<tr><td colspan="2">姓名</td><td>×××</td><td>出生年月</td><td>1992.10</td><td rowspan="4">照片</td></tr>
<tr><td colspan="2">性别</td><td>男</td><td>政治面貌</td><td>党员</td></tr>
<tr><td colspan="2">籍贯</td><td>广西</td><td>学历</td><td>本科</td></tr>
<tr><td colspan="2">学位</td><td>×××大学</td><td>专业</td><td>酒店管理</td></tr>
<tr><td rowspan="4">个人能力</td><td>性格特点</td><td colspan="4">为人诚实、大方，热情开朗；工作认真、善于合作，有较强的适应能力和自学能力；有较强的管理与组织能力</td></tr>
<tr><td>专业技能</td><td colspan="4">英语通过国家六级，具有良好的听、说、读、写能力，口语流利
对 office 等常用软件操作熟练
熟练掌握酒店管理的相关知识</td></tr>
<tr><td>工作经历</td><td colspan="4">2013 年 9 月—12 月在××酒店实习</td></tr>
<tr><td>奖获特长</td><td colspan="4">连续 3 次获得系二等奖学金
2014 年 7 月获优秀毕业生奖</td></tr>
<tr><td colspan="2">求职意向</td><td colspan="4">××酒店管理岗位</td></tr>
<tr><td colspan="2">联系方式</td><td colspan="4">联系电话：×××××××</td></tr>
</table>

图 4-48　字体设置效果

(4) 调整合适的行高和列宽，并将外边框设置为双实线，设置效果如图 4-49 所示。

3. 求职信“封面”的制作

(1) 将鼠标放在自荐书前面，单击“插入”→“分页”命令，插入一页空白页，作为求职信的封面，如图 4-50 所示。

个人简历

<table>
<tr><td colspan="2">姓名</td><td>×××</td><td>出生年月</td><td>1992.10</td><td rowspan="4">照片</td></tr>
<tr><td colspan="2">性别</td><td>男</td><td>政治面貌</td><td>党员</td></tr>
<tr><td colspan="2">籍贯</td><td>广西</td><td>学历</td><td>本科</td></tr>
<tr><td colspan="2">学位</td><td>×××大学</td><td>专业</td><td>酒店管理</td></tr>
<tr><td rowspan="4">个人能力</td><td>性格特点</td><td colspan="4">为人诚实、大方，热情开朗；工作认真、善于合作，有较强的适应能力和自学能力；有较强的管理与组织能力</td></tr>
<tr><td>专业技能</td><td colspan="4">英语通过国家六级，具有良好的听、说、读、写能力，口语流利
对 office 等常用软件操作熟练
熟练掌握酒店管理的相关知识</td></tr>
<tr><td>工作经历</td><td colspan="4">2013 年 9 月—12 月在××酒店实习</td></tr>
<tr><td>奖获特长</td><td colspan="4">连续 3 次获得系二等奖学金
2014 年 7 月获优秀毕业生奖</td></tr>
<tr><td colspan="2">求职意向</td><td colspan="4">××酒店管理岗位</td></tr>
<tr><td colspan="2">联系方式</td><td colspan="4">联系电话：×××××××</td></tr>
</table>

图 4-49　边框设置效果

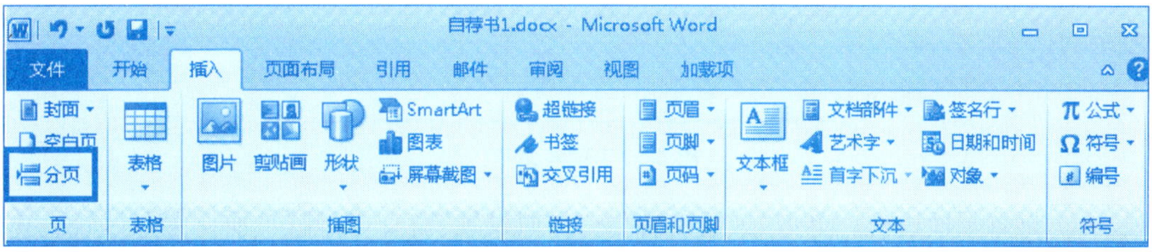

图 4-50　插入空白页

(2) 在封面上输入如下文字："求职简历"，字体为"隶书"，字号为"初号"，字间距为"加宽 5 磅"，并插入图片，调整为合适的大小，效果如图 4-51 所示。

图 4-51　插入图片

(3) 输入文字并加下划线，如图 4-52 所示。

图 4-52 输入文字内容

(4) 设置页面边框。单击“页面布局”→“页面设置”命令，打开“页面设置”对话框，单击“版式”选项卡里的“边框”按钮，打开“边框和底纹”对话框，如图 4-53 所示。最终设置效果如图 4-54 所示。

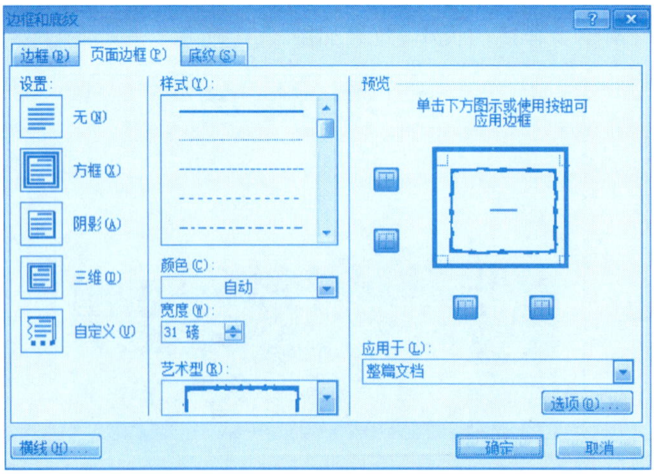

图 4-53 “边框和底纹”对话框

图 4-54 最终设置效果

4. 打印文档

选择“文件”→“打印”命令，打开“打印”面板，单击打印机名称选择打印机，然后单击“打印”按钮，如图 4-55 所示。

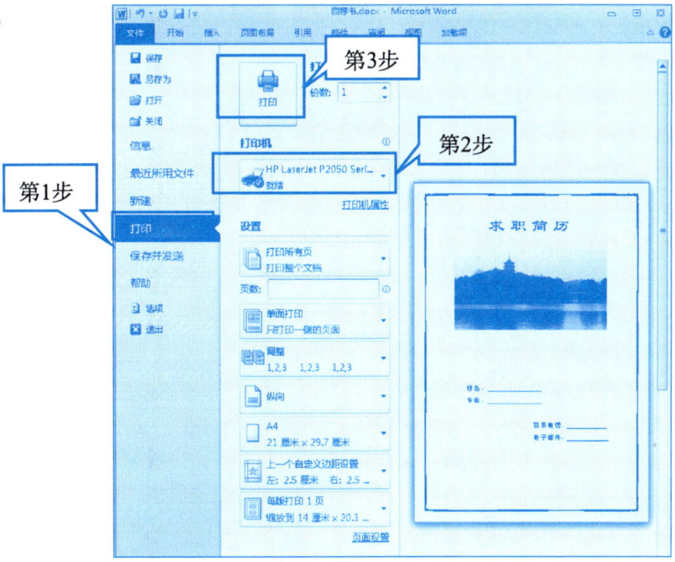

图 4-55 打印设置

4.7 小结与拓展练习

1. 小结

本章通过实例介绍了用 Word 处理普通文档的方法及文档内容的录入、文档格式的编排、文档对象的插入与设置,表格的制作方法、表格格式的设置、表格的调整,长文档的处理方法、目录的生成与更新、邮件合并的方法与应用。

2. 拓展练习

给自己设计一份自荐书。

第 5 章

Excel 2010 应用

教学提示

本章主要介绍了 Excel 2010 电子表格的基础知识,通过对数据进行排序、筛选、分类汇总等应用的学习,能建立、编辑工作表,能对数据表指定的数据图表化。

教学目标

(1) 熟悉 Excel 的基本概念和功能。

(2) 能建立、编辑工作表,动态处理工作表;熟练掌握公式的应用;能对数据表指定的数据图表化。

(3) 能统计和汇总各种数据,制作实用明了的表格和图表。

5.1 Excel 2010 的界面

(1) Excel 2010 介绍。Excel 2010 是微软公司办公自动化软件套装之一,它是一个电子表格软件,不但能建立表格,还具有强大的计算功能,能动态处理各种数据,能对数据进行排序、筛选和汇总等。管理人员可以通过其对建立的数据和图表进行分析和预测,制定决策。

(2) Excel 2010 工作界面各个元素。

① 工具栏与 Word 2010 没有太大的区别。

② 在工具栏下面,有一个名称框和编辑栏,名称框显示单元格名称,编辑栏用于对单元格里的数据进行编辑和修改。

③ 行、列、单元格、工作表。

行、列:在 Excel 2010 中有 1048576 行,16384 列,最后列名为 FXD 列。

单元格:单元格是行和列的交叉部分,如图 5-1 所示的 B2 表示当前的单元格名。

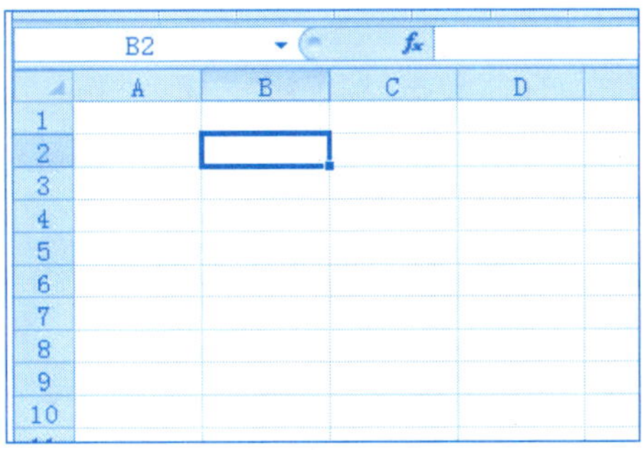

图 5-1 工作区单元格

单元格区域:使用鼠标拖放,可以选定一个单元格的区域。表示的方法是左上角单元格名:右下角单元格名,比如 C3:D6 就是一个单元格的区域,包括 C3、C4、C5、C6、D3、D4、D5、D6 单元格的范围。

非连续单元格选定的方法:先选定一个单元格区域,然后按下 Ctrl 键的同时,再选定另外一个单元格区域,表示非连续单元格区域,中间用逗号间隔。比如,(C3,D6,F7,G7)表示单元格区域 C3:D6 及 F7:G7。

工作表:工作表由单元格组成,默认的工作表有三个,表名分别为 sheet1,sheet2,sheet3,单击选中其中的一个工作表,单击鼠标右键,可以插入、删除、重命名、移动或复制等。如图 5-2 所示,工作表可以根据需要插入若干个,可以增加到 1 800 多个。

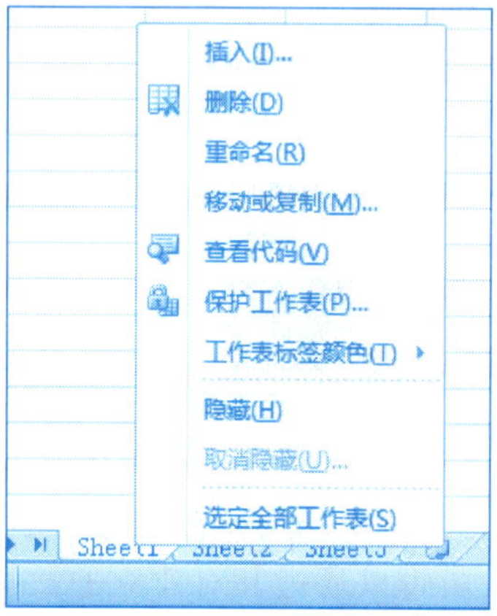

图 5-2 工作表的操作

④ Excel 2010 的菜单项。Excel 2010 的用户界面单击不同的选项会有不同的子选项,如图 5-3、图 5-4、图 5-5、图 5-6、图 5-7、图 5-8、图 5-9、图 5-10 所示。

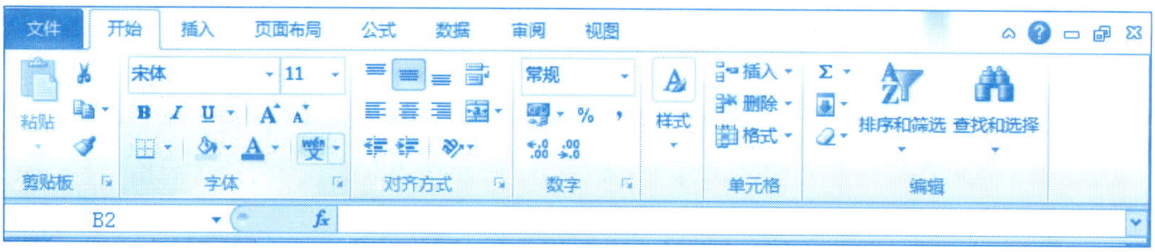

图 5-3 “开始”选项

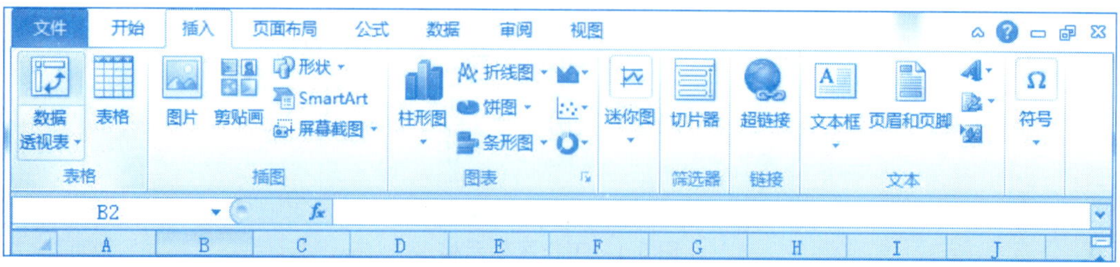

图 5-4 “插入”选项

(3) Excel 2010 常用的启动和退出方法。

① 启动 Excel 2010 的方法。

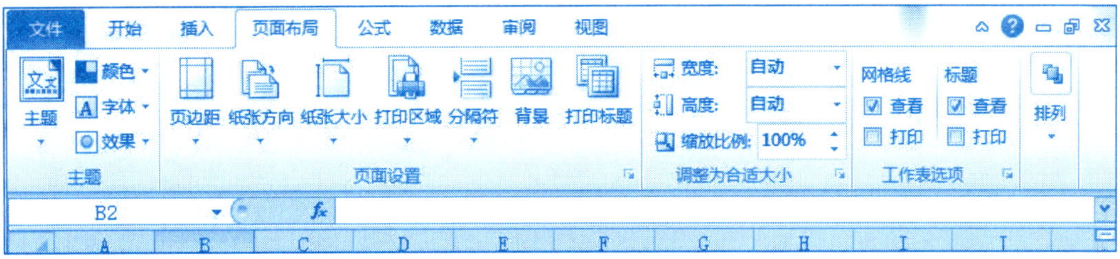

图 5-5 “页面布局”选项

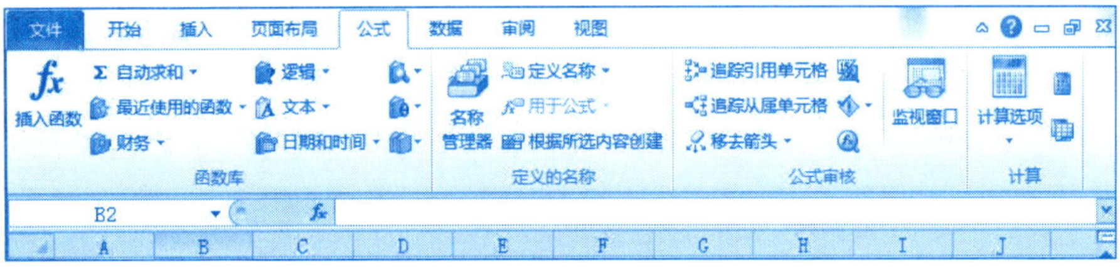

图 5-6 “公式”选项

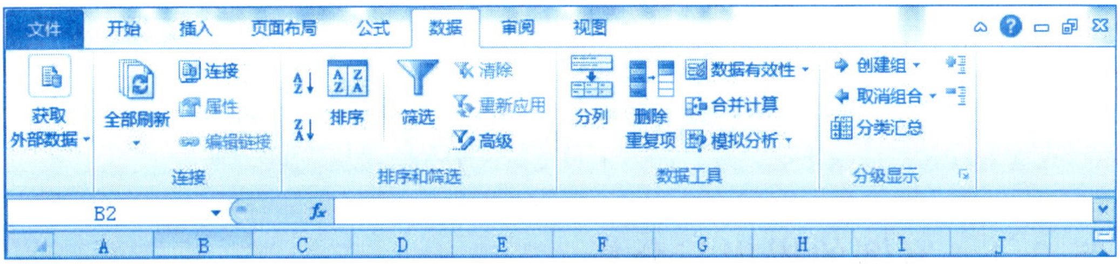

图 5-7 “数据”选项

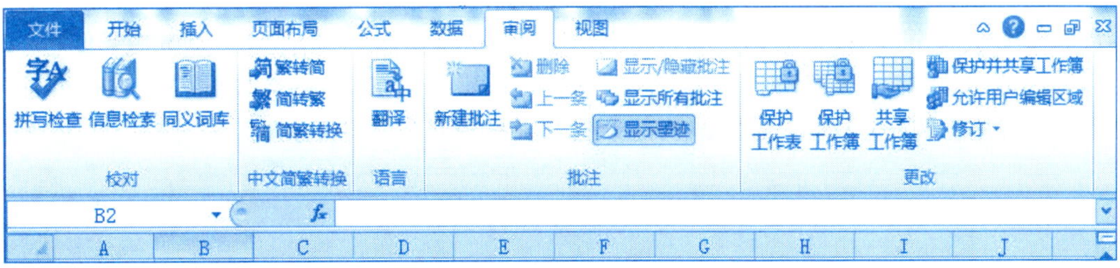

图 5-8 “审阅”选项

方法一：单击“开始”|“所有程序”|Microsoft Office |Microsoft Office Excel 2010 命令，即可以启动 EXCEL 2010 了。

方法二：如果桌面上有 Excel 2010 的快捷方式图标，直接双击启动 Excel 2010 软件。

② 退出 Excel 2010 的方法。

方法一：选择“文件” |“退出”命令。

方法二：按 Alt+F4 组合键。

方法三：单击 Excel 2010 窗口右上角的关闭按钮。

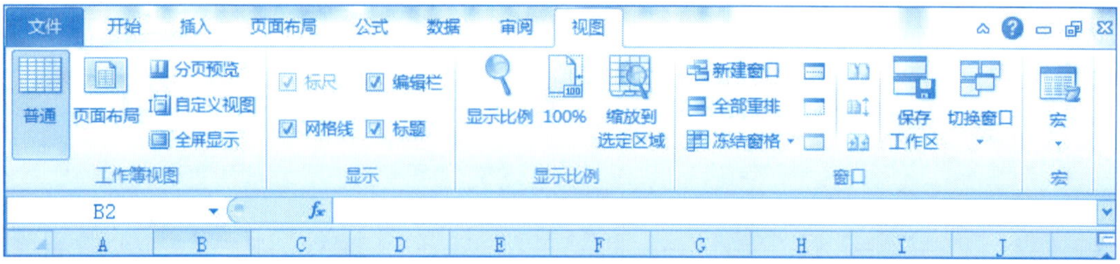

图 5-9 “视图”选项

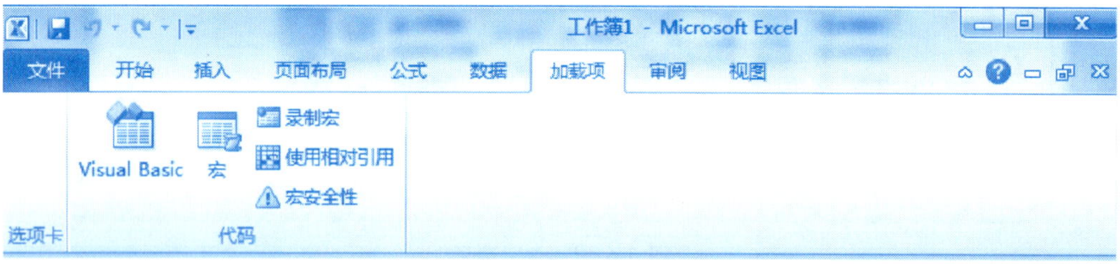

图 5-10 “加载项”选项

方法四：双击 Excel 2010 窗口标题栏左上角的图标。

5.2 案例引入：Excel 文档的创建和编辑

5.2.1 案例的提出与分析

小张是公司的一名管人事的员工，领导现在要求小张对公司的员工建立一个业绩表和工资表的电子表格，共有 2 个工作表：一个工作表为业绩表；一个工作表为工资表。

现在她需要对员工的员工号、本月营业额(元)、缺勤数(次)、游客投诉(次)等各种信息输入到表格中，并利用 Excel 对数据进行分析。表格内容如图 5-11、图 5-12 所示。

xxx公司员工业绩表			
员工号	本月营业额（元）	缺勤数（次）	游客投诉（次）
A0001	24000	1	0
A0002	36000	3	1
A0003	9000	1	1
A0004	15000	0	0
A0005	18000	1	1
A0006	41000	5	2
A0007	20000	2	1
A0008	9500	0	0

图 5-11 业绩表内容

×××公司员工工资表					
员工号	姓名	基本工资	扣款	奖金	实发工资
A0001	张丽	1200			
A0002	王明	1000			
A0003	李小亮	700			
A0004	梁丹	800			
A0005	赵军	1500			
A0006	张三	1300			
A0007	王强	1100			
A0008	程明	1400			

图 5-12 工资表内容

5.2.2 案例主要涉及的知识点

(1) 工作簿的创建、保存、关闭及打开方法。

(2) 工作表的编辑、单元格及单元格区域的选定、行和列的选择、各种类型数据的输入。

(3) 工作表的填充、删除、重命名操作。

5.2.3 案例实现的步骤

(1) 在当前工作簿的第一个工作表 sheet1 中输入数据。

① 启动 Excel 2010，选择“文件”→“新建”命令，以“员工工资”为文件名，新建一个工作簿。

② 在“员工工资”工作簿的第一个工作表 sheet1 中先输入部分文本“×××销售公司员工业绩表”。

③ 在 A2 到 D2 单元格中分别输入表列名“本月营业额(元)”、“缺勤数(次)”、“游客投诉(次)”，如图 5-13 所示。

	A	B	C
1	×××公司员工业绩表		
2	本月营业额（	缺勤数（次	游客投诉（次）

图 5-13 在表格中输入文本

④ 调整列宽。选择 A 到 D 的所有列，单击其中一个列边界自动调整到合适的列宽。或分别拖动各列的列边界到合适的列宽，如图 5-14 所示。

⑤ 在“本月营业额”列前插入“员工号”列。选择“本月营业额”列，再单击右键，在弹出的快捷菜单中单击→“插入”命令，在 A2 单元格中输入“员工号”，在 A3 和 A4 输入“A0001”和“A0002”，选择这两个单元格，鼠标放在 A4 单元格右下角(鼠标指针变成黑十字)，向下拖动填充柄到 A10，其余的数据按图 5-15 所示的数据输入。

(2) 对“员工工资”表进行格式化设置。

① 合并单元格，设置表格标题“×××公司员工业绩表”跨列居中。选择 A1 到 D1 的单

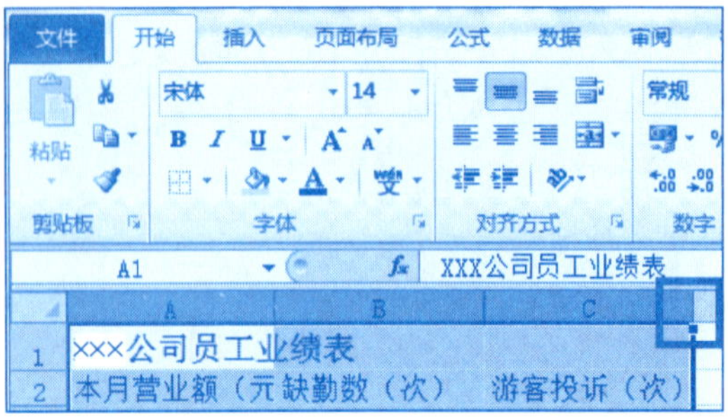

图 5-14 调整列宽

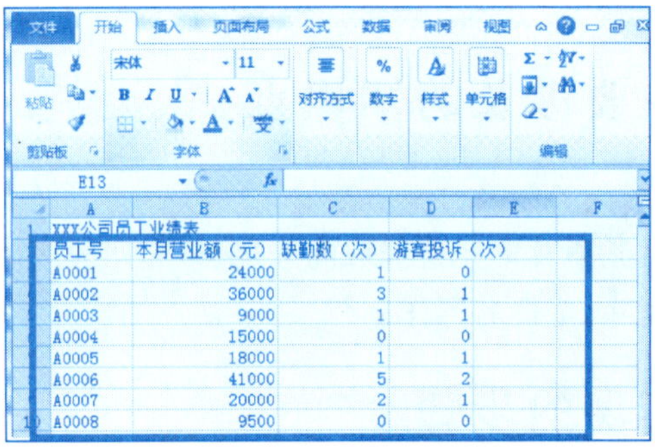

图 5-15 输入数据

元格区域，单击工具栏上的“合并后居中”按钮，将表头的字体设置为华文楷体，加粗，20磅，蓝色，效果如图 5-16 所示。

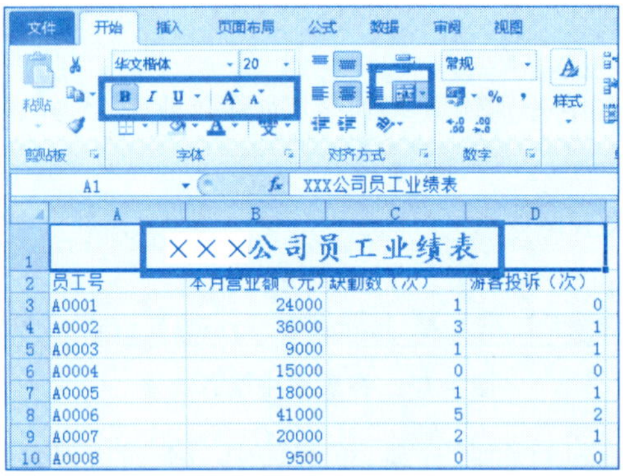

图 5-16 表头的设置

② 选择表格 A2 到 D2 单元格所有字段名称，通过工具栏设置字体为宋体、13 磅、红色，设置表格中其他数据为楷体、11 磅、黑色，效果如图 5-17 所示。

③ 选择 A2 到 D10 单元格，选择工具栏上的“对齐方式”子选项，打开“设置单元格格式”对话框中的“对齐”选项卡，设置对齐方式为水平居中、垂直居中，最后单击“确定”按钮。效果如图 5-18 所示。

×××公司员工业绩表			
员工号	本月营业额（元）	缺勤数（次）	游客投诉（次）
A0001	24000	1	0
A0002	36000	3	1
A0003	9000	1	1
A0004	15000	0	0
A0005	18000	1	1
A0006	41000	5	2
A0007	20000	2	1
A0008	9500	0	0

图 5-17 文本设置效果

	A	B	C	D
1	×××公司员工业绩表			
2	员工号	本月营业额（元）	缺勤数（次）	游客投诉（次）
3	A0001	24000	1	0
4	A0002	36000	3	1
5	A0003	9000	1	1
6	A0004	15000	0	0
7	A0005	18000	1	1
8	A0006	41000	5	2
9	A0007	20000	2	1
10	A0008	9500	0	0

图 5-18 单元格设置效果

(3) 建立一个工资表并输入数据。

① 将鼠标放在表名 sheet2 上，单击鼠标右键，选择“重命名”命令将 sheet2 重命名为“工资表”，同样的步骤将 sheet1 重命名为“业绩表”。按照建立 sheet1 的步骤，建立一个工资表。

② 将 sheet1 中员工号列复制到 sheet2 中的相应列。选中 sheet1 中员工号的单元格区域，按组合键 Ctrl+C，选中 sheet2 中相应区域的第一个单元格，按组合键 Ctrl+V，其余数据按如图 5-19 所示输入。

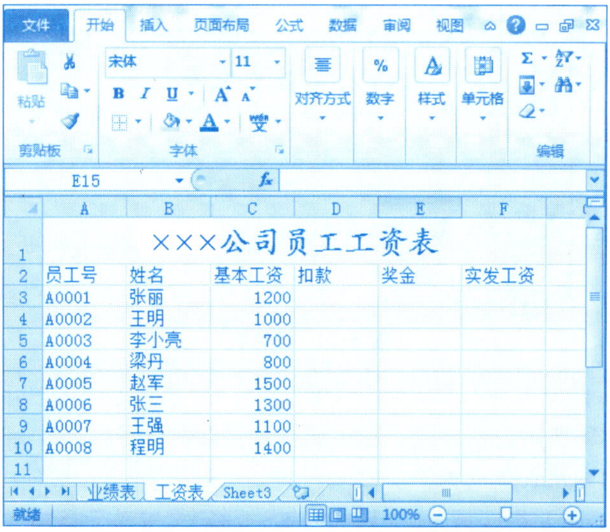

图 5-19 建立工资表

③ 删除 sheet3。单击工作表标签 sheet3,单击鼠标右键,选择快捷菜单中的“删除”命令。

(4) 单击“文件”→“另存为”命令,打开“另存为”对话框,选择存盘路径,最后单击“保存”按钮。

5.3 案例引入:Excel 文档格式的修饰

5.3.1 案例的提出与分析

小张在工作表中输入完成数据,但是考虑到工作表肯定要供别人浏览,其外观修饰也不可忽视。因此,要对表进行格式设置,使工作表美观悦目、符合要求,这是小张本次任务的重点。

5.3.2 案例主要涉及的知识点

(1) 边框和背景色的设置。

(2) 条件格式的定义。

(3) 行高和列宽的设置。

5.3.3 案例实现的步骤

(1) 文档单元格内容的格式定义。

① 单元格内容数值转换为文本。打开员工工资表,观察“工资表”中的“员工号”列的文本,发现是左对齐,再观察“基本工资”的内容,发现是右对齐的。所以凡是文本都是左对齐,数值都是右对齐。

② 选择“工资表”,在 A11 编辑栏里输入 A009,如图 5-20 所示。

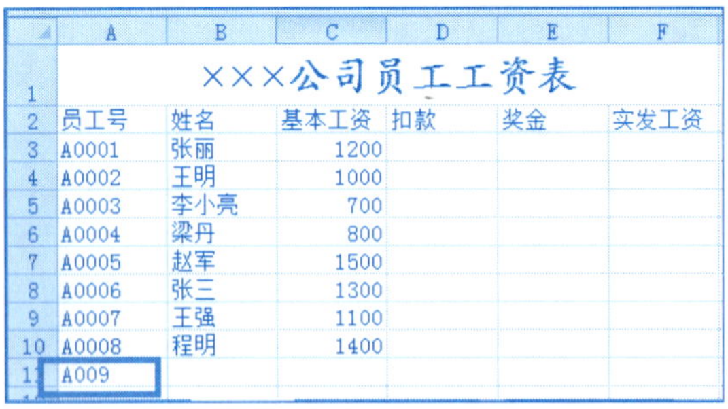

	A	B	C	D	E	F
1	×××公司员工工资表					
2	员工号	姓名	基本工资	扣款	奖金	实发工资
3	A0001	张丽	1200			
4	A0002	王明	1000			
5	A0003	李小亮	700			
6	A0004	梁丹	800			
7	A0005	赵军	1500			
8	A0006	张三	1300			
9	A0007	王强	1100			
10	A0008	程明	1400			
11	A009					

图 5-20 插入行

③ 选中 A11 行,单击鼠标右键,单击“删除”命令,将添加的 A009 员工号删除,保留员工数目为 8 人,如图 5-21 所示。

(2) 工作表边框和背景色的修饰。

① 选中要设置的单元格区域,单击鼠标右键,选择“设置单元格格式”命令,打开“设置单元格格式”对话框,在对话框中选择“填充”选项卡,按照如图 5-22 所示将背景色设为浅灰色。

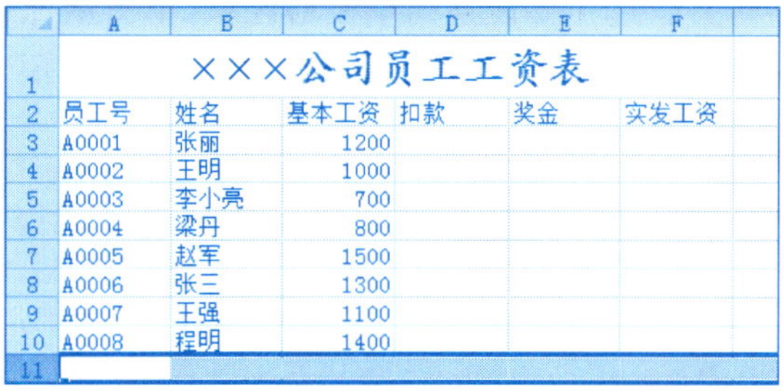

	A	B	C	D	E	F
1	×××公司员工工资表					
2	员工号	姓名	基本工资	扣款	奖金	实发工资
3	A0001	张丽	1200			
4	A0002	王明	1000			
5	A0003	李小亮	700			
6	A0004	梁丹	800			
7	A0005	赵军	1500			
8	A0006	张三	1300			
9	A0007	王强	1100			
10	A0008	程明	1400			
11						

图 5-21 删除行

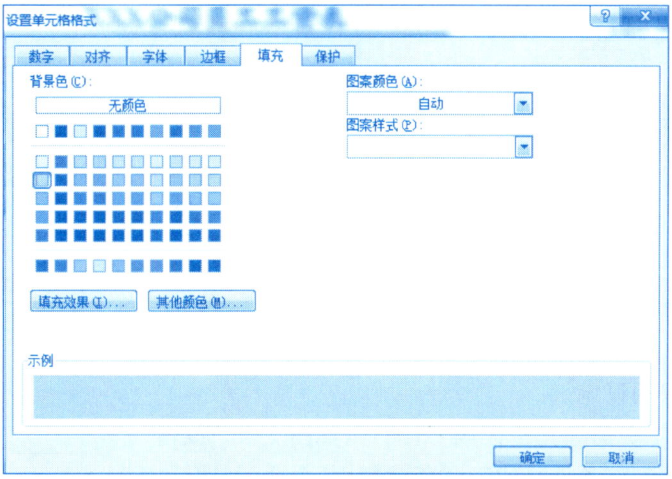

图 5-22 将背景色设置为浅灰色

② 选中要设置的单元格区域，单击鼠标右键，选择“设置单元格格式”命令，打开“设置单元格格式”对话框，在对话框中选择“边框”选项卡，按照如图 5-23 所示进行设置。在“边框”选项卡里将外边框设为粗线，内边框设为细线。

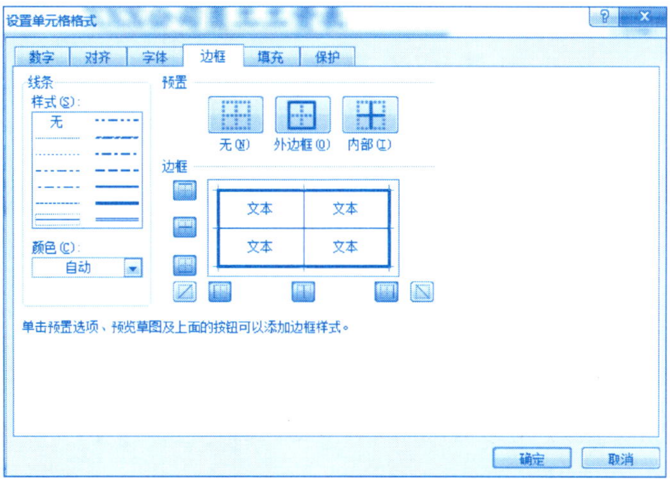

图 5-23 给工资表加上边框

③ 将所有文字居中对齐。选中要设置的单元格区域,单击鼠标右键,选择“设置单元格格式”,打开“设置单元格格式”对话框,在对话框中选择“对齐”选项卡,按照如图 5-24 所示进行设置,将所有文字居中对齐。

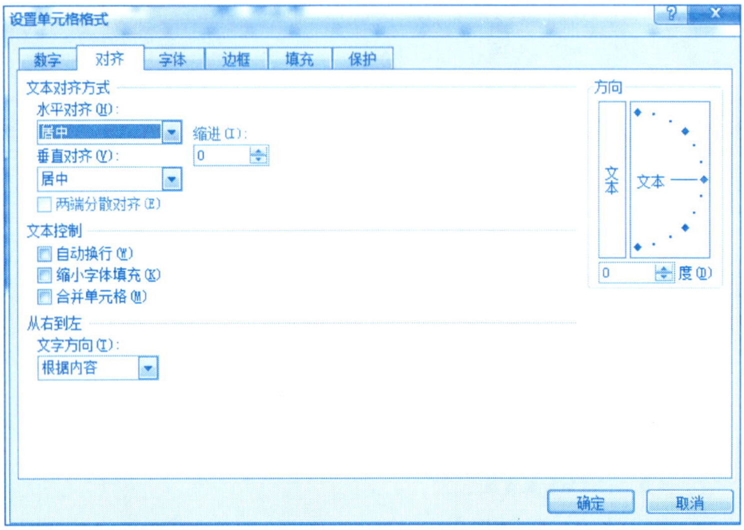

图 5-24　文字居中对齐

(3) 条件格式的设定。

① 选择基本工资的单元格区域 C3:C10,如图 5-25 所示。

② 选择“开始”→“条件格式”→“新建规则”命令,如图 5-26 所示。

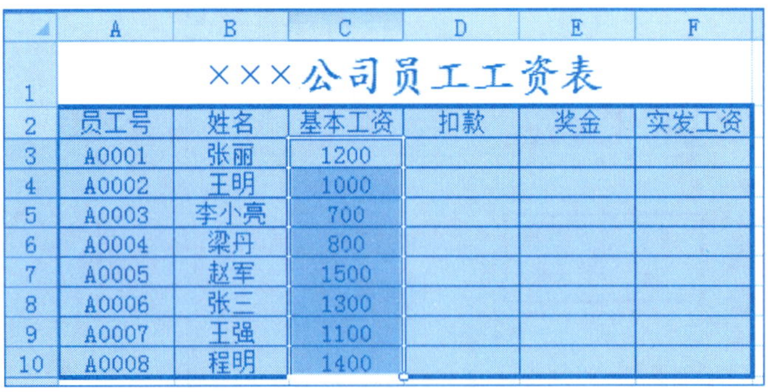

图 5-25　选定设定条件区域

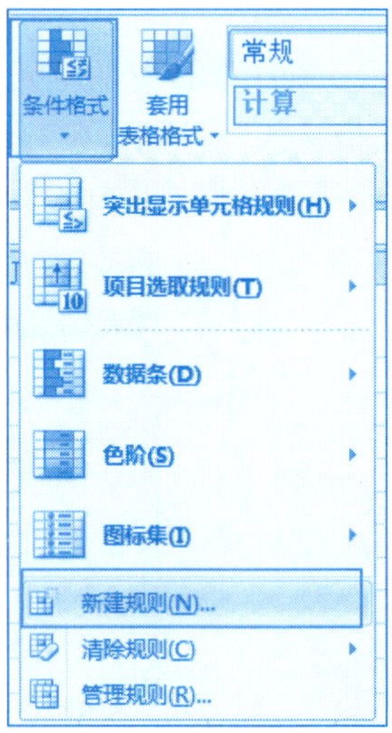

图 5-26　条件格式选择

③ 打开“新建格式规则”对话框,在“编辑规则说明”中按照如图 5-27 所示填入内容后,单击“格式”按钮。

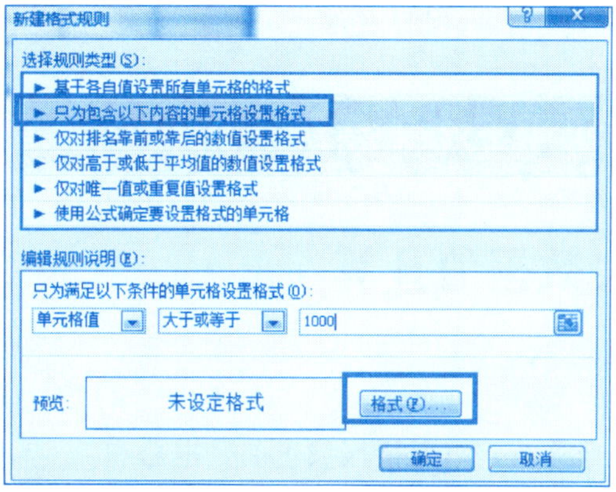

图 5-27 新建格式规则的建立

④ 打开“设置单元格格式”对话框，将字体颜色设置为“绿色”、“加粗”，单击“确定”按钮，如图 5-28 所示。

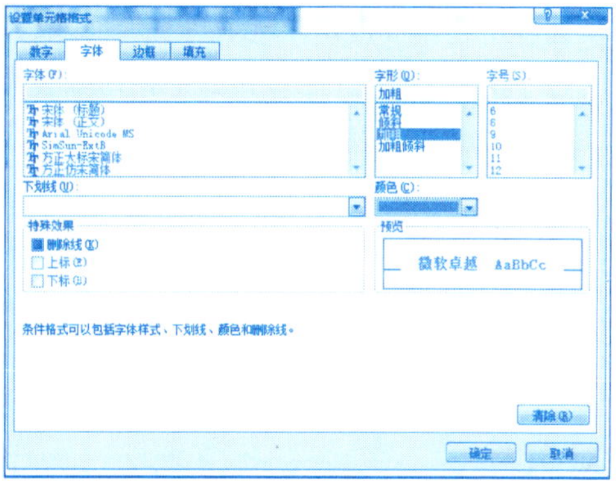

图 5-28 字体格式的设置

(4) 设置单元格的行高。选定相应的行，单击鼠标右键，单击行高，将行高设置为 20 磅，如图 5-29 所示。

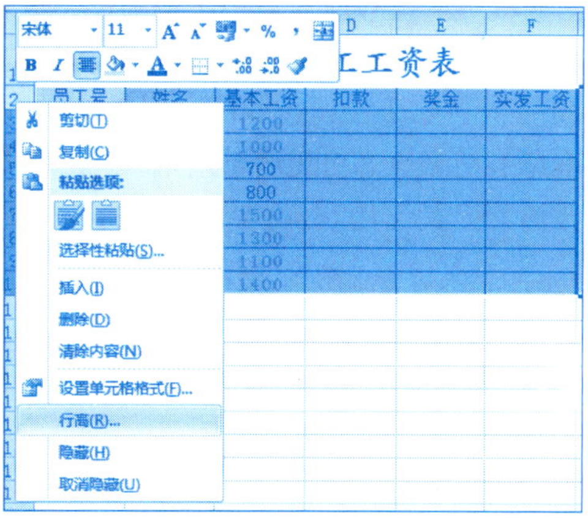

图 5-29 设置行高

(5) 选择“文件”→“保存”命令,保存文件。

5.4 案例引入:利用 Excel 高级进阶公式计算员工工资

5.4.1 工作表数据的计算

1. 函数

(1) 函数 SUM( )。计算指定单元格区域里的数据总和。

(2) 函数 AVERAGE( )。计算指定单元格区域数据的平均值。

(3) 函数 COUNT( )。统计单元格区域中数值型量的个数。

(4) 求最大值函数 MAX( )。

(5)求最小值函数 MIN( )。

(6)函数 IF( )。如果满足某个条件,指定单元格里的数据取其中的一个值,否则取另外的值。其格式为:IF(A, B, C),其中 A 为条件表达式,如果其值为真,所在单元格的数据取 A,否则取 B。

2. 使用表达式的公式

公式除了使用函数表达以外,还可以使用算术表达式。不管使用的是函数还是算术表达式,凡是公式一定要用“=”开始,乘的运算符号是“*”,除的运算符号是“/”。

3. 绝对引用和相对引用

(1) 相对引用。是 Excel 2010 中默认的单元格引用方式,如 A1,A2 等。表示数据是从本表中的 A1、A2 提取,但是当复制公式的时候,是会随着行和列的变动而变动的。相对于原来的单元格,随着行和列的变化而发生改变的。

(2) 绝对引用。在单元格行号或列号前均加“$”符号代表绝对引用,如$A$1,$C$4 等。凡是加了这个符号“$”的引用,不管公式复制到什么地方,都不会发生任何改变。绝对取的是该单元格的内容。

(3) 混合引用。混合相对引用和绝对引用的引用,如$A2,F$3 等。有“$”的引用,复制公式的时候,不会改变,没有“$”的引用,会随着单元格的行列位置的变化而变化。

4. 多表引用

在公式和函数的计算中,常常需要引用单元格中的数据。单元格可以来自本表,也可以来自其他工作表。

(1) 本表引用。公式中的数据来自本表。

(2) 外表引用。如果单元格公式中的数据来自其他工作表,通常在单元格前面加表名及感叹号来表示。

一般地，用鼠标在外表单元格直接点选后，会自动加上外表的名称。

(3) 多表引用。工作表中的数据来自一个以上的表格，称为多表引用。

5.4.2 案例的提出与分析

设置好工作表中的格式以后，还需要利用公司计算出他们的扣款金额、资金、实发工资。所以小张接下来要对所有数据进行分析，利用公式和函数计算出相应的数值。

5.4.3 案例主要涉及的知识点

(1) SUM()函数——求和；

(2) AVERAGE()函数——求平均值；

(3) COUNT()函数——计算数值个数；

(4) MAX()函数——求最大值；

(5) MIN()函数——求最小值；

(6) IF()函数——逻辑函数根据 logical_test 逻辑计算的真假值，返回不同结果。

5.4.4 任务实现

(1) 求“本月营业额(元)”总和。选择“业绩表”，在 A11 中输入“总和”，计算 B11 单元格的值：输入公式＝SUM(B3：B10)后，单击“输入”按钮，如图 5-30 所示。

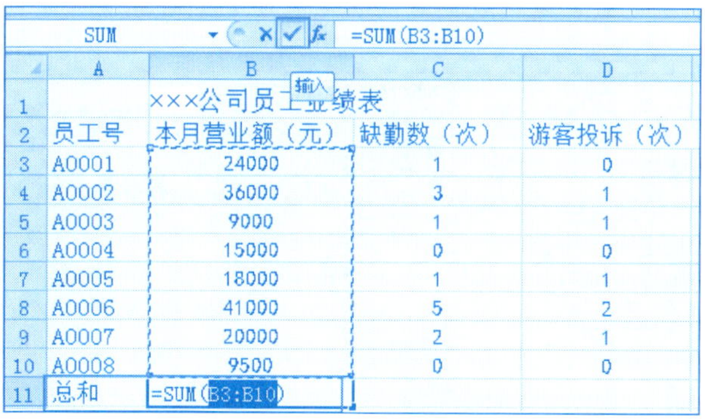

图 5-30　SUM()函数——求和

(2) 求“本月营业额(元)”平均值。选择“业绩表”，在 A12 中输入“平均值”，计算 B12 单元格的值：输入公式＝ AVERAGE (B3:B10)后按输入按钮，如图 5-31 所示。

(3) 统计人数。选择“业绩表”，在 A13 单元格中输入“人数”，计算 B13 单元格中的值：输入公式:COUNT(B3:B10)后单击“输入”按钮，如图 5-32 所示。

(4) 求“本月营业额(元)”的最大值。选择“业绩表”，在 A14 单元格中输入“最大值”，在 B16 单元格中输入公式:MAX(B3:B10)后单击“输入”按钮，如图 5-33 所示。

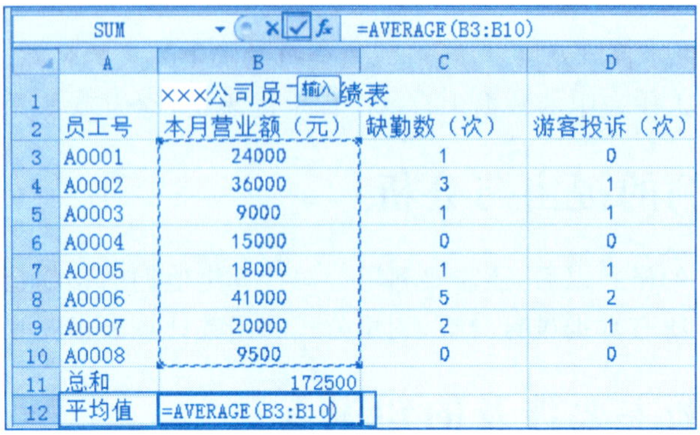

图 5-31　AVERAGE()函数——求平均值

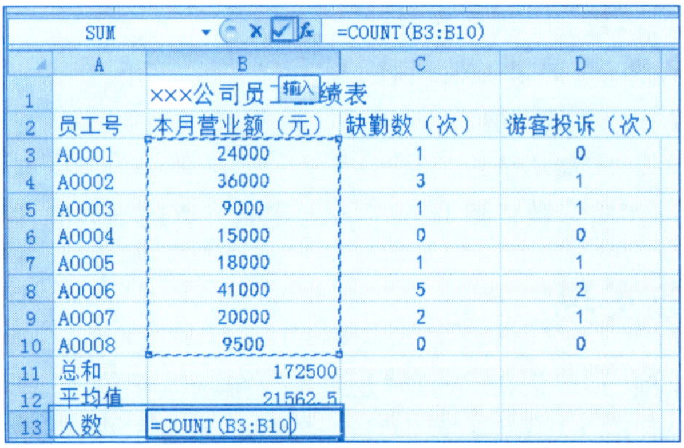

图 5-32　COUNT()函数——计算数值的个数

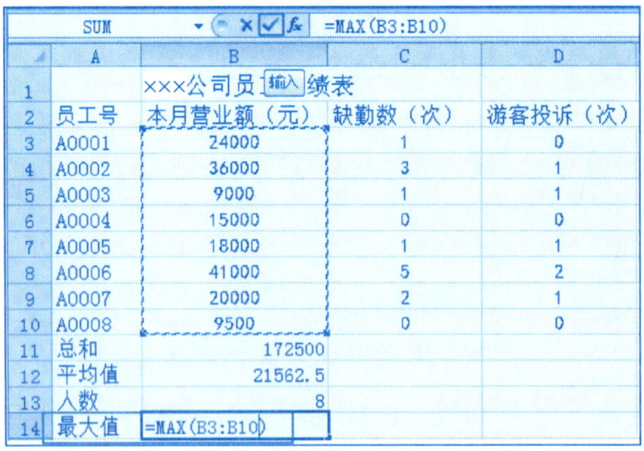

图 5-33　MAX()函数——最大值

(5) 求“本月营业额(元)”的最小值。选择“业绩表”,在 A15 中输入“最小值”,在 B15 单元格中输入公式:MIN(B3:B10)后单击“输入”按钮,如图 5-34 所示。

(6) 计算考核。选择“业绩表”的 E2 单元格,在 E2 单元格中输入“对顾客满意度考核”,

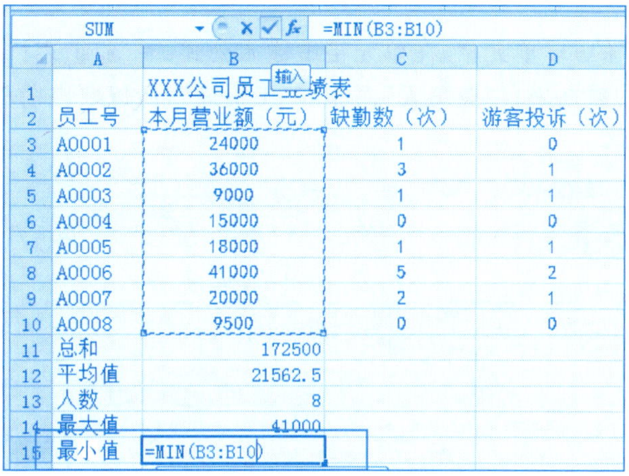

图 5-34　MIN()函数——最小值

在 E3 单元格中输入：=IF(D3=0,"优秀","")后单击“输入”按钮，如图 5-35 所示。

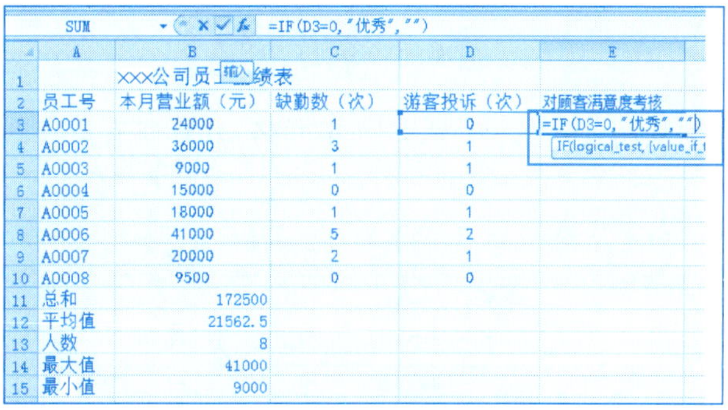

图 5-35　IF 函数的使用

（7）使用自动填充柄。选择“业绩表”的 E3 单元格，鼠标放在 E3 单元格的右下角（出现黑色的十字架），拖动鼠标到 E10，将 E3 单元格里的公式复制到（E4:E10）中，如图 5-36 所示。

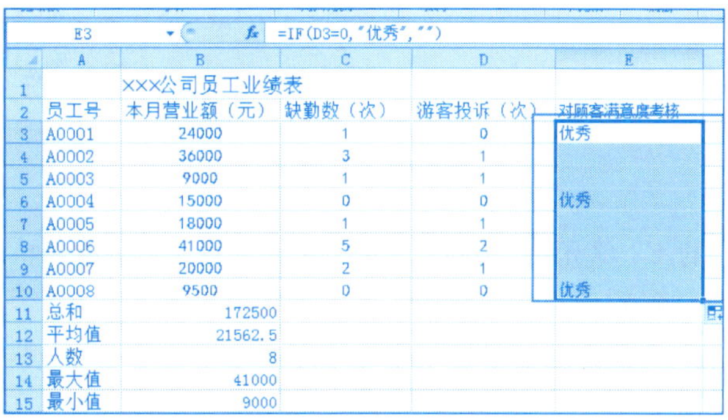

图 5-36　复制公式后的计算

(8) 计算扣款项。

① 选择“工资表”的 D3 单元格,在单元格中输入公式:=(业绩表! C3＋业绩表! D3) * 80(C3 和D3 单元格的数据来自“业绩表”而非本“工资表”,所以要在前面加上表名和一个感叹号),如图 5-37 所示。

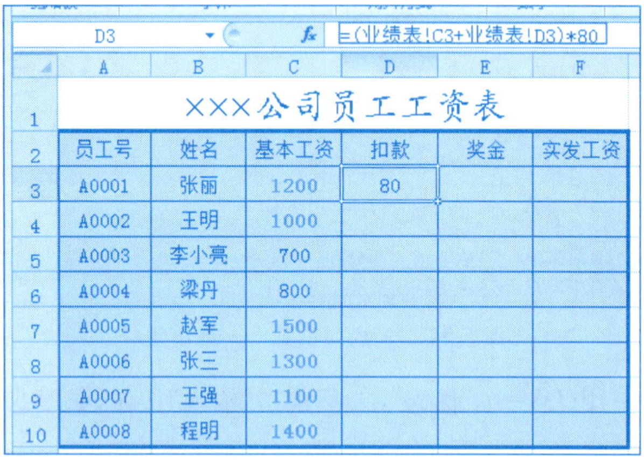

D3 =(业绩表!C3+业绩表!D3)*80

	A	B	C	D	E	F
1	×××公司员工工资表					
2	员工号	姓名	基本工资	扣款	奖金	实发工资
3	A0001	张丽	1200	80		
4	A0002	王明	1000			
5	A0003	李小亮	700			
6	A0004	梁丹	800			
7	A0005	赵军	1500			
8	A0006	张三	1300			
9	A0007	王强	1100			
10	A0008	程明	1400			

图 5-37 计算扣款

② 使用自动填充柄复制公式从 D4 到 D10 单元格,计算所有员工的扣款情况,如图 5-38 所示。

D3 =(业绩表!C3+业绩表!D3)*80

	A	B	C	D	E	F
1	×××公司员工工资表					
2	员工号	姓名	基本工资	扣款	奖金	实发工资
3	A0001	张丽	1200	80		
4	A0002	王明	1000	320		
5	A0003	李小亮	700	160		
6	A0004	梁丹	800	0		
7	A0005	赵军	1500	160		
8	A0006	张三	1300	560		
9	A0007	王强	1100	240		
10	A0008	程明	1400	0		

图 5-38 计算所有员工的扣款情况

(9) 计算奖金。

① 选择“工资表”的 E3 单元格,在单元格中输入公式:=业绩表! B3 * 0.05(表示奖金是按照业绩表中的营业额的 5%提成的),如图 5-39 所示。

② 使用自动填充柄复制公式从 E4 到 E10 单元格,计算所有员工的奖金,如图 5-40 所示。

(10) 计算实发工资。

① 选择“工资表”的 F3 单元格,在 F3 单元格中输入公式:=C3－D3＋E3,如图 5-41 所示。

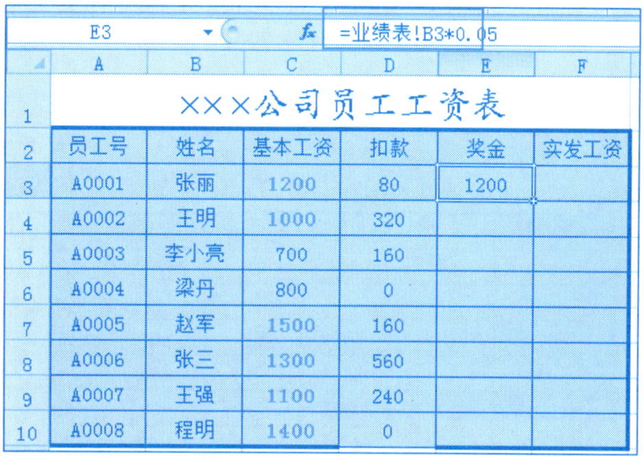

图 5-39　计算员工的奖金

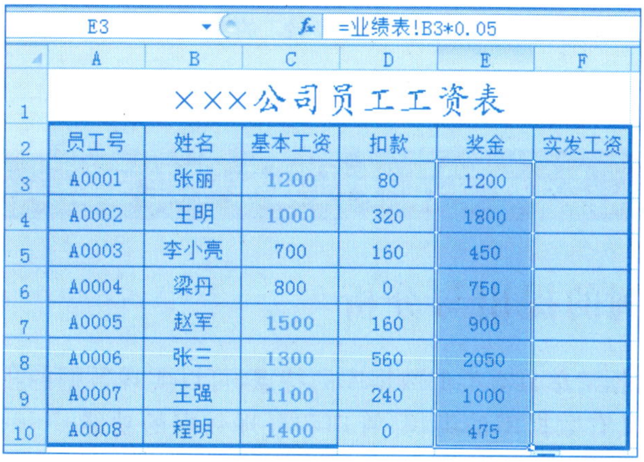

图 5-40　计算所有员工的奖金

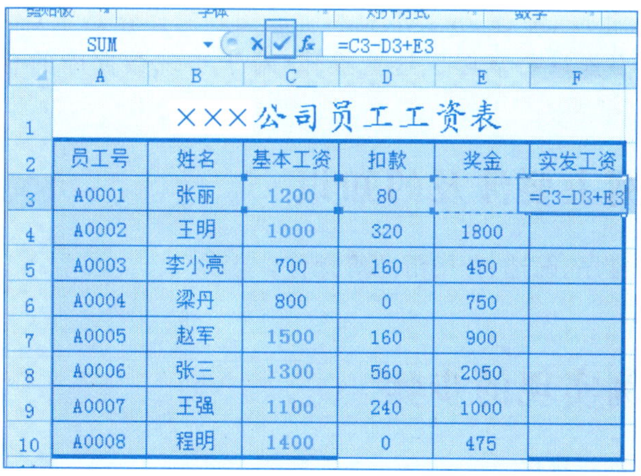

图 5-41　计算实发工资

② 使用自动填充柄复制公式从 F4 到 F10 单元格,计算所有员工的实发工资,如图 5-42 所示。

F3 =C3-D3+E3

	A	B	C	D	E	F
1	×××公司员工工资表					
2	员工号	姓名	基本工资	扣款	奖金	实发工资
3	A0001	张丽	1200	80	1200	2320
4	A0002	王明	1000	320	1800	2480
5	A0003	李小亮	700	160	450	990
6	A0004	梁丹	800	0	750	1550
7	A0005	赵军	1500	160	900	2240
8	A0006	张三	1300	560	2050	2790
9	A0007	王强	1100	240	1000	1860
10	A0008	程明	1400	0	475	1875

图 5-42 计算所有员工的实发工资

(11) 选择“文件”→“保存”命令,保存文件。

5.5 案例引入:Excel 实战技巧数据管理和图表生成

5.5.1 案例的提出与分析

Excel 2010 的数据清单具有类似数据库的特点,可以实现数据的排序、筛选、分类汇总、统计和查询等操作,具有数据库的组织、管理和处理数据的功能。为了可以使数据更加有趣、吸引人、易于阅读和评价,可以用图表的方式表示出来,小张想按照某种方式查看自己需要的数据,那么,如何查看数据,实现对 Excel 数据库的管理功能呢?

对数据清单进行排序、筛选、分类汇总和生成图表的操作是重点,Excel 提供了多种操作命令与操作方法,小张只要掌握了这些操作,对于实现数据库的管理和图表生成十分重要。

5.5.2 案例主要涉及的知识

(1) 对数据进行排序、筛选、分类汇总等操作。

(2) 图表的生成。

5.5.3 案例实现的步骤

(1) 对“工资表”进行排序。

① 用 Excel 打开“工资表”,如图 5-43 所示。

② 选中实发工资的任意一个单元格,选择“数据”→“升序”命令,结果如图 5-44 所示。

×××公司员工工资表					
员工号	姓名	基本工资	扣款	奖金	实发工资
A0001	张丽	1200	80	1200	2320
A0002	王明	1000	320	1800	2480
A0003	李小亮	700	160	450	990
A0004	梁丹	800	0	750	1550
A0005	赵军	1500	160	900	2240
A0006	张三	1300	560	2050	2790
A0007	王强	1100	240	1000	1860
A0008	程明	1400	0	475	1875

图 5-43　打开员工工资表

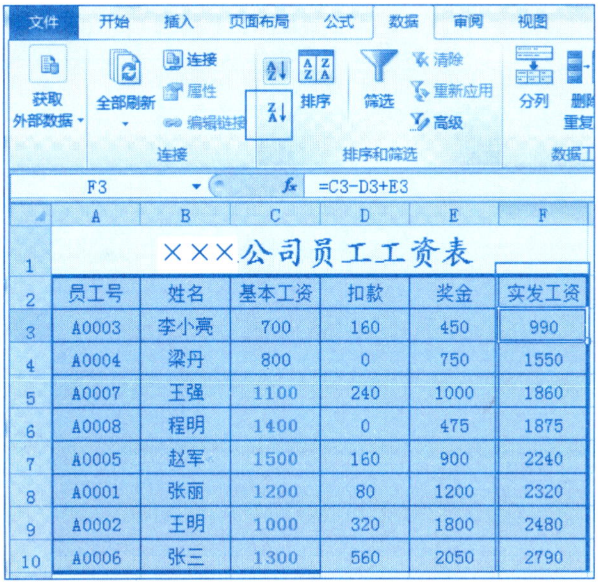

图 5-44　对员工工资表进行排序

(2) 将实发工资为 2000 元及以上的选出。

① 将实发工资数据区的任一单元格选定，选择“数据”→“筛选”命令，如图 5-45 所示。

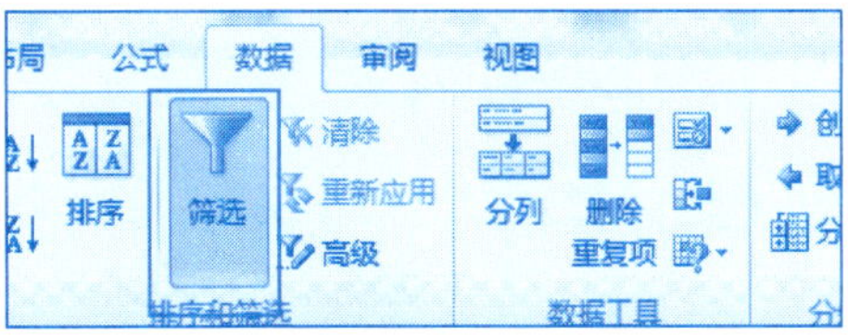

图 5-45　筛选

② 在表头的每个字段旁都出现了一个小箭头，如图 5-46 所示。

③ 单击“实发工资”的下拉列表，选择“数字筛选”→“大于或等于”命令，如图 5-47 所示。

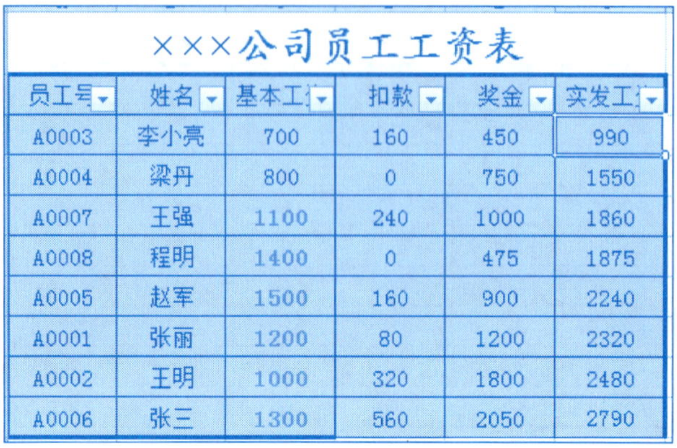

×××公司员工工资表					
员工号	姓名	基本工资	扣款	奖金	实发工资
A0003	李小亮	700	160	450	990
A0004	梁丹	800	0	750	1550
A0007	王强	1100	240	1000	1860
A0008	程明	1400	0	475	1875
A0005	赵军	1500	160	900	2240
A0001	张丽	1200	80	1200	2320
A0002	王明	1000	320	1800	2480
A0006	张三	1300	560	2050	2790

图 5-46 筛选列表

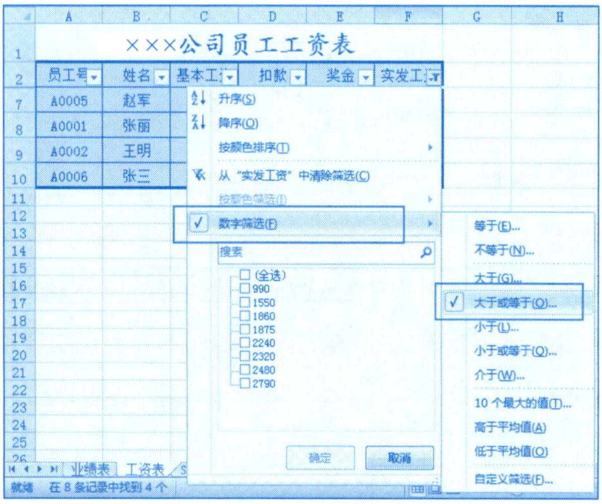

图 5-47 数字筛选

④ 打开"自定义自动筛选方式"对话框,在大于或等于后面输入 2000,最后单击"确定"按钮,如图 5-48 所示。

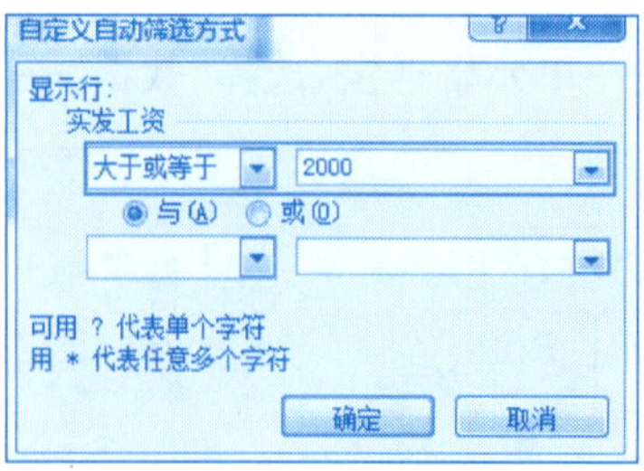

图 5-48 "自定义自动筛选方式"对话框

⑤ 筛选结果如图 5-49 所示。

(3) 筛选出扣款为 0 和奖金小于等于 2000 元的记录。

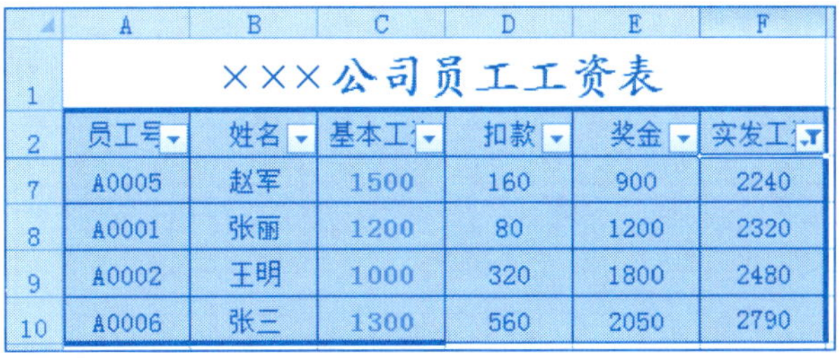

图 5-49 筛选结果

① 在表的下方，先将高级筛选的条件区域设置好，然后选择“数据”→“高级”命令，如图5-50所示。

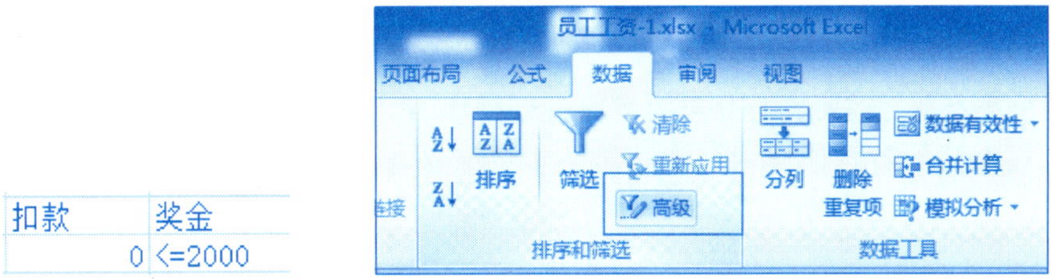

图 5-50 条件区域设定及选择高级筛选

② 打开“高级筛选”对话框，在对话框里将列表区域和条件区域选定，如图5-51所示。

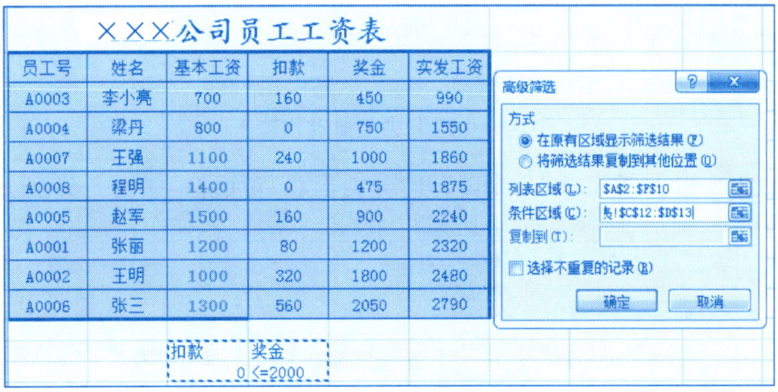

图 5-51 条件区域设定及选择高级筛选

③ 高级筛选的结果，如图5-52所示。

图 5-52 高级筛选结果

(4) 将部门相同的员工的基本工资求和。

① 在基本工资前插入一列,字段名为“部门”,并分别输入部门名称,如图 5-53 所示。

×××公司员工工资表

员工号	姓名	部门	基本工资	扣款	奖金	实发工资
A0003	李小亮	人事	700	160	450	990
A0004	梁丹	宣传	800	0	750	1550
A0007	王强	人事	1100	240	1000	1860
A0008	程明	人事	1400	0	475	1875
A0005	赵军	宣传	1500	160	900	2240
A0001	张丽	宣传	1200	80	1200	2320
A0002	王明	宣传	1000	320	1800	2480
A0006	张三	人事	1300	560	2050	2790

图 5-53　插入字段并输入文本

② 做分类汇总之前要先对分类的字段进行排序,我们是求相同部门的和,所以分类字段是“部门”,在部门的数据区域内任意选定一个单元格,选择“数据”→“排序”命令,如图 5-54 所示。

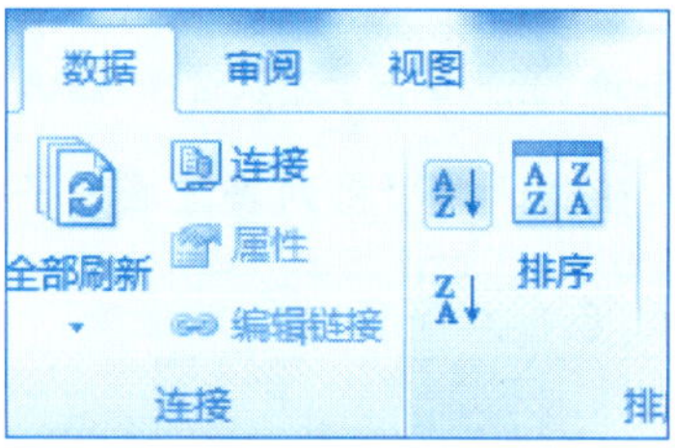

图 5-54　对分类字段进行排序

③ 选择“数据”→“分类汇总”命令,打开“分类汇总”对话框,如图 5-55 所示。

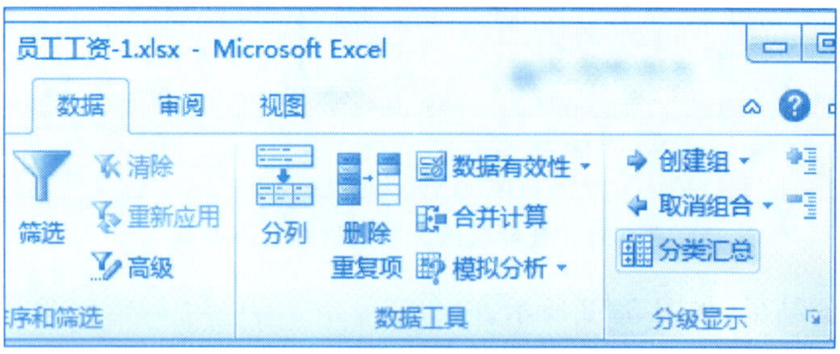

图 5-55　选择“分类汇总”

④ 在对话框里,选择分类汇总的分类字段为“部门”,汇总方式为“求和”,选定汇总项为“实发工资”,如图 5-56 所示。

⑤ 分类汇总的结果,如图 5-57 所示。

(5) 在工资表上显示出实发工资和姓名的图表。

① 将上面做好的分类汇总还原成原来的员工情况表,选择“分类汇总”命令,打开“分类

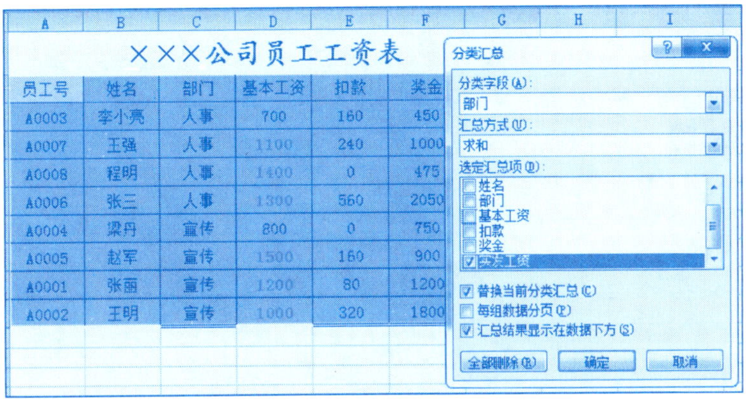

图 5-56 “分类汇总”对话框

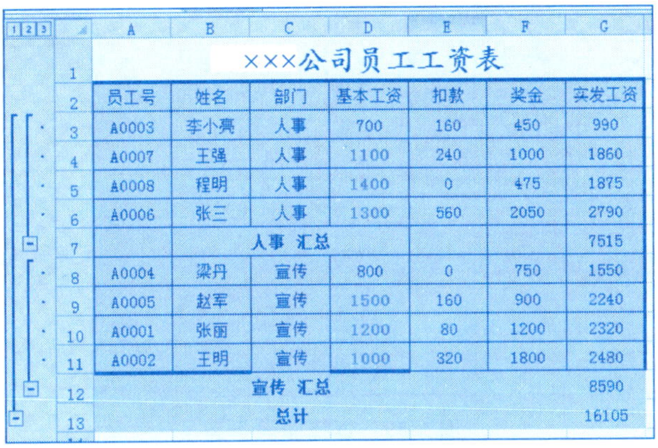

图 5-57 分类汇总的结果

汇总”对话框，单击“全部删除”按钮，即可取消做好的分类汇总。

② 在表中选中需要的数据实发工资和姓名(选择多个数据的时候需要按下 Ctrl 键，再按鼠标左键)，如图 5-58 所示。

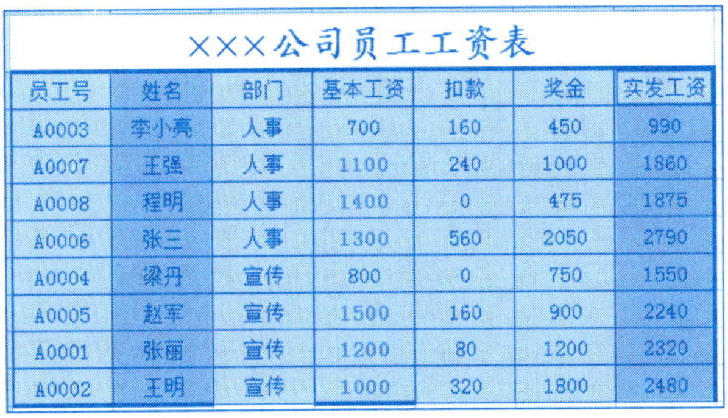

图 5-58 选择数据区域

③ 选择“插入”→“柱形图”→“三维柱形图”命令中的第一个图形，得到一个实发工资和姓

名的图表,因为员工人数较多,图表不能完整显示,但只要把图表拉开就可以显示了,如图 5-59、图 5-60所示。

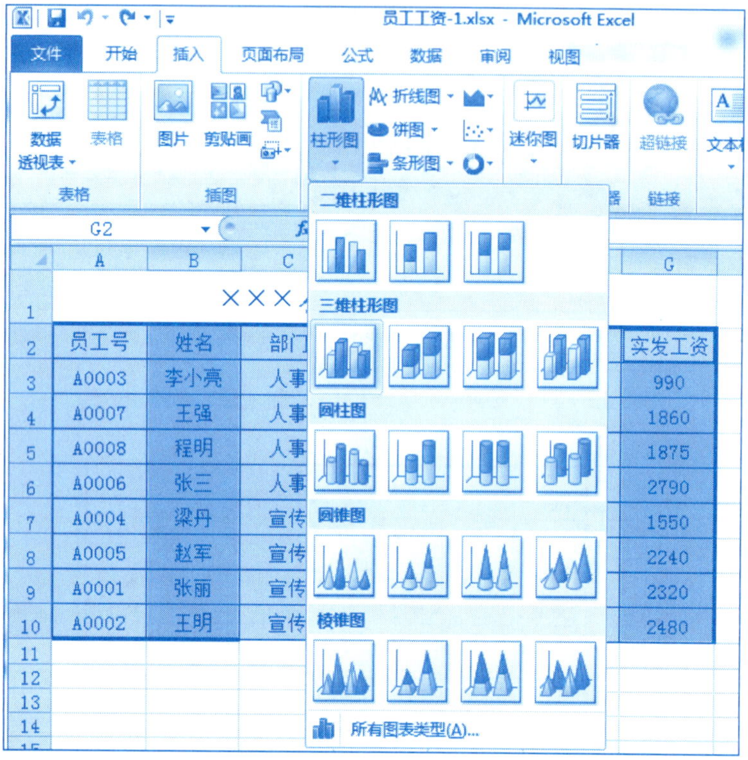

图 5-59　选择图表类型

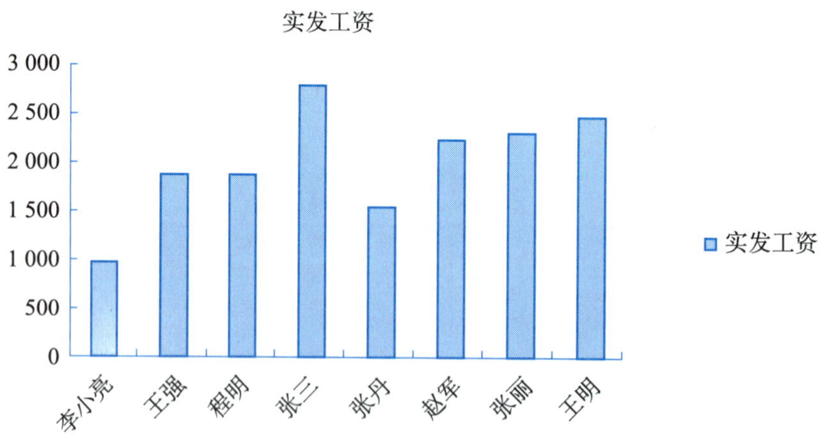

图 5-60　图表显示的结果

④ 做基本工资和姓名的饼图。选择"插入"→"饼图"→"二维饼图" 命令中的第二个饼图,如图 5-61 所示。

⑤ 结果如图 5-62 所示。

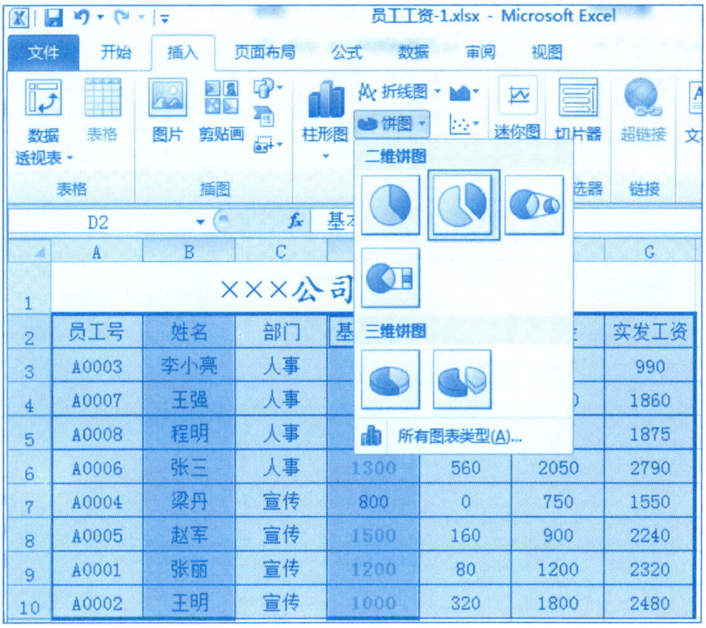

图 5-61　选择饼图类型

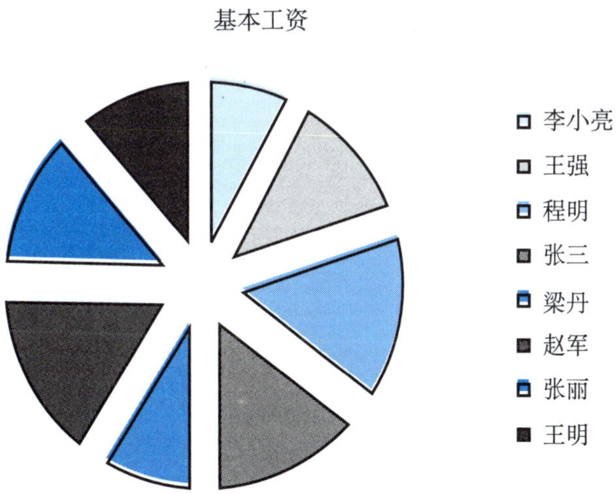

图 5-62　选择饼图后的结果

5.6　小结与拓展练习

1. 小结

本章通过 4 个经典案例的应用循序渐进地展现了 Mircosoft Excel 2010 在处理数据表格时全面而强大的功能，重点讲述了 Excel 中的公式的用法及应用技巧。通过本章学习，读者应能处理一些复杂的企业工资表、零售记录报表、仓储物流报表等日常工作。

2. 拓展练习

用 Excel 制作课程表和常用联系人通信录。

第 6 章

PowerPoint 2010 应用：演示文稿的创建

教学提示

通过本章的学习,了解 PowerPoint 2010 的主要特点、功能和操作方法,能使用 PowerPoint 2010 设计多媒体作品。

教学目标

(1) 了解 PowerPoint 2010 的主要特点、功能和操作方法。

(2) 学会利用 PowerPoint 2010 软件制作演示文稿、编辑和放映幻灯片。

(3) 能使用 PowerPoint 2010 制作各类简报、产品和毕业报告。

6.1　PowerPoint 演示文稿的基本操作

1. PowerPoint 2010 的界面

先介绍 PowerPoint 2010 的工作界面,如图 6-1 所示。

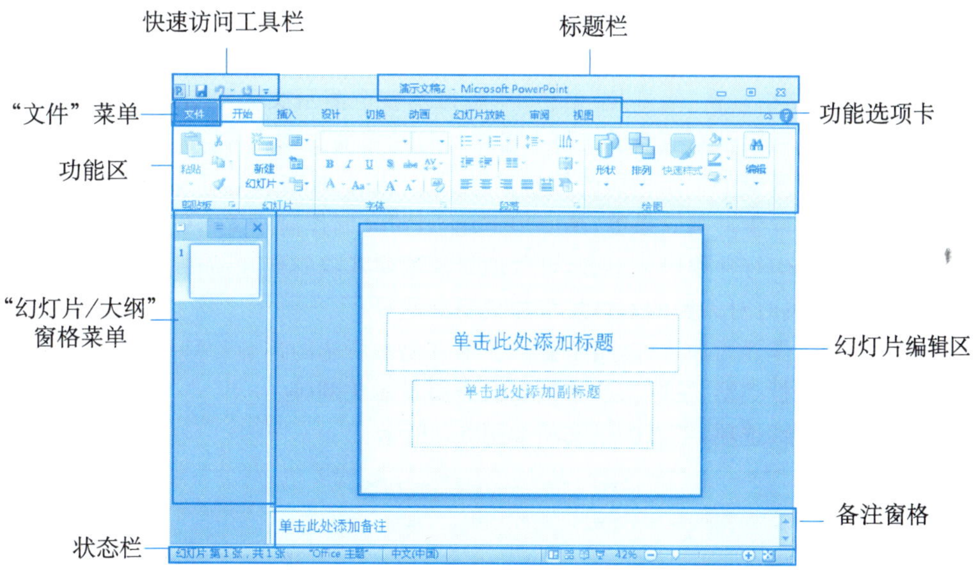

图 6-1　PowerPoint 2010 的工作界面

标题栏:位于 PowerPoint 工作界面的右上角,它用于显示演示文稿名称和程序名称,最右侧的 3 个按钮分别用于对窗口执行最小化、最大化和关闭等操作。

快速访问工具栏:该工具栏上提供了最常用的"保存"按钮、"撤销"按钮和"恢复"按钮,单击对应的按钮可执行相应的操作。如需在快速访问工具栏中添加其他按钮,可单击其后的按钮,在弹出的菜单中选择所需的命令即可。

"文件"菜单:用于执行 PowerPoint 演示文稿的新建、打开、保存和退出等基本操作;该菜单右侧侧出了用户经常使用的演示文档名称。

功能选项卡:相当于菜单命令,它将 PowerPoint 2010 的所有命令集成在几个功能选项卡中,选择某个功能选项卡可切换到相应的功能区。在这个界面中,有“文件”、“开始”、“插入”、“设计”、“切换”、“动画”、“幻灯片放映”、“审阅”、“视图”几个菜单。和 Word 2010 一样,点击每一个菜单项,都会在它的下行显示这个菜单项的子项,如图 6-2 所示。

图 6-2 自定义快速访问工具栏

功能区:在功能区中有许多自动适应窗口大小的工具栏,不同的工具栏中又放置了与此相关的命令按钮或列表框。

“幻灯片/大纲”窗格:用于显示演示文稿的幻灯片数量及位置,通过它可更加方便地掌握整个演示文稿的结构。在“幻灯片”窗格下,将显示整个演示文稿中幻灯片的编号及缩略图;在“大纲”窗格下列出了当前演示文稿中各张幻灯片中的文本内容。

幻灯片编辑区:是整个工作界面的核心区域,用于显示和编辑幻灯片,在其中可输入文字内容、插入图片和设置动画效果等,是使用 PowerPoint 制作演示文稿的操作平台。

备注窗格:位于幻灯片编辑区下方,可供幻灯片制作者或幻灯片演讲者查阅该幻灯片信息或在播放演示文稿时对需要的幻灯片添加说明和注释。

状态栏:位于工作界面最下方,用于显示演示文稿中所选的当前幻灯片以及幻灯片总张数、幻灯片采用的模板类型、视图切换按钮以及页面显示比例等。

例如,单击“开始”选项,下面的子选项如图 6-3 所示。

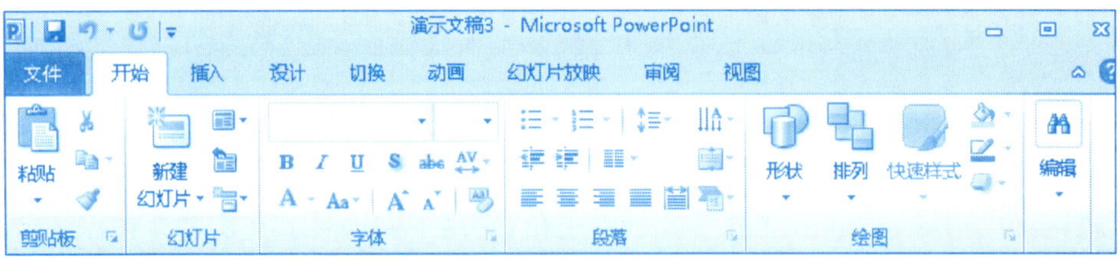

图 6-3 “开始”选项的子选项

2. 启动 PowerPoint 2010 演示文稿

分别用“样板模板”、“主题”和“空白演示文稿”三种方式创建演示文稿。

(1) 选择“开始”→“所有程序”→Microsoft Office →Microsoft PowerPoint 2010 命令,

打开一个新的演示文稿。在"文件"选项中单击"新建"选项卡。在"可用的模板和主题"中选择需要创建的对象,如图 6-4 所示。

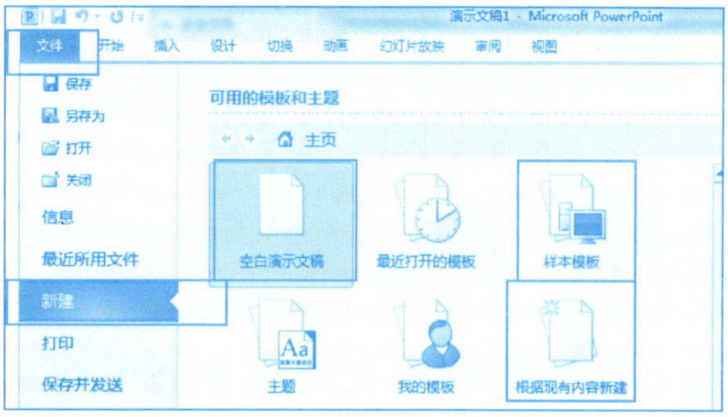

图 6-4 创建演示文稿

(2) 使用"样本模板"创建演示文稿。单击如图 6-1 所示的"样本模板"选项,接着在如图 6-2 所示的选项中选择"培训"模板,单击"创建"按钮就创建了"培训新员工"演示文稿,如图 6-5 所示。

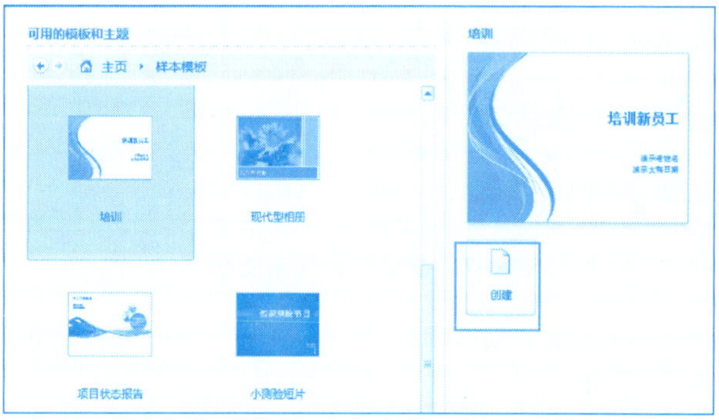

图 6-5 创建"培训新员工"演示文稿

(3) 根据需要添加、修改、美化内容及格式,制作适合自己的新演示文稿。

(4) 利用"主题"创建演示文稿。单击图 6-1 所示的"主题",在新的选项里选择"龙腾四海"模板,再单击"创建"按钮,如图 6-6 所示。然后输入、编辑、美化幻灯片。

(5) 新建空白演示文稿。单击图 6-1 的"空白演示文稿",然后单击界面右侧的"创建"按钮,如图 6-7 所示。

(6) 为新幻灯片选择设计主题和配色方案,并选择背景,如图 6-8 所示。(在普通视图下)

在"设计"选项的"主题"子选项中,选择幻灯片一种主题样式。

在"设计"选项的"主题"子选项中,分别单击"颜色"按钮、"字体"按钮、"效果"按钮进行各项设置。

在"设计"选项的"背景"子选项中,选择"背景样式"→"设置背景格式"命令,如图 6-9 所示。(在母版视图下)

在"视图"选项中,选择"母版视图"子选项,选择"幻灯片母版"。

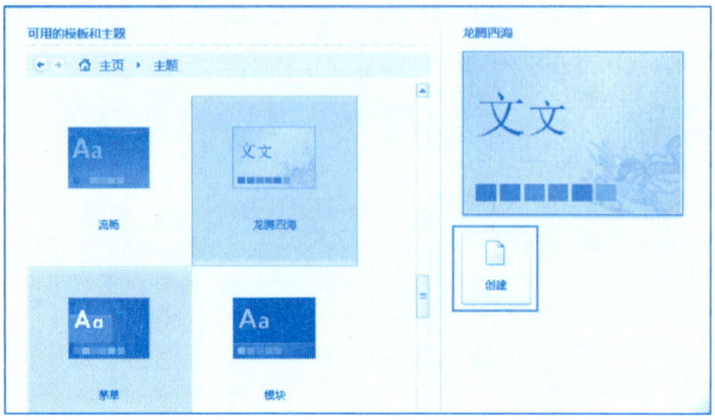

图 6-6　利用“主题”模板创建的演示文稿

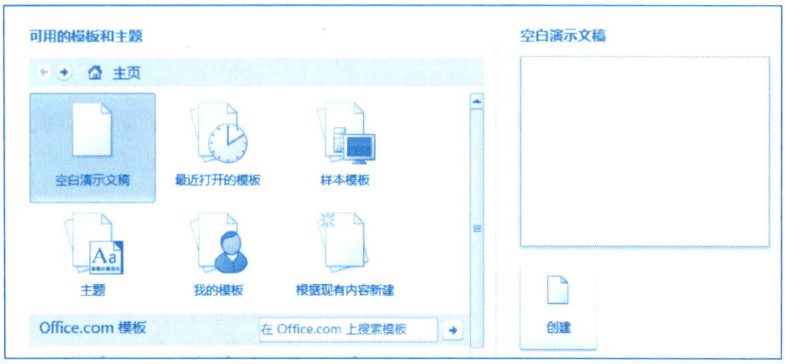

图 6-7　创建空白演示文稿

图 6-8　为演示文稿选择主题和背景

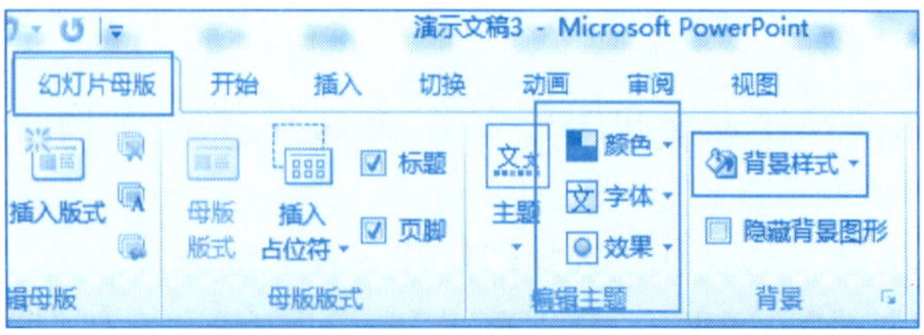

图 6-9　设置背景

在“幻灯片母版”选项的“编辑主题”子选项中，分别单击“颜色”按钮、“字体”按钮、“效果”按钮进行各项设置。

在“幻灯片母版”选项的“背景”子选项中，选择“背景样式”→“设置背景格式”命令。

(7)单击快速访问工具栏上的“保存”按钮,保存文件名为“新生介绍会”,保存类型为“演示文稿”,将演示文稿保存到 E:盘。

6.2 案例引入:演示文稿的编辑与外观修饰

6.2.1 案例的提出与分析

小王对制作演示文稿的基本操作已经有些了解,决定来制作一个演示文稿给新生做介绍。

6.2.2 案例主要涉及的知识点

(1) 演示文稿内容的输入和编辑方法;

(2) 演示文稿内容的格式设置;

(3) 演示文稿内容的外观修饰。

6.2.3 案例实现的步骤

使用 PowerPoint 2010 创建一个专业介绍的演示文稿。

(1) 素材准备。在 E:盘上新建一个名为“新生介绍”的文件夹,然后进行下列操作。

① 从网上搜索一些与专业相关的图片和背景图,一首适合做背景音乐的歌曲,然后保存到“新生介绍”文件夹中。

② 打开“新生介绍会”文件,将该文件另存到 E:盘的“新生介绍”文件夹中。

(2) 输入内容及编辑。

① 打开“新生介绍”文件夹中的“新生介绍会”文件。

② 在“设计”选项的“主题”子选项中,单击“波形”模板,效果如图 6-10 所示。

图 6-10 选择“波形”主题背景

③ 单击“背景样式”,选择“样式 7”,如图 6-11 所示。

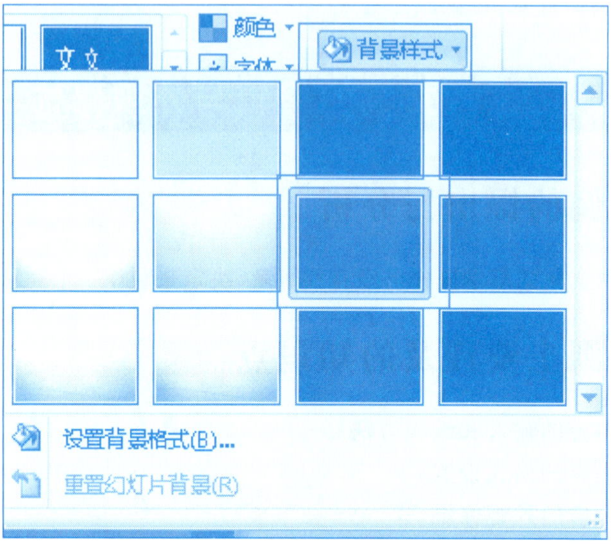

图 6-11　选择背景样式

④ 在幻灯片的“单击此处添加标题”文本框中输入“××学校”,副标题为:“专业介绍”,如图 6-12 所示。

图 6-12　输入文本

⑤ 在“开始”选项的“幻灯片”子选项中单击“新建幻灯片”按钮,选择“标题和内容”,如图 6-13所示。

⑥ 在第 2 张幻灯片的标题栏输入“目录”,文本框输入“1. 院(系)专业结构图;2. 专业介绍;3. 主干课程;4. 培养目标”,文字内容如图 6-14 所示。

⑦ 新建第 3 张幻灯片,设置为“标题和内容”版式。在标题栏文本框输入“院(系)专业结构图”。然后,选择“SmartArt 图形”→“层次结构”命令,选择列表中的“层次结构”模板,

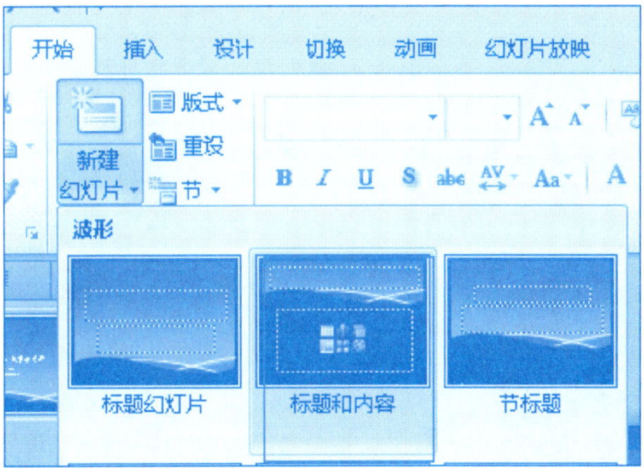

图 6-13　新建幻灯片

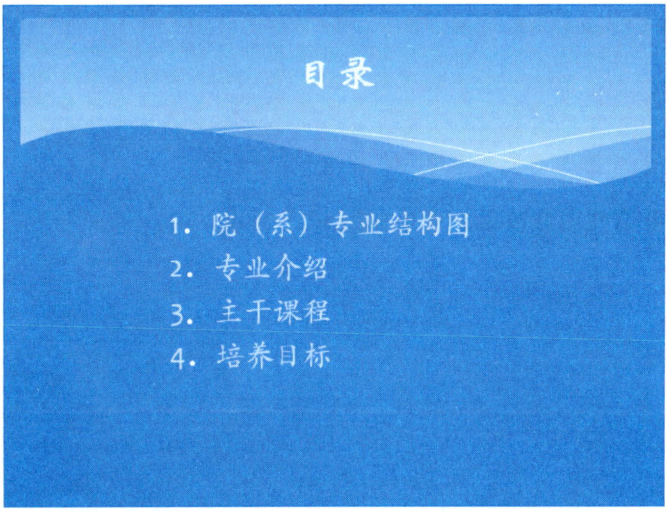

图 6-14　输入文本

单击“确定”按钮，生成一张空白的层次结构图，如图 6-15 所示。

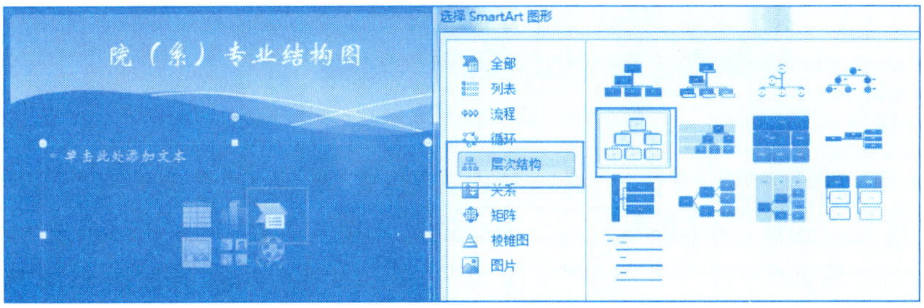

图 6-15　文本转换为 SmartArt 图形

⑧ 修改层次结构图对象，通过添加形状、删除形状、修改形状改为合适的样式，如

图 6-16所示。

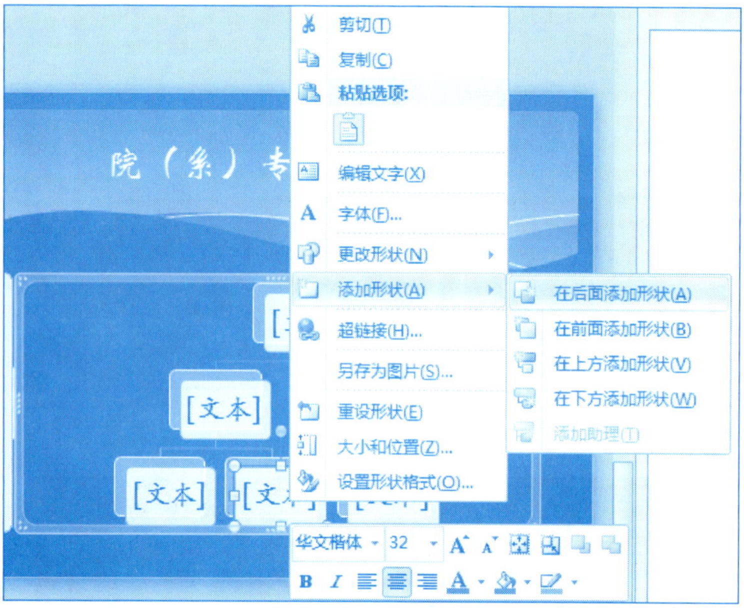

图 6-16　修改层次结构图

⑨ 院(系)专业结构图修改后的效果如图 6-17 所示。

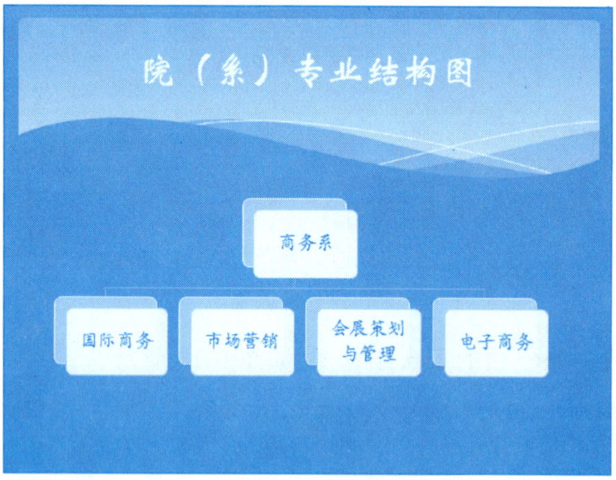

图 6-17　院(系)专业层次结构图

⑩ 插入第 4 张幻灯片,设置为"标题和内容"版式,标题为"专业介绍"。在"插入"选项的"文本"子选项中选择"文本框"命令,为本张幻灯片插入如图 6-18 所示的文本内容。选择"开始"选项,在"段落"子选项中选择"转换为 SmartArt"命令,选择如图 6-18 所示的形状。单击"内容"框中的"插入图片"按钮,插入事先准备好的图片,如图 6-18 所示。

⑪ 插入第 5 张幻灯片,设置为"标题和内容"版式,标题为"主干课程",输入如图 6-19 所示文本,并转换为 SmartArt 图形。

图 6-18　输入文本和插入图片

图 6-19　输入文本

⑫ 插入第 6 张幻灯片，设置为“内容和标题”版式，标题为“培养目标”。在“添加文本”处输入文本内容。单击“插入图片”，插入事先准备好的图片。输入文字如图 6-20 所示。

图 6-20　插入图片

⑬ 插入第7张幻灯片，设置为“空白”版式，插入一个文本框，输入“谢谢观看!”。

(3) 设置文字格式和外观修饰。在“开始”选项的“字体”子选项、“段落”子选项中，分别把标题设为“60号”、“华文新魏”。

(4) 保存文件并退出。

6.3 案例引入：演示文稿的高级进阶——超级链接、动画设置与放映

6.3.1 案例的提出与分析

演示文稿已经做好了，现在需要对演示文稿进行超级链接、动画设置与放映等设置。

6.3.2 案例主要涉及的知识点

(1) 演示文稿的超级链接及插入声音的方法；

(2) 演示文稿的动画设置的方法；

(3) 演示文稿的放映方法。

6.3.3 案例实现的步骤

打开“新生介绍会”演示文稿。

1. 设置超级链接

(1) 选择“视图”选项，在“母版视图”子选项中选择“幻灯片母版”命令，如图6-21所示。

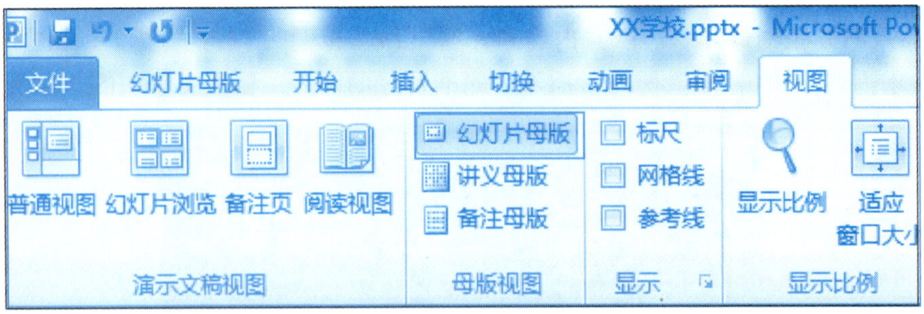

图6-21 “幻灯片母版”命令

(2) 插入一个文本框，输入“转到目录”。右击该文本框，选择“超级链接”命令，打开“插入超级链接”对话框，在“本文档中的位置”中选择“2. 目录”，单击“确定”保持设置。如图6-22、图6-23所示。

(3) 单击“关闭母版视图”。

(4) 打开第2张幻灯片，为目录的每一项设置超链接到相应的幻灯片。如：选择“1. 院

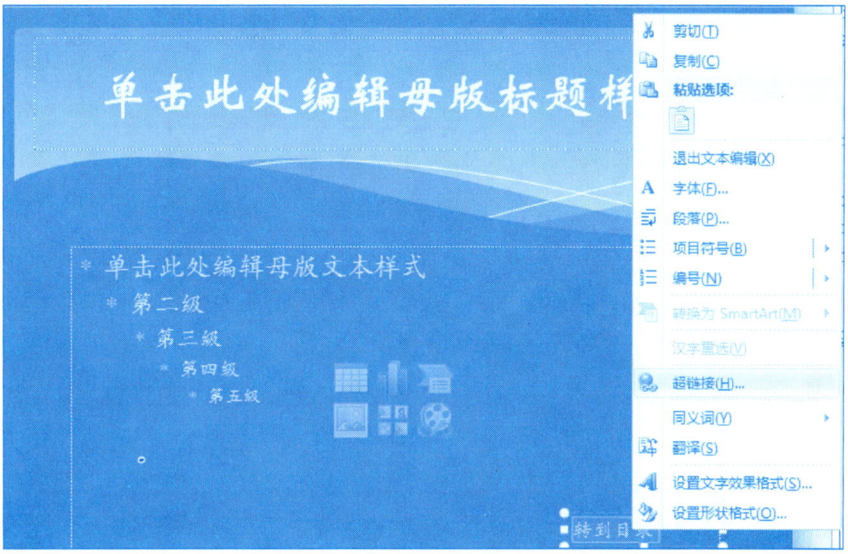

图 6-22　超级链接

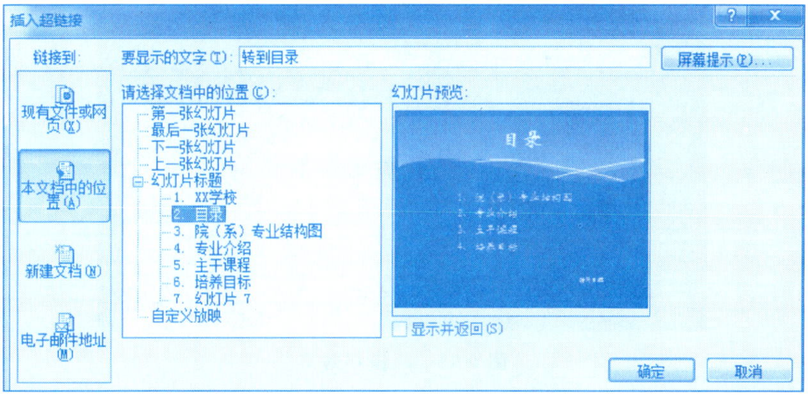

图 6-23　“插入超链接”对话框

(系)专业结构图”，单击右键选择“超链接”，链接到第 3 张幻灯片。如图 6-24、图 6-25 所示。

2. 设置动画和切换效果

(1) 打开第 4 张幻灯片，选中图片，选择“动画”选项，选择“动画”子选项中的“擦除”命令，在“效果选项”中选择“自顶部”，如图 6-26 所示。

(2) 再次选中上一步骤的图片，选择“高级动画”子选项中的“添加动画”命令，选择“强调”类中的“放大/缩小”，如图 6-27 所示。

(3) 选择“切换”选项，在“切换到此幻灯片”子选项中单击“形状”命令，在“效果选项”中选择“放大”，如图 6-28 所示。

(4) 在“计时”子选项中，单击“全部应用”到所有幻灯片中。

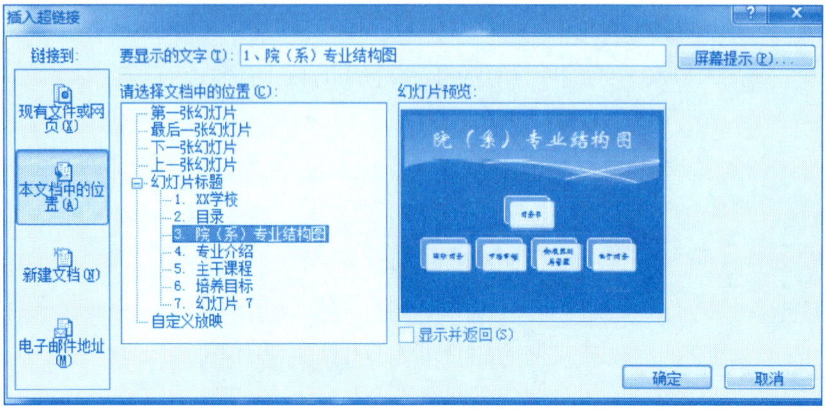

图 6-24　设置超链接

图 6-25　超链接效果

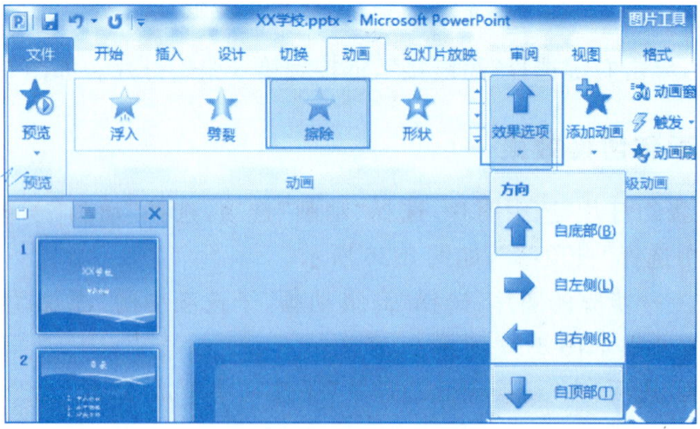

图 6-26　图片动画设置

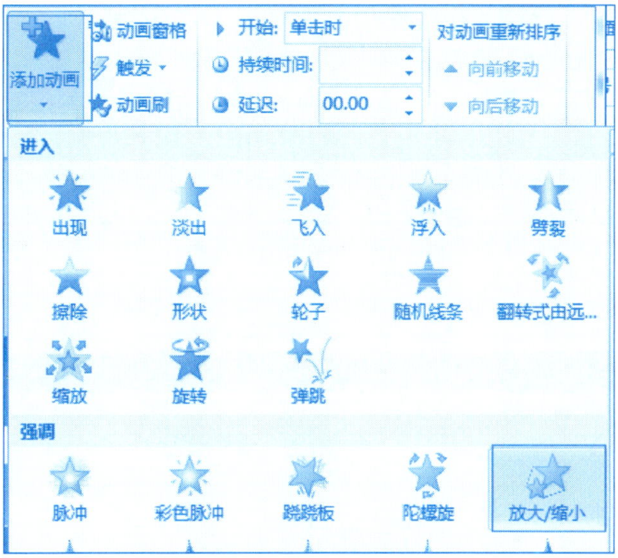

图 6-27 动画强调设置

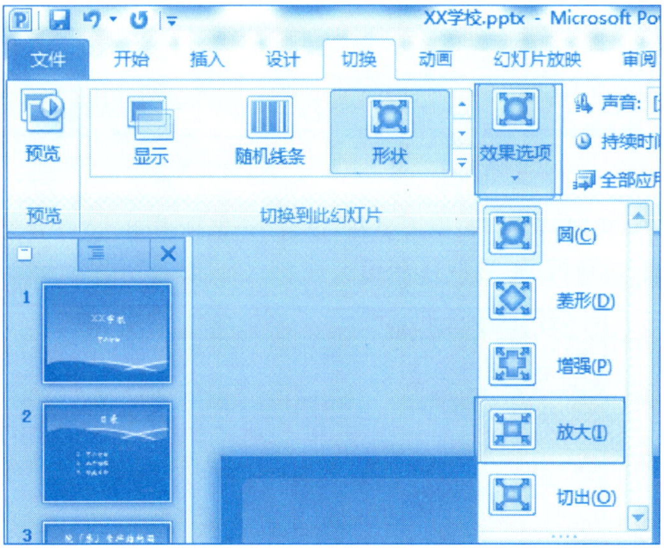

图 6-28 幻灯片切换设置

3. 幻灯片放映

(1) 选择“幻灯片放映”选项,在“开始放映幻灯片”子选项中依次单击“从头开始”、“从当前幻灯片开始”,观看放映效果,如图 6-29 所示。

(2) 选择“幻灯片放映”选项,在“开始放映幻灯片”子选项中单击“自定义幻灯片放映”→“自定义放映”命令,在弹出的“自定义放映”对话框中选择“新建”命令,在“定义自定义放映”对话框中设置顺序为第 1 张→第 4 张→第 5 张→第 6 张→第 7 张,幻灯片放映名称为:国际

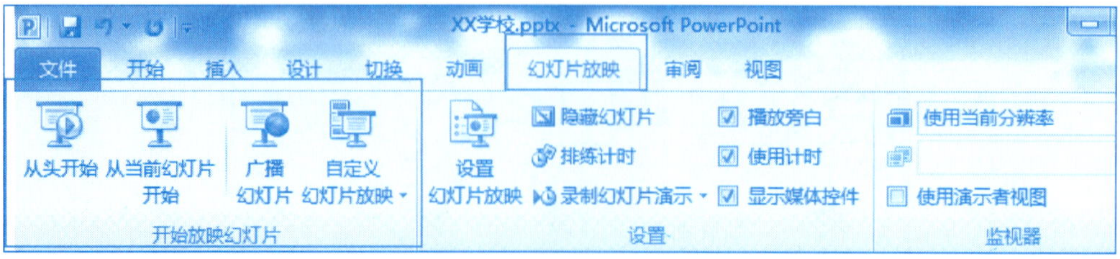

图 6-29　幻灯片放映设置

商务专业介绍,如图 6-30 所示

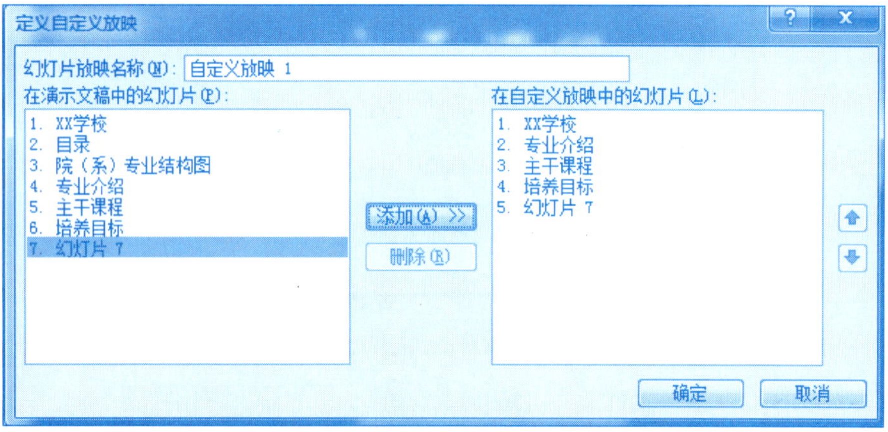

图 6-30　自定义幻灯片放映设置

(3) 选择"幻灯片放映"选项,根据需要在"设置"子选项中单击"设置幻灯片放映"命令,打开"设置放映方式"对话框,如图 6-31 所示。

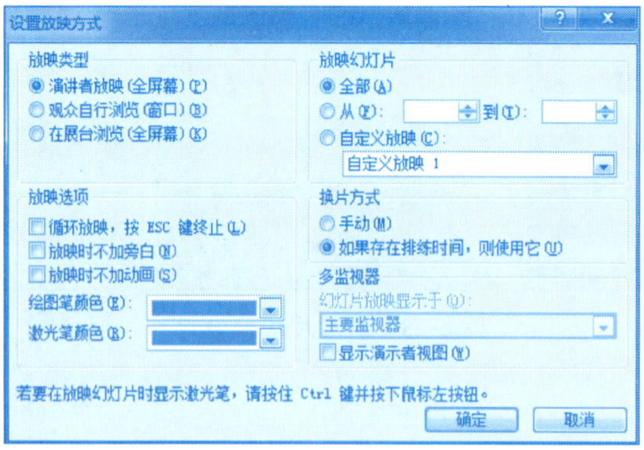

图 6-31　"设置放映方式"对话框

4. 插入和播放多媒体

(1) 选择"插入"选项,选择"音频"→"文件中的音频"命令,在弹出的"插入音频"面板中,选择要插入的音频文件,如图 6-32 所示。

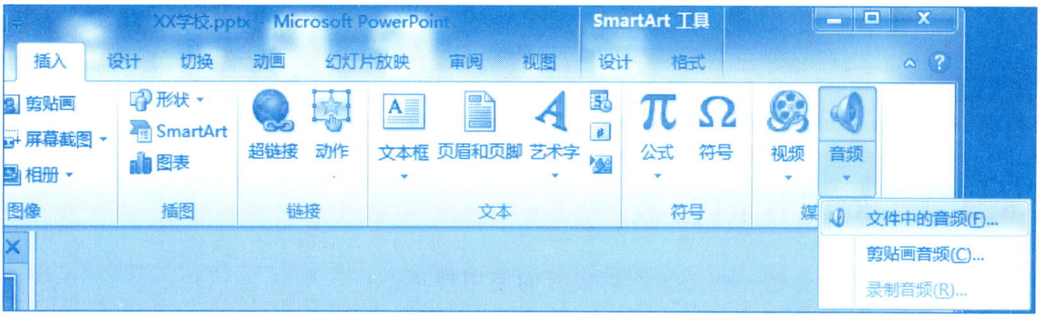

图 6-32 插入音频

(2) 在“动画窗格”中，选择相应的音频项目按钮，选择“效果”选项，弹出“播放音频”对话框，在“效果”选项卡中，在“开始播放”里设置“开始时间”；在“停止播放”里设置“在第 7 张幻灯片之后”，如图 6-33、图 6-34 所示。

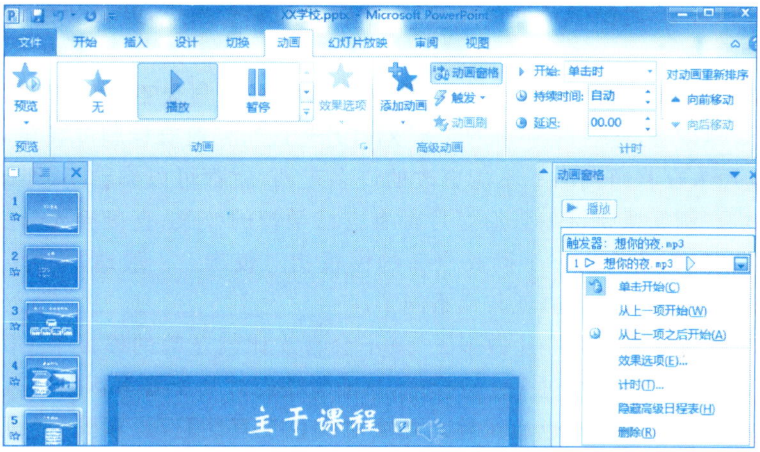

图 6-33 设置音频

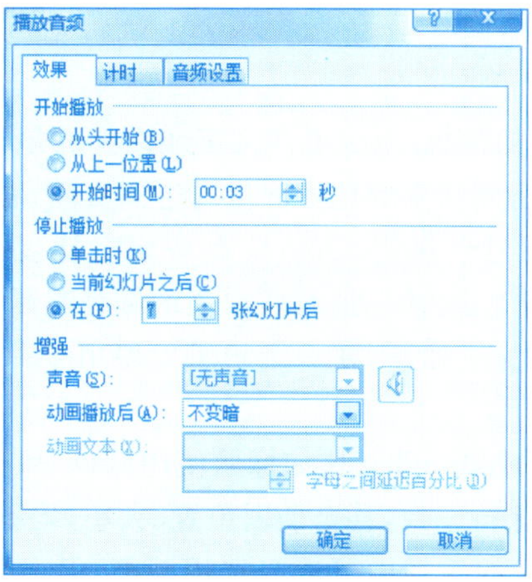

图 6-34 设置音频

(3) 保持播放,观察音频的播放效果。存盘退出 PowerPoint 2010 程序。

6.4 案例引入:毕业答辩 PPT 制作方法指导

6.4.1 幻灯片的模板

下面向读者简单介绍一些关于幻灯模板的使用技巧。

(1) 页面大小的选择。此为幻灯片模板选择的第一步(许多人从来没有用过这个设置)。选择“设计”→“页面设置”命令,在“幻灯片大小”下拉列表框中选择页面的大小,默认设置是屏幕大小,可根据需要更改设置。例如 35mm 页面,长度比默认页面要宽一些。

(2) 幻灯片的通用模板。大家通过搜索引擎可以找到许多通用模板,特别是 OfficeXP 系列。由于同一个模板可选择不同的配色方案(页面单击鼠标右键→“幻灯片配色方案”),从而有了很多的选择。但使用者也会发觉,喜欢的模板实在太少,并且又被别人频繁使用,缺乏创意。

(3) 自己制作模板。由于模板可以编辑,因此设计一个与众不同的模板并不很难。首先选择一个幻灯片模板,然后选择“视图”→“幻灯片母版”,一般有标题母版和文本母版两个式样,这个时候原来在普通视图下不能更改的许多东西,就都可以编辑了,即使是文字的颜色也可统一编辑。例如想要每一张幻灯片都有自己学校的校徽,直接插入母版即可。以上的操作并不复杂,但要设计出一个彻底全新的模板相对较难。一般地,找到一个喜欢的模板,然后稍微做一些改动,看上去就与众不同了。

(4) 回归简单的模板。幻灯片做多了,就不会喜欢比较花哨的模板了。因为模板太花哨,会影响到表达过程,让观众过多注意模板,从而忽略幻灯片所要表达的实际内容。此外,选择一个从来没有用过的模板也有风险。如果对配色没有经验,计算机的色彩也未经过校正,电脑屏幕上的显示与投影仪屏幕上会有较大差别。特别是底色和文字色相近的配置,在光线很亮的地方效果就会很差。如果是答辩或学术汇报,推荐选择简洁明了的幻灯片,可以显示出严肃认真的学术气氛。

(5) 模板的基本要求。

① 尽量选择同一个底色的模板,至少要在文字或图片的地方保持同一颜色。如果采用两种或多种底色,且反差较大,则文字颜色搭配难以达到协调,看起来过于花哨。

② 文字或图片颜色不能过于接近底色,要有一定对比度。比如,采用蓝天白云的底色,白云上的文字则显示不清。同时一张幻灯片上的颜色尽量不要超过 3 种,不要在一个主题下显示多种颜色。有时为了强调,在一个句子里使用多种颜色,反而给人花色刺目的感觉。

③ 整个幻灯片的配色方式要一致。比如标题使用蓝色,后边幻灯片的标题中应尽量使用蓝色。字号、字体、行间距保持一致,甚至插图位置、大小,均不应随意改变。

④ 文字、图表的出现方式的选择中可适当选用动画,但不可过多。显示同一幻灯片上不同内容的情况下,可考虑使用动画。

(6) 推荐模板。

① 白底。可以选择黑字、红字和蓝字。如果觉得不够丰富,可改变局部的底色。

② 蓝底。深蓝更好一点,可配以白字或黄字(浅黄和橘黄),但应避免选择暗红色。这是最常用、最稳妥,也是最简单的配色方案。

③ 黑底。配以白字和黄字(橘黄比浅黄好)。

这三种配色方式可保证幻灯片质量,如果是初次做,强力推荐。一般幻灯片不应该只有文字,同时可适当加入模式图或流程图,使幻灯片增加色彩。也可加一点小小的花边,标题和正文之间加一条线,或插入学校、医院的图标,都可使幻灯片避免单调。

6.4.2 文字的作用

作为幻灯片的主体,文字的表达和处理非常重要。总的原则如下:

(1) 文字不能太多,切忌把 Word 文档整段文字粘贴到幻灯片内。

(2) 文本框内的文字,一般不必用完整句子表达,尽量用提示性文字,避免大量文字的堆砌。做到在 1 分钟内要让观众看完,且不觉吃力。

(3) 文字在一张幻灯片内要比例适宜,避免缩在半张幻灯片内,也不要"顶天立地",不留边界。

(4) 每一张幻灯片,一般都希望有标题和正文,特别是正文内容较多时,如没有标题,会很难找出重点,观众也没有耐心去逐行寻找。

文字安排需要注意的细节:

(1) 字体大小。PowerPoint 默认的文字大小为常用选择,一般标题用 44 号或 40 号。正文用 32 号,一般不要小于 24 号,更不能小于 20 号。

(2) 行、段间距。正文内的文字排列,一般一行字数在 20 ~ 25 个左右,不要超过 6 ~ 7 行,更不要超过 10 行。行与行之间、段与段之间要有一定的间距,标题之间的距离(段间距)要大于行间距。

(3) 字体选择。作为答辩幻灯片,推荐中文字体为宋体,英文字体为 Times New Romans,中文字体建议加粗。也可选择其他字体,但应避免少见字体,届时如果答辩使用的电脑没有这种字体,既影响答辩情绪也影响幻灯片质量。

(4) 字体颜色。字体颜色选择和模板相关,一般不要超过 3 种。应选择与背景色有显著差别的颜色,但不要以为红色的就是鲜艳的,同时也不宜选择相近的颜色(在上一讲模板颜色搭配中有讲述)。标题字体的颜色要和文本字体相区别,同一级别的标题要用相同字体颜色和大小。一个句子内尽量使用同一颜色,如果用两种颜色,要在整个幻灯片内统一使用。

(5) 层次分明。内容顺序:题目→大纲→内容→结束(致谢)。每页内容中又分几小点时,最好再有个小标题;如果这几小点内容较多要分几页来表示时,第一页的大标题可设置动画,后几页复制此页再做修改,后几页中的大标题不做动画,这样放映时让人感觉大标题没有动,只是在换下面的内容。

(6) 加入标注。如果你怕答辩时忘了词,那就在框图中加入标注,在绘图栏的自选图形中选择标注,可以为标注增加效果,在效果的下三角箭头中选"效果"选项,将"动画播放后"改为"下次单击后隐藏",效果更好。

(7) 当这页内容条数很多,但很短时,不应一条一条地弹出,会因答辩当时紧张而失手出差错,应一下子都弹出,再一条一条地讲。

(8) 其他文字的配置。幻灯片的脚注、引用的参考文献(一般要求在幻灯内列出本张幻灯片引用的参考文献)、准备一句话带过的材料或在前面幻灯片内多次重复的内容,字体颜色选择和底色较为相近的颜色,不宜太醒目,避免喧宾夺主。

6.4.3 流程图的制作

使用流程图是制作高质量幻灯片的一个重要法宝,特别在描述研究过程的时候,最好用流程图进行说明。有许多专业软件可用于流程图的制作,但 PowerPoint 本身自带的绘图工具,功能也很强大,其使用 Office 组件通用的绘图工具,与在 Word 里经常应用绘图工具方法相同:选择"视图"→"工具栏"命令,在"绘图工具栏"上打钩,就会在底下出现绘图工具栏。有绘图、自选图形、线条、箭头、文本框、艺术字体、组织结构图、剪贴画、插入图片等工具。利用组织结构图可直接制作流程图,但模式较为固定。

剪贴画是新手最喜欢插入的内容,但在学术幻灯片不易插入太多,因为剪贴画会减少学术分量。重要的是要学会利用自选图形制作直接需要的模式图和流程图。自选图形中有些是标注,可直接插入文字,图形则必须利用文本框重新插入。只要有足够的耐心,任何形式的模式图都可作出来。在作模式图之前一定要注意图形之间连接的次序,个人认为最有用的工具是"组合"和"叠放次序"。组合工具可把多个小图拼合起来,既减少重复劳动也可避免前功尽弃。因此在完成一部分工作后尽量将其组合。"叠放次序"可以利用图形颜色的差异把不需要的部分遮盖。此工具使用恰当,既减少工作量,也可利用多个图形的相互关系创造出复杂且视觉美观的图形。

建议用 Microsoft Visio 来画,使用简单,不仅可以画出美观的框图,还可以加入形象的电脑、手机、电动机等剪贴画,让框图不再单调。

6.4.4 图片的插入

随着数码相机的普及,幻灯片中的图片应用也越来越多。图片较为直观,视觉上比文字容易接受,因此答辩论文中应适当选用图片。

插入图片过程比较简单,本文主要关注图片格式。JPG 格式由于容量小,是幻灯片制作中的最常见图片格式。而 TIFF 格式相对很大,过多使用该格式,将会造成幻灯片文件很大。幻灯片文件过大,携带不方便,会使电脑运行变慢。目前,相同分辨率 TIFF 与 JPG 格式图片通过电脑屏幕观看很难区分开来。TIFF 格式图片主要用于出版和论文发表,对于幻灯片制作并非最佳选择。图片格式的转换可以通过 photoshop、Acdesee 等软件完成。

此外,OfficeXP 增加了图片编辑功能,打开"视图"→"工具栏"→在"图片"前面打钩,就会出现图片菜单,也可直接在图片上单击右键,选择"显示图片工具栏"。工具栏中最有用的是裁剪工具和压缩工具。裁剪工具,可直接去除图片中不需要的外周部分;压缩工具,可把图片分辨率改为屏幕分辨率,即 96DPI,一般不影响显示效果,这样整个文件要小许多。当然,复杂的图片编辑,还需要用专业的图片编辑工具来编辑,在此不再赘述。

GIF 格式的图片是网页最常用的格式,文件小,有动画形式,亦可一个图片显示多帧,但其动画效果必须在 PowerPoint2000 以后的版本才支持。如果幻灯片中有 GIF 格式动画,一定要注意版本问题,否则不会出现预想效果。

至于加入图片和公式等,就是复制→粘贴→调试大小→调试位置。

图片放置的位置也很有讲究,包括图片大小、图例位置和大小。如果图片较多,最好统一格式,一方面很精致;另一方面也显示出做学问的严谨态度。图片的外周,有时候加上阴影或外框,会有意想不到的效果。

6.4.5 毕业答辩幻灯片整体要求及答辩技巧

毕业答辩幻灯片不同于一般的幻灯片。做好幻灯片是毕业生答辩成功的一个重要环节。下面具体谈谈毕业答辩幻灯片的主要内容及制作中需要注意的问题。

(一) 答辩报告中需包含的内容

答辩报告包含的内容根据事先拟定的提纲来安排。一般包括以下几个方面:

(1) 一般概括性内容。课题标题、答辩人、课题执行时间、课题指导教师、课题的归属、致谢等。

(2) 课题研究内容。研究目标、计划设计(流程图)、运行进程、研究成果、创新性、利用价值、有关课题延续的新见解等。

(二) 答辩幻灯片的基本要求

(1) 答辩幻灯片的篇幅。一般 20 ~ 30 分钟的演讲时间,博士答辩一般应在 60 张左右,硕士在 40 张左右,除去封面和篇章标题页和致谢等无内容页面,真正需要讲解的分别为 50 张和 35 张左右。每页 8 ~ 10 行字或一幅图。只列出要点、关键技术。

(2) 封面和封底。幻灯封面内容一般选择特征性图片,最好是校园风情照片,用于等待答辩前播放或者回答问题时播放。

(3) 母版。由于科学研究的严肃性,幻灯片母版应选择深底浅字。Office 里面附带的母版较少且过于单调,最好自己设计或从互联网上下载。

(4) 正文。标题页的内容包括课题名称、研究生和导师姓名等,也可加上课题资助项目来源。由于属于学术性幻灯片,字体和编排均应适当严肃,避免花哨。正文文字的安排可参阅上节“文字的作用”。

(三) 答辩态度和心理状态

1. 硕士论文的答辩准备

(1) 思想准备。答辩是学校对硕士论文成绩进行考核、验收的一种形式。研究生要明确目的、端正态度、树立信心,通过论文答辩这一环节,来提高自己的分析能力、概括能力及表达能力。

(2) 答辩内容准备。在反复阅读、审查自己硕士论文的基础上,写好供 20 分钟用的答辩报告。反复练习必不可少,尚需注意以下细节:事前亲临现场,熟悉现场布置,测试设备(如存放答辩幻灯片的 U 盘/ 移动硬盘是否能在答辩所使用电脑上正常播放;PowerPoint 版本兼容问题等);熟悉讲稿;练习如何表达,尤其着重于引言部分和结束部分。

(3) 物质准备。主要准备参加答辩会所需携带的用品。如硕士论文的底稿、说明提要、主要参考资料,画出必要的挂图、表格及公式,必要时准备相关内容幻灯片以备答辩委员会提问。

2. 如何陈述硕士论文

(1) 良好的开场白。开场白是整个论文答辩的正式开始,它可以吸引注意力、建立可信性、预告答辩的意图和主要内容。好的开始是成功的一半,开场白应包括引言、连接、启下三个作用。良好的开场白应做到切合主题、符合答辩基调、运用适当的语言。应避免负面开头,如自我辩解等(如"我今天来的匆忙,没有好好准备……"),既不能体现对答辩委员会专家的尊重,也是个人自信不足的表现,答辩者在各位专家的第一印象中大打折扣。牢记谦虚谨慎是我国的传统美德,但是谦虚并非不自信。同时也要避免自我表现,洋洋得意,寻求赞赏。过度的表现,会引起答辩委员会专家的反感。

(2) 报告的中心内容。报告的中心内容包括论文内容、目的和意义;所采用的原始资料;硕士论文的基本内容及科研实验的主要方法、成果、结论和对自己完成任务的评价。在答辩报告中要围绕以上中心内容,层次分明。具体做到突出选题的重要性和意义;介绍论文的主要观点与结构安排;强调论文的新意与贡献;说明做了哪些必要的工作。

讲稿一般采用幻灯片的方式展示,做到主题明确,一目了然;精选文字,突出重点,简明扼要;适当美化视觉效果,加深印象。幻灯片制作具体注意事项见本章上节。

答辩时应注意掌握时间,扼要介绍,认真答辩。必须做到以下几点:

① 不要紧张,要以必胜的信心,饱满的热情参加答辩。

② 仪容整洁,行动自然,姿态端正。答辩开始时要向专家问好,答辩结束时要向专家道谢,体现出良好的修养。

③ 沉着冷静,语气上要用肯定的语言,是即是,非即非,不能模棱两可。

④ 内容上紧扣主题,表达上口齿清楚、流利,声音大小要适中,富于感染力,可使用适当的手势,以取得答辩的最佳效果。

(3) 答辩委员会专家可能提出的问题。研究生报告结束后,答辩委员会专家将会提出问题,研究生进行答辩,时间 10 ～ 15 分钟。一般包括需要进一步说明的问题;论文所涉及的有关基本理论、知识和技能;考察研究生综合素质的有关问题。

评委可能提出的问题一般来源于以下几个方面:

① 答辩委员的研究方向及其擅长的领域。

② 可能来自课题的问题。是确实切合本研究涉及的学术问题(包括选题意义、重要观点及概念、课题新意、课题细节、课题薄弱环节、建议可行性以及对自己所做工作的提问)。

③ 来自论文的问题。论文书写的规范性、数据来源、对论文提到的重要参考文献以及

有争议的某些观察标准等。

④ 来自幻灯片的问题。某些图片或图表,要求进一步解释。

⑤ 不大容易估计到的问题。和课题完全不相干的问题。似乎相干,但是答辩者根本未做过,也不是课题涉及的问题。答辩者没有做的,但是评委想到了的东西,答辩者进一步打算怎么做。

(4) 如何回答答辩委员会专家提出的问题。首先要做到背熟讲稿,准备多媒体,调整心态,做提问准备,进行预答辩。在随后的汇报中突出重点、抓住兴趣、留下伏笔。忌讳讨论漫无边际,由于课题是自己知识的强项,讨论时毫无收敛,漫无边际,内容复杂化,过多暴露疑点难点,给提问部分留下隐患。一个聪明的研究生应该"就事论事",仅围绕自己的结果进行简单讨论,这样提问往往更为简单,回答更为顺畅。

到了提问环节,专家提问不管妥当与否,都要耐心倾听,不要随便打断别人的问话。对专家提出的问题,当回答完整、自我感觉良好时,不要流露出骄傲情绪。如果确实不知如何回答时,应直接向专家说明,不要答非所问。对没有把握的问题,不要强词夺理,实事求是表明自己对这个问题还没搞清楚,今后一定要认真研究这个问题。

总之,答辩中应实事求是,不卑不亢,有礼有节,时刻表现出对专家的尊重和感谢。注意答辩不纯粹是学术答辩,非学术成分大约占一半,要显示出自己各方面的成熟,要证明自己有了学术研究的能力。

(5) 结束语和致谢。报告结束前一定要进行致谢。导师为研究生的成长付出了很多心血,在答辩这种关键时刻,对导师表示正式而真诚的感谢,体现了对导师的尊重,这是做人的基本道理。建议全文念出对导师致谢的段落,其他的致谢段落可以简略一些。同时应当说明汇报结束,欢迎各位专家的提问,使答辩工作顺利进入下一环节。

成功的演讲是自信和技巧的结合,扎实的专业知识和细致周到的答辩准备工作是成功的前提。使用一些答辩技巧也不可缺少,可以充分展示整理研究材料、展示研究成果的能力,让别人知道自己都做了什么。要想获胜,就必须对答辩的目的、程序、可能遇到的问题及解决方法进行深入剖析,做到胸有成竹。

6.5 小结与拓展练习

1. 小结

本章介绍了演示文稿的制作方法。在一些办公业务中,如会议发言、单位介绍、产品说明等,经常有一些复杂的内容难以用语言描述,此时最好的办法是事先准备一些带有文字、图形、图表,甚至视频、动画的演示文稿,用来阐明论点,然后在面向观众播放这些幻灯片的同时,进行更详细的讲解。

2. 拓展练习

分别制作以下几种类型的演示文稿：

(1) 演讲者自行播放的演示文稿(要求演示文稿带标题栏)。

(2) 自动播放的声画同步演示文稿。

演示文稿的动画效果、换页方式自行决定。

第 7 章

Access 2010 的应用

教学提示

本章主要介绍了数据库的基本知识与概念，Access 2010 的各种新功能，数据库的建立与使用，在介绍基本概念的基础上结合实例讲解了表、查询等各种数据库对象的使用。

教学目标

(1) 了解数据库的基本原理；熟悉 Access 2010 的主要特点和功能。

(2) 能建立数据库。

(3) 掌握建立表、操作表的各种方法。

(4) 学会建立表之间的关联和查询表。

(5) 能管理数据库中的各个对象。

(6) 能使用 Access 2010 建立数据库，进行各种数据的分析与管理。

7.1 Access 文档的基本操作

7.1.1 数据库概述

数据是信息的载体和具体表现形式，数据处理的雏形可以追溯到远古时代的结绳记事，数据管理技术经历了人工管理、文件管理和数据库管理三个阶段。

数据库技术是数据管理的最新技术，也是计算机科学研究应用极为活跃的一个重要分支。数据库技术被广泛地应用于数据处理的各个领域，如工资财务管理、人事档案管理、图书管理、教学管理、旅游管理和统计以及情报检索等。

1. 数据库

(1) 数据库的定义。数据库(Database，DB)是按一定的结构和规则组织起来的相关数据的集合。在旅游管理和统计的日常工作中，常常需要把某些相关的数据放进这样的“仓库”，并根据管理的需要进行相应的处理。例如，酒店的前台人员常常要把入住酒店客人的基本情况(编号、姓名、性别、年龄、工作单位、职务、联系电话、房号、入住时间等)存放在登记表中，这张表就可以看成是一个数据库。有了这个“数据仓库”就可以根据需要随时查询某客人的基本情况，也可以查询酒店某个范围内的入住人数等，实现准确、高效的自动化管理。

(2) 数据库的主要特征。

① 数据独立性。指数据与应用之间的相互独立，不存在依赖关系。

② 最小冗余(重复)。指数据库中的数据尽可能不重复。

③ 数据共享。指数据库中的数据可以同时为多个用户和多个应用程序服务。

④ 数据安全性。通过用户合法性的检验、数据存取权限的限定等保护数据库，防止不

合法使用。

⑤ 数据完整性。指存取数据库中数据时要确保其正确性、一致性和有效性。

(3) 数据库的发展。

数据库的发展主要经历以下几个阶段：

① 层次数据库。采用层次数据模型(如图 7-1 所示)，即树型结构来表示数据库中的记录及其联系，代表产品是 1969 年 IBM 公司研制的层次模型数据库管理系统 IMS。

② 网状数据库。采用网状数据模型(如图 7-2 所示)，即使用有向图(网格)来表示数据库中的记录及其联系，典型的有 IDMS、TOTAL 等。网状数据库能比较自然地模拟数据关系，在关系数据库出现之前，网状数据库比层次数据库使用普遍。

③ 关系数据库。采用关系数据模型(如图 7-3 所示)，即用二维表格的形式来表现数据库中的数据及其联系。关系模型中实体及实体间的关系均由关系来表示，关系也称表，一个关系数据库就是由若干个表组成。目前大部分数据库采用的是关系型数据库。

面向对象数据库是未来数据库的方向。它将以更加丰富的数据模型和更强大的数据管理功能为特征，提供传统数据库系统难以支持的新应用，它支持面向对象，具有开放性，并能够在多个平台上使用。

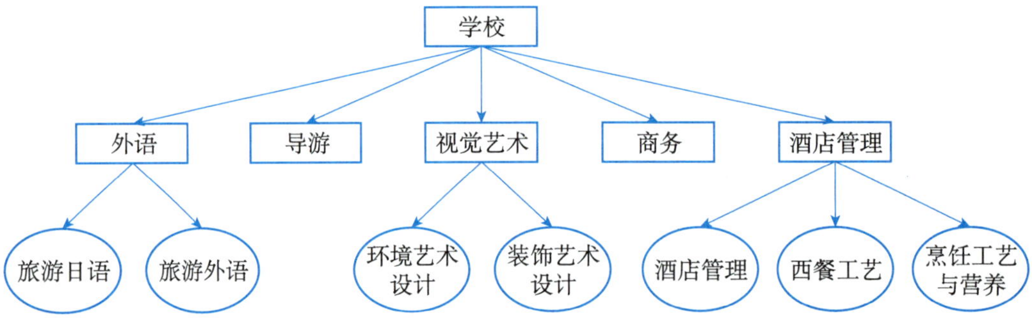

图 7-1　层次数据模型

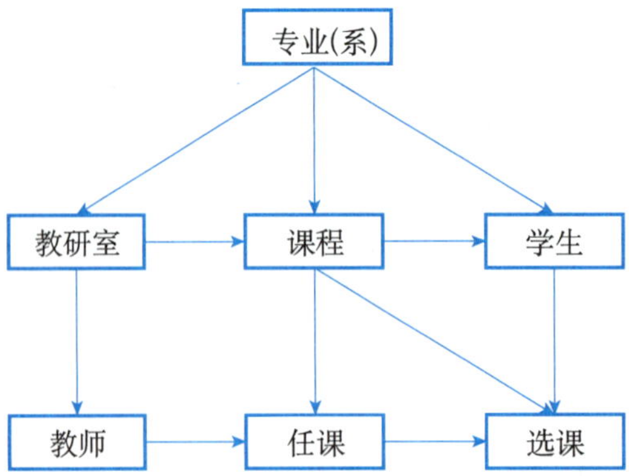

图 7-2　网状数据模型

(4) 关系数据库的特征。

用以组成关系数据库的二维表的列称为“字段”(如图 7-3 所示)，表示事物的某个属性

字段

关系

学号	姓名	性别	年龄	系号	原校
201400320	张红	女	19	10	桂林八中
201400321	王林	男	20	01	桂林一中
201400322	王明	男	20	05	桂林九中
201400323	陈婷	女	20	10	桂林八中
201400324	林宏	男	21	10	桂林附中

图 7-3 关系数据模型

的取值；二维表的行称为“记录”，表示一个对象的各个属性的取值，即对象的完整数据。所有记录表示了事物全体的各个属性或各事物之间的联系。二维表的第一行是各字段的名称，称为“字段名”。

二维表有如下基本特征：

① 一个二维表中，所有的记录格式相同，长度相同。

② 在同一个二维表中，字段名不能相同。

③ 同一字段数据的类型相同，它们均为同一属性的值。

④ 行和列的排列顺序并不重要。

2. 数据库管理系统

数据库管理系统(Database Management System，DBMS)是管理数据库资源的通用工具软件，是用户使用数据库的接口(如图 7-4 所示)，用户通过数据库管理系统实现对数据库的操作管理。当前较有影响的数据库管理系统有 ORACLE、SYBASE、INFORMIX、Foxpro、Access。

以 Access 为代表的数据库管理系统的基本功能有：

① 建立数据库。数据库结构和数据的定义。

② 数据库操作。对数据进行增、删、改、排序、索引、统计、检索等操作。

③ 数据通信。与其他应用程序进行数据交换。

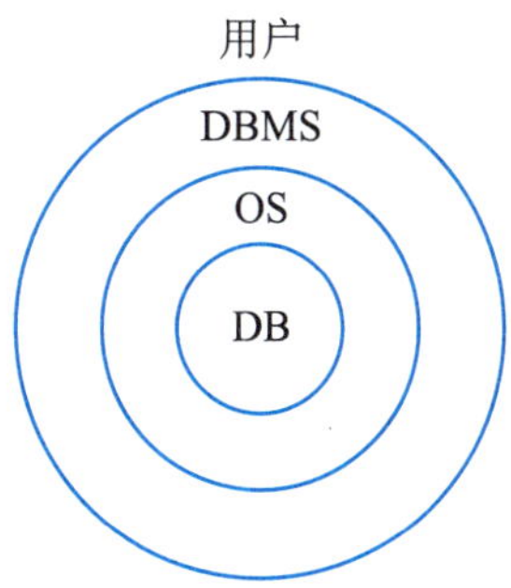

图 7-4 系统层次图

数据库系统(Database System,DBS)由硬件系统、数据库、DBMS、应用软件和系统维护管理人员五部分组成。

7.1.2 Access 2010 的基本知识

Access 2010 是一个关系数据库管理系统,是 Office 办公套件中的数据库组件。它提供了一套完整的工具和向导,用户可通过可视化操作来完成绝大部分的数据库管理和开发工作,还可通过 VBA(Visual Basic for Application)开发高质量的数据库应用软件。

Access 2010 也同样拥有与 Office 其他组件类似的用户界面,包括基本相同的菜单系统、工具栏按钮、显示窗口和操作方法等,对于相同的部分本章将不作赘述。

1. Access 基本操作

Access 的启动、退出以及文件操作都与 Word 相同。通过 Access 2010 的程序图标启动进入 Access2010 的界面。

(1) 新建数据库有以下 2 种方法:

方法一:启动 Access 2010 后,选择“文件”→“新建”命令,双击窗口左侧的“空数据库”子窗格,在右侧窗口中输入新建文件名和选择保存路径,最后单击“创建”按钮,即可创建一个扩展名为 . accdb 的空数据库文件。

方法二:启动 Access 2010 后系统默认选择空数据库选项。

(2) 打开数据库操作与新建数据库类同。与其他 Office 组件一样,除了在 Access 窗口的文件菜单选择打开以外,一般在资源管理器或我的电脑找到数据库文件后直接双击即可打开。

(3) 关闭和保存数据库。Access 数据库文件的保存有其特殊性,它会随着数据的增加即时保存,因此在关闭数据库文件的同时,也就对数据库中的相应数据做好了保存工作。

2. 表的基本操作

(1)表的视图。Access 2010 数据库文件为表提供了四种视图,其中最常用的是数据表视图和设计视图。同一个表的不同视图适用于不同的操作情形,通常情况下,设计视图用于表结构的修改操作,数据表视图用于表记录的相关操作。

新建数据库文件或刚打开的数据库文件中的表默认进入数据表视图。

切换表视图方法:在开始菜单的左侧“视图”按钮处单击选择。直接单击“视图”按钮则实现设计视图和数据表视图的快速切换,如图 7-5 所示。

(2) 设计视图中的相关操作 。

① 选中和移动字段。黄色框线处为当前选中字段;将鼠标移动到字段名处待出现黑色右箭头时,单击即可选中新字段;在选中字段处待鼠标是白色箭头状态时拖曳即可移动字段到指定位置,如图 7-6 所示。

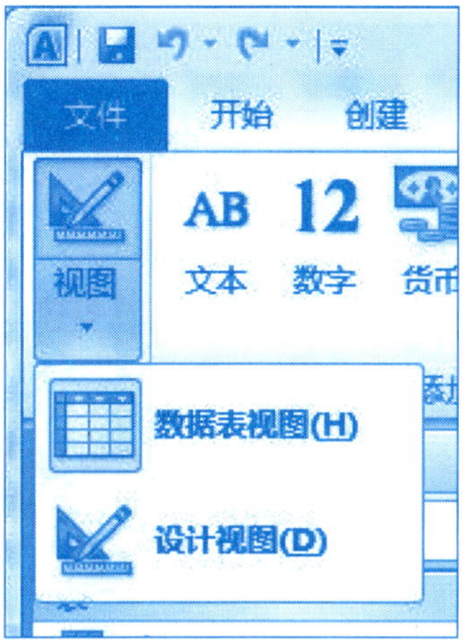

图 7-5　切换表的视图方法

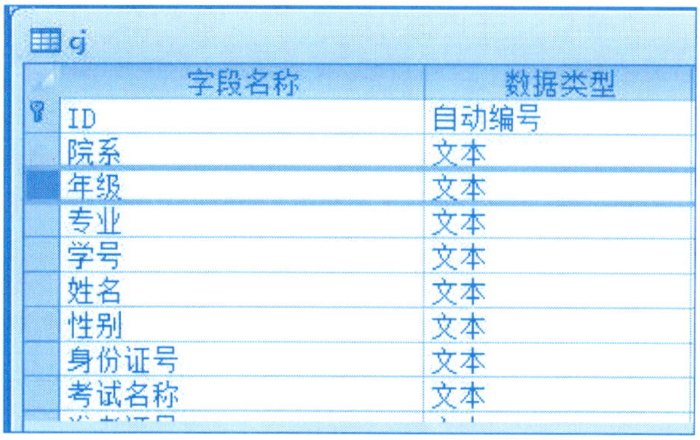

图 7-6　在设计视图中选中和移动字段

② 增加字段。如果增加的字段在末尾只需直接输入即可，否则要在工具栏中单击插入行按钮，即在当前字段之前插入一新字段，新插入的字段需要设置其数据类型等选项。

③ 删除字段。选中字段在工具栏中单击删除行按钮。

④ 设置或修改字段的数据类型。单击数据类型的选择按钮选择数据类型，如图 7-7 所示。

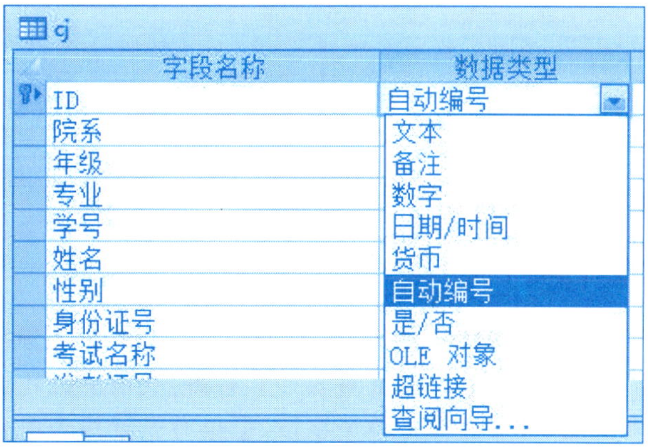

图 7-7　修改字段

Access 提供了 10 种数据类型，具体说明见表 7-1。

表 7-1　数据类型及用途

数据类型	可存储的数据	大　小
文本	文本或文本与数字的组合	最长为 255 个字符
备注	长文本或文本与数字的组合	最长为 65 535 个字符
数字	数值	1、2、4 或 8 个字节

续表

数据类型	可存储的数据	大　小
日期/时间	日期或时间值	8 个字节
货币	货币数据	8 个字节
自动编号	在添加记录时自动插入的序号(每次增一)	4 个字节
是/否	逻辑值(是/否,真/假)	1 位
OLE 对象	在其他使用 OLE 程序创建的对象(例如 Word 文档、Excel 电子表格、图像、声音或视频等)	最大可为 1GB(受磁盘空间限制)
超级链接	保存超级链接的字段	最长为 64 000 个字符
查阅向导	创建字段,该字段允许使用组合框来选择另一个表或一个列表中的值。从数据类型列表中选择此项,将打开向导进行定义	与主关键字字段的长度相同,且该字段也是查阅字段,通常为 4 个字节

⑤ 设置主键。主关键字简称主键,是指能唯一标识表中各个记录的关键字段。用鼠标定位到需要设置的字段单击“主键”按钮,字段前面即出现一个 标记,如图 7-8 所示。

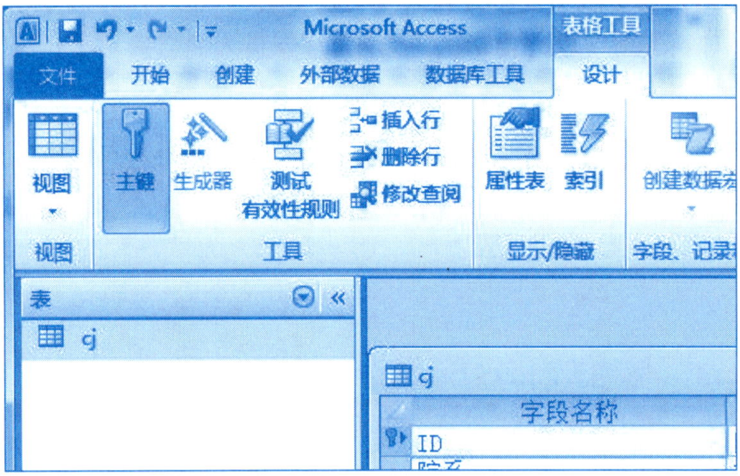

图 7-8　设置主键

需要注意的是:在数据表视图输入数据或对数据进行修改时,不能向主键字段输入相同的值;也不能将主键的字段留为空白;主键对表并非必需,利用主键还可以对记录进行快速地查找和排序;在大多情况下,主键都是单个字段,但也有设置两个或多个字段作为主键的情况。

(3) 数据表视图中的相关操作。

① 选中和移动字段。黄色框线处为当前选中字段;将鼠标移动到字段名处待出现黑色向下箭头时,单击即可选中新字段;在选中字段处待鼠标是白色箭头状态时拖曳即可移动字段到指定位置,如图 7-9 所示。

② 增加字段。选中字段后右击,在出现的快捷菜单中选择插入字段,即可在该字段左边插入一新字段;再在字段菜单处设置常见的数据类型,少用的数据类型设置则可在菜单的“其他字段”下拉列表中找到;最后双击插入新字段的默认名(字段 1、字段 2……)更改字段

图 7-9 在“数据表”视图中选中和移动字段

名称；另外，可以选中新插入字段，在鼠标出现白色箭头状态时拖曳鼠标到指定位置，如图 7-10所示。

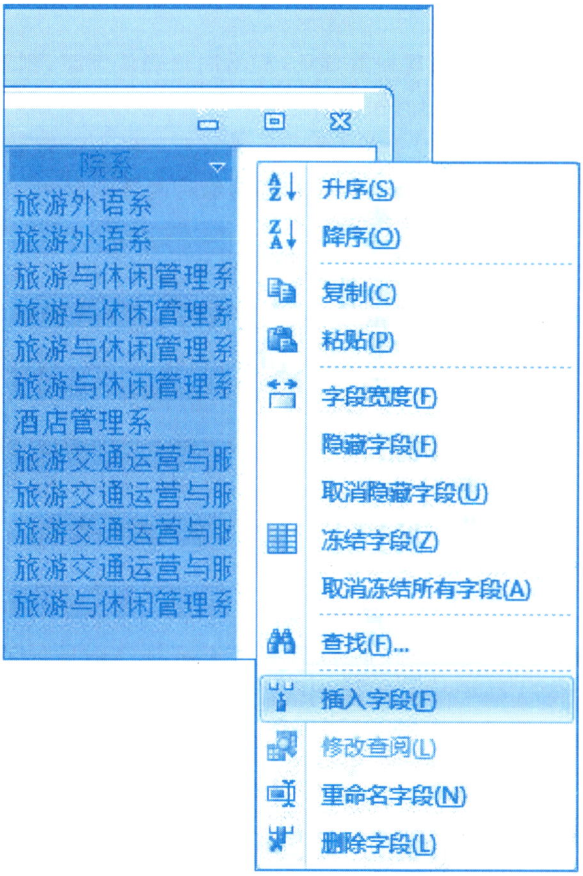

图 7-10 插入字段

③ 删除字段。选中字段后右击，在出现的快捷菜单中选择删除字段，在弹出的确认对话框中单击“是”，即可删除该字段及其所有数据，如图 7-11 所示。

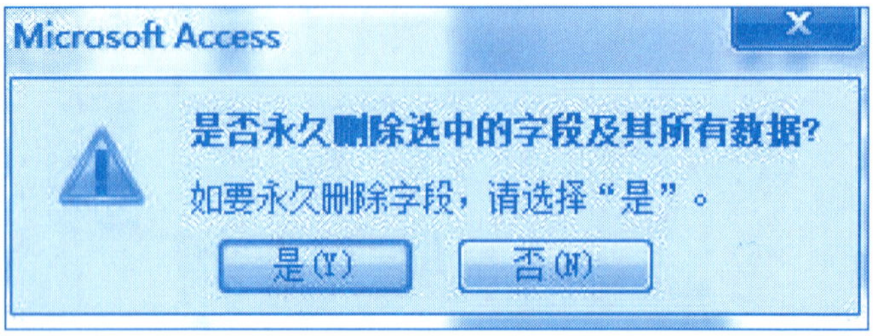

图 7-11 删除字段

④ 选中记录行。将鼠标移动到行首方块处待出现黑色右箭头时，单击选中该记录。

⑤ 增加表记录。数据表视图是表记录操作的主要界面，在记录末尾总有*字样供用户增加新记录，且新记录必须顺延原记录的输入顺序。

⑥ 删除表记录。在选中一个或多个记录后可以有 3 种方法删除表记录，其一是右击鼠标选择快捷菜单中的“删除记录”；其二是选择工具栏上的“删除”按钮；其三是直接单击 Delete 键。

值得注意的是：删除记录将出现提醒菜单，提示用户确认删除，删除的记录将无法恢复。

⑦ 修改表记录。直接修改，即时保存。

⑧ 美化数据表。在 Access 的“开始”选项下方的工具栏中设置数据表的字体、字号、颜色等；与 Excel 工作表的操作相同，拖动行或列的边缘可改变行高和列宽。

(4) 表的基本操作。

① 表的备份。为了便于表的管理和数据恢复，通常需要对表进行备份。一般有 3 种方法，其一是右击表名称图标，在出现的快捷菜单中选择“复制”，再右击选择快捷菜单中的“粘贴”，在弹出的“粘贴表方式”对话框中做进一步选择；其二是在按住 Ctrl 键的同时拖曳表名图标，直接生成表的副本；其三是选择“文件”选项的“对象另存为”命令。

② 删除表对象。直接右击表名图标，在出现的快捷菜单中选择“删除”即可。

③ 表的重命名。直接右击表名图标，在出现的快捷菜单中选择“重命名”即可。

值得注意的是：表对象的删除和重命名都必须在表关闭的状态下，即右侧表内容的显示窗口已经关闭的情况下进行。

(5)数据的排序、筛选。

① 当打开一个表时，Access 2010 默认以主关键字排序来显示记录，如表中未定义主键，则按照记录在表中输入的实际次序来显示。如需要改变记录显示的顺序，就需要对表中记录进行重新排序，以便查阅。

单个字段排序有两种方法。

方法一：定位在该字段任一区域或选中该字段列，直接单击工具栏中的(升序)或(降序)按钮。

方法二：定位在该字段任一区域或选中该字段列，右击鼠标，在快捷菜单选择升序或降序选项。

多个字段排序在选定多个要排序字段后，其排序的操作方法与单个字段排序相同。多个字段的组合排序，是先按第一个字段进行排序，第一个字段相同的再按第二个字段排序，第二个字段相同的再按第三个字段排序，以此类推。

用右击鼠标方法排序同样要注意，需同时按住 Shift 键或在非字段名处右击才能实现对多个字段的排序选择。

② 数据的筛选。利用筛选功能可按用户需要查找表中的相关数据，但筛选结果无法保存。在数据表、查询、窗体中都可以创建筛选。筛选主要有以下方式：

按选定内容筛选或内容排除筛选。这类筛选需提前选定内容或定位到相应字段值，有三种方法实现相应操作：

方法一：右击鼠标，在快捷菜单中选择按选定内容筛选、内容排除筛选。

方法二：直接单击工具栏的，可实现按选定内容筛选。

方法三：选择“记录”→“筛选”命令，选择按选定内容筛选、内容排除筛选。

按窗体筛选。按窗体筛选可以加入复杂的选择条件来满足用户的具体要求，有两种方法实现：

方法一：按窗体筛选可直接单击工具栏的，选择设置筛选条件，单击工具栏的应用筛选；

方法二：选择“记录”→“筛选”→“按窗体筛选”命令，同方法一选择设置筛选条件后应用筛选。

高级筛选/排序。高级筛选/排序可以加入更为复杂的条件来满足用户更具体的要求，并能同时实现对字段的排序。

3. 创建简单查询

查询是数据库中的重要操作。查询查找数据库中满足特定条件的数据，并能将查询结果保存起来，用户可以随时查看、更改以及分析数据，且其中数据和源表数据保持同步更新。查询有很多种类，按功能上划分主要有选择查询、交叉表查询、参数查询、操作查询和 SQL 查询四种，本章只介绍选择查询中的一种简单查询。

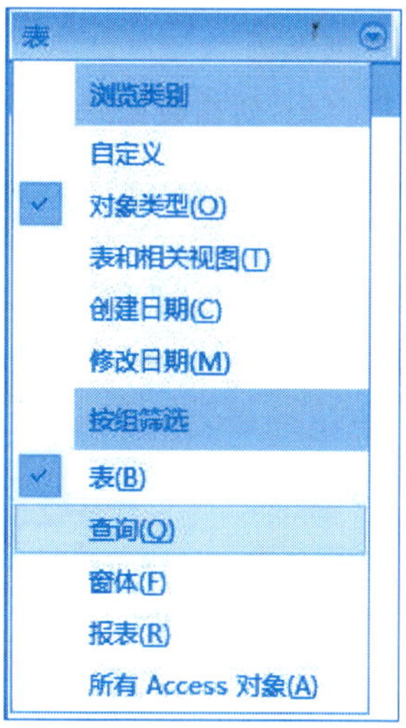

图 7-12 创建查询

(1)“查询”对象的选择和视图的切换。

①“查询”对象的选择。“表”对象是数据库窗口默认进入的对象子窗格，单击子窗格右侧的按钮在对象菜单中选择，即可进入“查询”对象子窗格，如图 7-12 所示。

②“查询”对象的视图切换。与“表”对象的视图切换相同，主要采用单击工具栏中的“视图”按钮以直接在“数据表视图”和“设计视图”中来回切换。

(2) 创建简单查询。

① 利用"查询向导"创建简单查询。是根据系统提示的步骤选择设置的过程,它的特点是方便简单,但缺乏一定的自主灵活性。

② 利用"查询设计"创建简单查询。是自主选择数据源设置的查询,它的特点是灵活多变,但有一定的复杂度。

7.2 案例的引入

7.2.1 案例的提出与分析

小王是某高校的一名教务管理员,现要对学生进行数据录入与分析,但是小王不知道如何来录入和分析数据,于是有同事建议他用 Access 进行数据的录入与分析,但是小王不懂 Access 数据库软件,所以他决定从零开始学习一下 Access 数据库。

7.2.2 案例主要涉及的知识点

(1) 创建数据库;

(2) 创建简单查询。

7.2.3 案例实现的步骤

小王经过一段时间的学习后,决定创建一个学生的学籍管理数据库。输入的数据如图 7-9 所示。

(1) 创建数据库,并对表进行修改。

① 启动 Access 2010,按照上面的步骤,创建一个名为"学生学籍管理"的空数据库。选择"文件"→"新建"命令,单击窗口右侧的"空数据库",自动创建一个空表,并在表里输入相应的数据,在设计视图中输入如图 7-7 所示的内容,在数据表视图中输入如图 7-9 所示的内容,如图 7-13、图 7-14 所示。

字段名称	数据类型
ID	自动编号
姓名	文本
学号	文本
院系	文本
年级	文本
专业	文本
性别	文本

图 7-13 在设计视图中输入内容

姓名	年级	专业	学号	性别	院系
梁方	2011	商务日语	201101140125	女	旅游外语系
韦凯丽	2012	应用西班牙语	201201150104	女	旅游外语系
刘思	2012	旅游管理	201231100115	男	旅游与休闲管理系
梁荟	2011	景区开发与管	201102090125	女	旅游与休闲管理系
方婷婷	2011	旅游策划方向	201102130127	女	旅游与休闲管理系
侯小龙	2013	高尔夫经营管	201302160110	男	旅游与休闲管理系
李威	2013	酒店管理（试	201331020959	男	酒店管理系
李菲	2012	空中乘务	201233170246	女	旅游交通运营与服
龙晓悦	2013	高速铁路动车	201333170202	女	旅游交通运营与服
吴艳	2011	国际邮轮乘务	201104140113	女	旅游交通运营与服

图 7-14 在数据表视图中输入内容

② 在设计视图中修改表的结构，将 ID 字段设为主键，将“院系”字段修改为：

字段名	数据类型	字段大小
系别	文本	200

③ 切换到数据表视图，删除第二条记录。

④ 将姓名为“刘思”的字段值改为“刘强”；“旅游管理”字段值改为“景区开发与管理”。

⑤ 在表的末尾追加如下记录，如图 7-15 所示。

姓名	年级	专业	学号	性别	系别
李霞	2012	空中乘务	201231100120	女	旅游交通运营与服务系
周明	2011	旅游管理	201102090111	男	旅游与休闲管理系

图 7-15 追加记录

(2) 利用“查询向导”创建简单查询。

第一步：单击“创建”菜单中的“查询向导”按钮如图 7-16 所示。

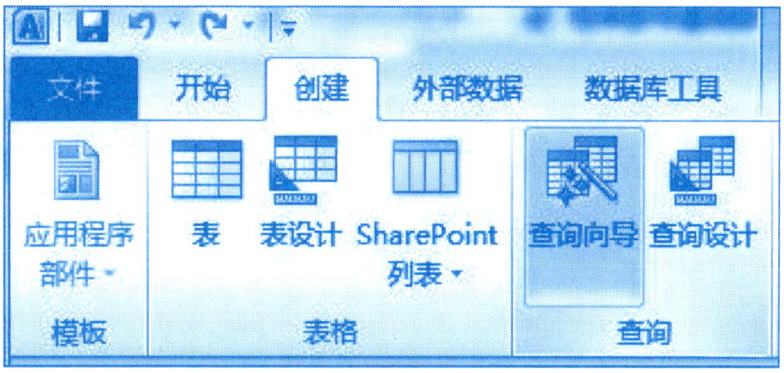

图 7-16 “查询向导”按钮

第二步：弹出“新建查询”对话框，默认选择“简单查询向导”后单击“确定”按钮，如图 7-17所示。

第三步：在“简单查询向导”对话框中默认选择源表 cj，选择需要创建查询的 3 个字段“学号”、“姓名”、“系别”，选择字段的方法是逐个单击 > 按钮或直接逐个双击字段，选择完成后单击“下一步”按钮，如图 7-18 所示。

第四步：进一步选择“明细”或“汇总”选项（“明细”即生成一般的数据明细表格；“汇总”

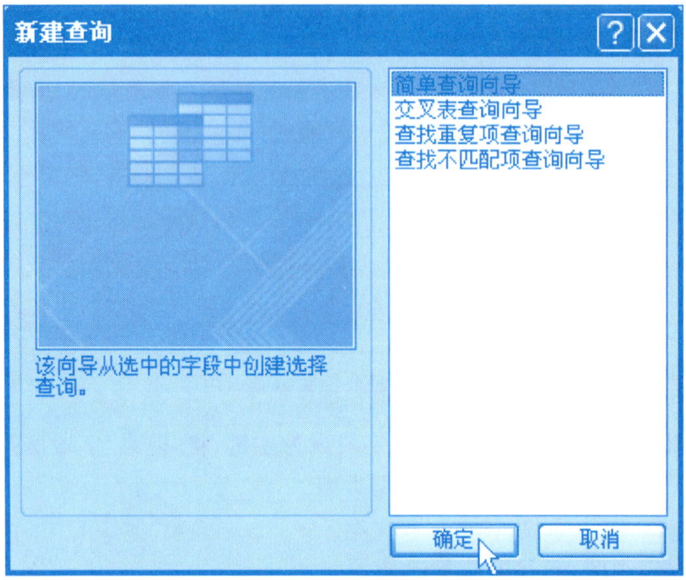

图 7-17 "新建查询"对话框

图 7-18 "简单查询向导"对话框(一)

则生成有汇总数据如总和、平均值之类的汇总数据的数据表格),单击"下一步"按钮,如图 7-19所示。

第五步:输入或默认查询名称后单击"完成"按钮。该查询创建完成后将直接进入查询的"数据表视图"显示结果,如图 7-20 所示。

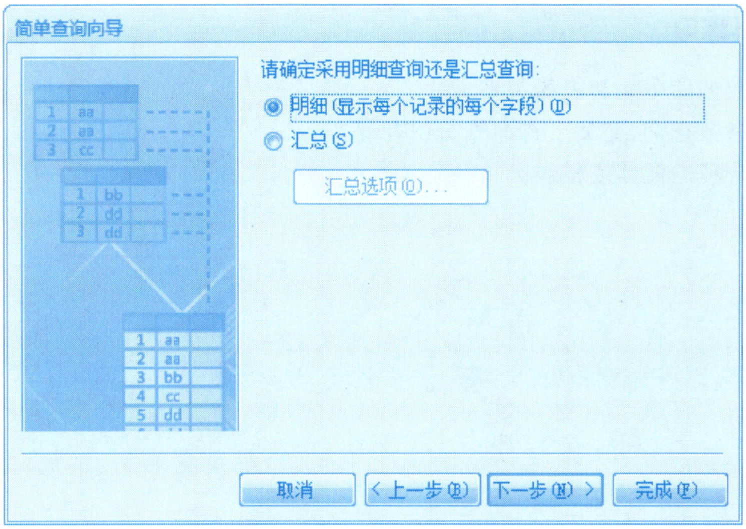

图 7-19 “简单查询向导”对话框(二)

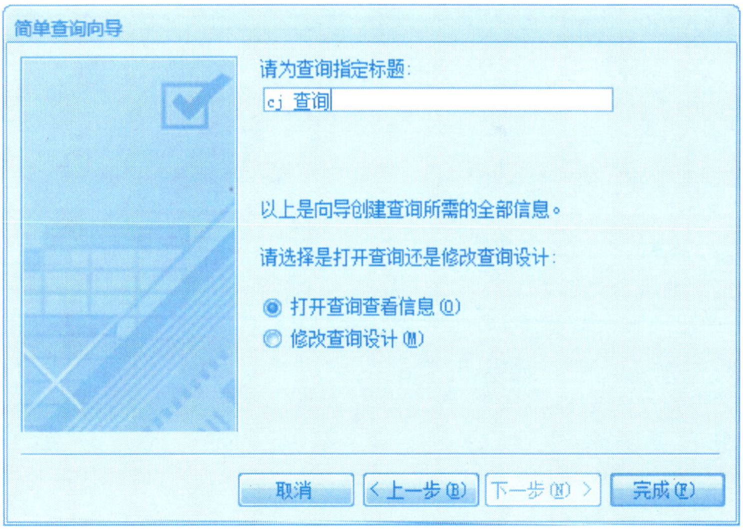

图 7-20 “简单查询向导”对话框(三)

7.3 小结与拓展练习

1. 小结

本章介绍了数据库系统的基本概念、数据库的分类、Access 2010 的基本操作,以及创建数据库、创建表、创建查询的方法。

2. 拓展练习

(1) 建立数据库中表与表的关系。

(2) 创建参数查询、交叉表查询等实用查询。

(3) 创建合理的窗体或报表。

第 8 章

计算机网络初阶

——家庭多机上网设置

教学提示

本章主要介绍了计算机网络的基本概念、网络的体系结构和拓扑结构，通过案例分析，从而介绍了 Internet Explorer 的使用方法。

教学目标

(1) 了解计算机网络的定义、类型、传输介质与访问控制方式。

(2) 理解网络的体系结构和拓扑结构。

(3) 熟练掌握 Internet Explorer、Outloot Express、Cute FTP 的使用方法、计算机硬件系统、软件系统及计算机应用的基本知识。

8.1 计算机网络的发展

1. 计算机网络的定义

一群具有独立功能的计算机通过通信设备及传输媒体被互联起来，在通信软件的支持下，实现计算机间资源共享、信息交换或协同工作的系统，称为计算机网络。图 8-1 是一个简单的计算机网络系统的示意图，它将若干台计算机、打印机和其他外部设备互联成一个整体。连接在网络中的计算机、外部设备、通信控制设备等称为网络节点，如图 8-1 所示。

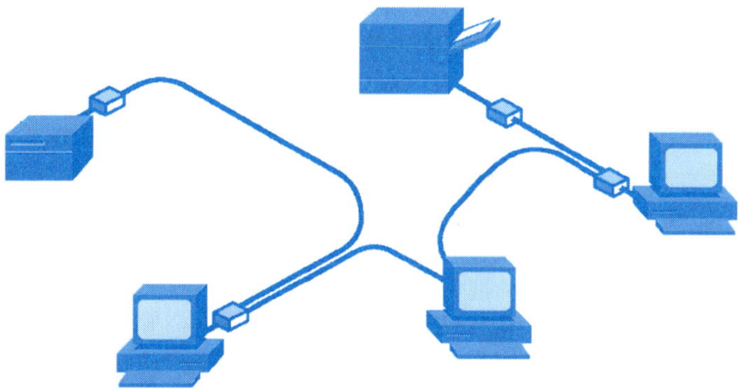

图 8-1 计算机网络系统

计算机网络涉及计算机和通信这两方面的领域，通信技术与计算机技术的结合是产生计算机网络的基本条件。一方面，通信网络为计算机之间的数据传送和交换提供了必要的手段；另一方面，计算机技术的发展渗透到通信技术中，又提高了通信网络的各种性能。这两方面的进步都离不开人们在微电子技术上取得的辉煌成就。

2. 计算机网络的产生与发展

从现代网络的形态出发，追溯历史，将有助于人们对计算机网络的理解。

(1) 以数据通信为主的第一代计算机网络。1954 年,美国军方的半自动地面防空系统(SACE)将远距离的雷达和测控仪器所探测到的信息,通过线路汇集到某个基地的一台 IBM 计算机上进行集中的信息处理,再将处理好的数据通过通信线路送回到各自的终端设备(Terminal)。这种把终端设备(如雷达、测控仪器等,它本身没有数据处理能力)、通信线路、计算机连接起来的形式,就可以说是一个简单的计算机网络。当然,它与后来发展的计算机网络相比,有着很大的区别。这种以单个主机为中心、面向终端设备的网络结构称为第一代计算机网络。第一代计算机网络系统中除主计算机(Host)具有独立的数据处理能力外,系统中所连接的终端设备均无独立处理数据的能力。由于终端设备不能为中心计算机提供服务,因此终端设备与中心计算机之间不提供相互的资源共享,网络功能以数据通信为主。

(2) 以资源共享为主的第二代计算机网络。到了 20 世纪 60 年代中期,美国出现了将若干台计算机互联起来的系统。这些计算机之间不但可以彼此通信,还可以实现与其他计算机之间的资源共享,这就使系统发生了本质的变化——多处理中心。成功的典型就是美国国防部高级研究计划署(Advanced Research Project Agency,ARPA)在 1969 年将分散在不同地区的计算机组建成的 ARPA 网,它也是 Internet 的最早发源地。最初的 ARPA 网只连接了 4 台计算机。到 1972 年,有 50 余家大学和研究所与 ARPA 网连接。1983 年,已有 100 多台不同体系结构的计算机连接到 ARPA 网上。ARPA 网在网络的概念、结构、实现和设计方面奠定了计算机网络的基础,它标志着计算机网络的发展进入了第二代。

第二代计算机网络是以分组交换网为中心的计算机网络。在网络内,各用户之间的连接必须经过交换机(通信控制处理机)。分组交换是一种存储——转发交换方式,它将到达交换机的数据先送到交换机存储器内暂时存储和处理,等到相应的输出电路有空闲时再送出。

第二代计算机网络与第一代计算机网络的区别主要表现在两个方面。其一是网络中的通信双方都是具有自主处理能力的计算机,而不是终端到计算机;其二是计算机网络功能以资源共享为主,而不是以数据通信为主。

(3) 体系标准化的第三代计算机网络。由于 ARPA 网的成功,到了 20 世纪 70 年代,不少公司推出了自己的网络体系结构,最著名的就是 IBM 公司的 SNA(System Network Architecture)和 DEC 公司的 DNA(Digital Network Architecture)。不久,各种不同的网络体系结构相继出现。体系结构出现后,对同一体系结构的网络设备互联是非常容易的,但对不同体系结构的网络设备互联十分困难。然而社会的发展迫使不同体系结构的网络都要能互联。因此,国际标准化组织(International Standard Organization,ISO)在 1977 年设立了一个分委员会,专门研究网络通信的体系结构,该委员会经过多年艰苦的工作,于 1983 年提出了著名的开放系统互联参考模型(Open System Interconnection Basic Reference Model,OSI),给网络的发展提供了一个可以遵循的规则。从此,计算机网络走上了标准化的轨道。我们把体系结构标准化的计算机网络称为第三代计算机网络。

(4) 以 Internet 为核心的第四代计算机网络。进入 20 世纪 90 年代,Internet 的建立把分散在各地的网络连接起来,形成一个跨越国界范围、覆盖全球的网络。Internet 已成为人类最重要、最大的知识宝库。网络互联和以异步传输模式技术(Asynchronous Transfer Mode,ATM)为代表的高速计算机网络技术的发展,使计算机网络进入到第四代。

随着信息高速公路计划的提出和实施,Intemet 在地域、用户、功能和应用等方面不断拓展,当今的世界已进入一个以网络为中心的时代,网上传输的信息已不仅仅限于文字、数字等文本信息,越来越多的包括声音、图形、视频在内的多媒体信息在网上交流。网络服务层出不穷并急剧增长,其重要性和对人类生活的影响与日俱增。

8.2 计算机网络的组成与功能

1. 计算机网络系统的组成

计算机网络是计算机应用的高级形式,它充分体现了信息传输与分配手段、信息处理手段的有机联系。从用户角度出发,计算机网络可看成是一个透明的数据传输机构,网上的用户在访问网络中的资源时不必考虑网络的存在。从网络逻辑功能角度来看,可以将计算机网络分成通信子网和资源子网两部分,如图 8-2 所示。

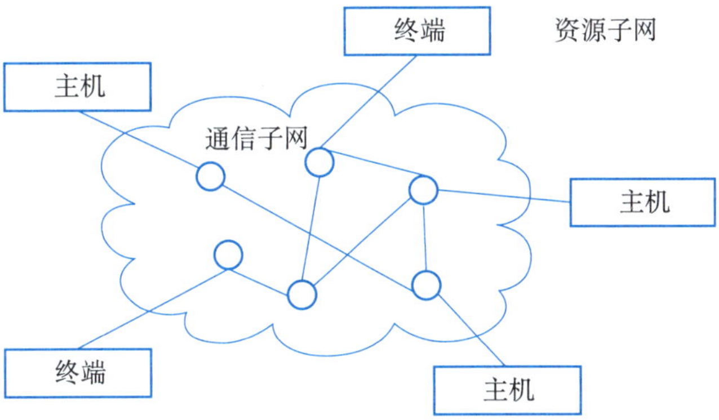

图 8-2 计算机网络系统的组成

网络系统以通信子网为中心,通信子网处于网络的内层,由网络中的通信控制处理机(Communication Control Processor,CCP)、其他通信设备、通信线路和只用作信息交换的计算机组成,负责完成网络数据传输、转发等通信处理任务。当前的通信子网一般由路由器、交换机和通信线路组成。

资源子网处于网络的外围,由主机系统、终端、终端控制器、外设、各种软件资源和信息资源组成,负责全网的数据处理业务,向网络用户提供各种网络资源和网络服务。主机系统是资源子网的主要组成部分,它通过高速通信线路与通信子网的通信控制处理机相连接。普通用户终端可通过主机系统连接入网。

随着计算机网络技术的不断发展,在现代的网络系统中,直接使用主机系统的用户在减少,资源子网的概念已有所变化。

2. 计算机网络的功能

计算机网络的功能主要体现在信息交换、资源共享和分布式处理三个方面。

(1) 信息交换。信息交换功能是计算机网络最基本的功能,主要完成网络中各个节点之间的通信。任何人都需要与他人交换信息,计算机网络提供了最快捷、最方便的途径。人们可以在网上传送电子邮件、发布新闻消息,进行电子商务、远程教育、远程医疗等活动。

(2) 资源共享。资源指的是网络中所有的软件、硬件和数据。共享指的是网络中的用户都能够部分或全部地使用这些资源。

通常,在网络范围内的各种输入/输出设备、大容量的存储设备、高性能的计算机等都是可以共享的硬件资源,对于一些价格高又不经常使用的设备,可通过网络共享提高设备的利用率,节省重复投资。

软件共享是网络用户对网络系统中的各种软件资源的共享,如主计算机中的各种应用软件、工具软件、语言处理程序等。数据共享是网络用户对网络系统中的各种数据资源的共享。

网上的数据库和各种信息资源是共享的一个主要内容。因为任何用户都不可能把需要的各种信息由自己收集齐全,况且也没有这个必要,计算机网络提供了这样的便利,全世界的信息资源可通过 Internet 实现共享。例如,美国的一个名为 Dialog 的大型信息服务机构,有 300 多个数据库,这些数据库涉及科学、技术、商业、医学、社会科学、人文科学等各个领域,存储了 1 亿多条信息,包括参考书、专利、目录索引、杂志和新闻等。用户可以通过电话将微型计算机连接到该服务机构的主机上使用这些信息。

我国已建成了全国铁路专用网、国家计委四级经济信息系统、国家四级财政税收信息系统三个全国性的大型计算机网络信息系统,对我国的经济建设起到了重大的促进作用。由中国科学院牵头建设的科学数据库已成为国内最大规模的科学数据库群。

(3) 分布式处理。当某台计算机负担过重时,或该计算机正在处理某项工作时,网络可将任务转交给空闲的计算机来完成,这样处理能均衡各计算机的负载,提高处理问题的实时性;对大型综合性问题,可将问题各部分交给不同的计算机分头处理,充分利用网络资源,扩大计算机的处理能力,即增强实用性。对解决复杂问题来讲,多台计算机联合使用并构成高性能的计算机体系,这种协同工作、并行处理要比单独购置高性能的大型计算机便宜得多。

3. Internet 基本服务功能

(1) WWW 浏览。

① WWW 概念。World Wide Web 简称 WWW 或 Web,也称万维网。它不是普通意义上的物理网络,而是一种信息服务器的集合标准。

WWW 是以超文本标记语言(Hypertext kup Language,HTML)与超文本传输协议(Hypertext Transfer Protocol,HTTP)为基础,能够以十分友好的接口提供 Internet 信息查询服务的浏览系统。WWW 系统的结构采用客户机/ 服务器工作模式,所有的客户端和 Web 服务器统一使用 TCP/IP 协议,统一分配 IP 地址,使得客户端和服务器的逻辑连接变成简单的点对点连接，用户只需要提出查询要求就可自动完成查询操作。

浏览器中所看到的画面叫做网页，也称为 Web 页。多个相关的 Web 页合在一起便组成一个 Web 站点。一个 Web 站点上存放了许许多多页面，其中最受人注意的是主页(HomePage)。主页指一个 Web 站点的首页，从该页出发可以连接到本站点的其他页面，也可以连接到其他站点。这样，就可以方便地接通世界上任何一个 Internet 节点。主页文件名一般为 index. htm，有时也用 default. htm 来表示(动态网页使用其他扩展名，例如：asp)。

Web 网页采用超文本的格式。它除了包含有文本、图像、声音、视频等信息外，还含有指向其他 Web 页或页面本身某特定位置的超链接。

文本、图像、声音、视频等多媒体技术使 Web 页的画面生动活泼，超链接使文本按三维空间的模式进行组织，信息不仅可按线性方式搜索，而且可按交叉方式访问。超文本中的某些文字或图形可作为超链接源。当鼠标指向超链接时，鼠标指针变成手指形，用户单击这些文字和图形时，可进入另一超文本文件。

② URL 与 HTTP。为了使客户程序能找到位于整个 Internet 范围的某个信息资源，WWW 系统使用统一资源定位(Uniform Resource Locator，URL)规范。URL 由三部分组成：资源类型、存放资源的主机域名和网页文件，当 URL 省略资源文件名时，表示将定位于 Web 站点的主页。

资源类型中的 HTTP 表示检索文档的协议，称为超文本传输协议。它是在客户机/服务器模型上发展起来的信息分布方式。HTTP 通过客户机和服务器彼此互相发送消息的方式进行工作。客户通过程序向服务器发出请求，并访问服务器上的数据，服务器通过设定的公用网关接口 CGI 程序返回数据。常用的数据交换方法是 Get、Head 和 Post。客户机用 Get 向服务器发出请求，即可收到从服务器指定地点返回的文档或文件，包括请求的状态、文档类型；Head 请求的返回与 Get 请求的返回相比，仅少了文档主体；Post 请求则是要求服务器接收信息。

(2) 信息浏览。

① 信息搜索引擎。浏览器是一种专门用于定位和访问 Web 信息，获取自己希望得到的资源的导航工具，它是一种交互式的应用程序。目前的 WWW 浏览器主要使用 Microsoft 公司的 Internet Explorer 和网景公司的 Netscape。

搜索引擎是用来搜索网上的资源，提供所需信息的工具。搜索引擎通过采用分类查询方式或主题查询方式获取特定的信息。搜索引擎并不真正搜索 Internet，它搜索的是预先整理好的网页索引数据库。当用户查找某个关键词的时候，所有在页面内容中包含了该关键词的网页都将作为搜索结果被搜出来。在经过复杂的算法进行排序后，这些结果将按照与搜索关键词的相关度高低依次排列。

各搜索引擎的能力和偏好不同，所以抓取的网页各不相同，排序算法也各不相同。使用不同搜索引擎的重要原因，就是因为它们能分别搜索到不同的网页。而 Internet 上有更大量的网页，是搜索引擎无法抓取索引的，也是无法用搜索引擎搜索到的。

在使用搜索引擎查找信息时，应该尽可能地缩小搜索范围。缩小搜索范围的简单方法就是添加搜索词、指定网域或设置搜索类别。

② 文献检索。为了满足广大师生查阅各种数字化文献的需要，我国建设了中国高等教育文献保障系统(http://www.calis.edu.cn)，把国家的投资、现代图书馆理念、先进的技术手段、高校丰富的文献资源和人力资源整合起来，实现信息资源共建、共知、共享。各高校的图书馆也陆续引进了一些大型全文数据库，如国外的OVID、EBSCO和国内的维普中文科技期刊数据库、万方资源数据库、清华同方中国优秀博硕士学位论文全文数据库、书生之家电子图书、超星数字图书馆等电子资源。这些电子资源以镜像站点形式连接在校园网上供校内师生使用。各学校网络管理部门通常采用IP地址控制访问权限，在校园网内进入时无需账号和密码。

③ 网页保存。浏览Web上的网页时，可以保存整个Web页，也可以保存其中的部分文本、图形的内容。此外，也可以将网页上的图形作为计算机墙纸在桌面上显示，或将网页打印出来。

保存当前网页，可执行浏览器界面中的“文件”→“另存为”命令，打开“保存Web页”对话框，指定目标文件的存放位置、文件名和保存类型即可。有以下几种网页保存类型：

Web页，全部。对整个网页作保存，包括页面结构、图片、文本和链接点信息等，页面中的嵌入文件被保存在一个和网页文件同名的文件夹内。

Web档案，单一文件。仅保存可视信息(不保存链接点、窗体结构)，成为mht类型的电子邮件类文档。

Web页，仅HTML。仅保存当前页的提示信息，例如标题、所用文字编码、界面框架等信息，而不保存当前页的文本、图片和其他可视信息。

文本文件。这种保存类型只对当前页中文本信息进行保存。

如果要保存网页中的图像或动画，可用鼠标右键单击所需对象(网页背景图应选择无其他对象的背景图区域)，弹出快捷菜单，按菜单命令对图片对象进行处理。

(3) FTP服务。文件传输(FTP)与远程登录(Telnet)是广域网络中两个广泛应用的领域，它们的功能不是WWW系统所能取代的。

FTP是在不同的计算机系统之间传送文件，它与计算机所处的位置、连接方式以及使用的操作系统无关。从远程计算机上复制文件到本地计算机称为下载(Download)，将本地计算机上的文件拷贝到远程计算机上称为上传(Upload)。

通常把用户正在使用的计算机称为本地机，非本地系统的计算机系统称为远程系统。远程主机指要访问的另一系统的计算机，它可以与本地机在同一个房间内，或同一大楼里，或在同一地区，也可以在不同地区或不同国家。

FTP与Telnet都采用客户机/服务器工作方式。FTP与Telnet可在交互命令下实现，也可利用浏览器工具。

Internet上的文件传输功能是依靠FTP实现的。UNIX或Windows系统都包含这一协议文件。用户计算机称为FTP客户机，远程提供FTP服务的计算机称为FTP服务器，它通常是信息服务提供者的计算机。FTP服务是一种实时联机服务，用户在访问FTP服务器之前需要进行登录，登录时将验证用户账号和口令。若用户没有账号，则可使用公开的账号和口令登录，这种访问方式称为匿名FTP服务。当然，匿名FTP服务会有很大的限制，匿名用户一般只能获取文件，不能在远程计算机上建立文件或修改已存在的文件，对可以复制的文件也有严格的限制。匿名FTP通常以anonymous作为用户名，当用户以anonymous登录后，FTP服务器可接受任何字符串作为口令，但一般要求用电子邮件的地址作为口令，这样FTP服务器的管理员能知道谁在使用，当需要时可及时联系。

在实现文件传输时，需要使用FTP程序。目前，常用的FTP程序有三种类型：FTP命令行、浏览器与FTP下载工具。

在UNIX操作系统下主要使用FTP命令进行操作，FTP命令集包括了50多条命令。

在Windows系统中，浏览器都带有FTP程序模块，可在浏览器界面的地址栏直接输入FTP服务器的IP地址或域名，浏览器将自动调用FTP程序完成连接。当连接成功后，浏览器界面显示出该服务器上的文件夹和文件名列表。

为提高从FTP服务器下载文件的速度，可使用FTP下载工具。FTP下载工具可以在网络连接意外中断后，通过断点续传功能继续进行剩余部分的传输。FTP下载工具中较有名的共享软件是CuteFTP，可从很多提供共享软件的站点获得，它的功能强大，支持断点续传、上传、文件拖放等。

当用浏览器支持的FTP功能下载文件时，可使用HTTP的下载工具，例如Netants，这是一款国人开发的下载工具，支持断点续传，非常适合与浏览器配合使用。该软件也是共享软件。

对于文件上传操作，一般都有较大的限制，需要通过信息服务提供者指定的程序来实现。

(4) 电子邮件。

① 电子邮件概述。电子邮件(E-mail)是一种应用计算机网络进行信息传递的现代化通信手段，它是Internet提供的一项基本服务，也是使用最广泛的Internet工具。

Internet上的电子邮件系统的工作过程遵循客户机/服务器模式，它分为邮件服务器端与邮件客户端两部分。

邮件服务器分为接收邮件服务器和发送邮件服务器两类。接收邮件服务器中包含了众多用户的电子信箱。电子信箱实质上是邮件服务提供机构在服务器的硬盘上为用户开辟的一个专用存储空间。用户通过邮件客户端访问邮件服务器中的电子信箱和其中的邮件，邮件服务器根据邮件客户端的请求对信箱中的邮件进行处理。

当发件方发出一封电子邮件时，邮件由发送邮件服务器发送，它依照邮件地址送到收信人的接收邮件服务器中对应收件人的电子信箱内。发送邮件服务器的工作性质如同邮局，它把收到的各种目的地信件分拣后再传送到下一个邮局，最终传送到该电子邮件的收件服务器。发送邮件服务器遵循简单邮件传输协议(Simple Mail Transfer Protocol，SMTP)，所以发送邮件服务又被称为SMTP服务器。

接收邮件服务器用于暂时寄存对方发来的邮件。当收件人将自己的计算机连接到接收邮件服务器并发出接收指令后，客户端通过邮局协议(Post office Protocol Version 3，POP3)或交互式邮件存取协议(Interactive Mail Access Protocol，IMAP)读取电子信箱内的邮件。当电子邮件应用程序访问IMAP服务器时，用户可以决定是否在IMAP服务器中保留邮件副本。而访问 POP3 服务器时,邮箱中的邮件被拷贝到用户的计算机中,不再保留邮件的副本。目前,多数接收邮件服务器是 POP3 服务器。

② 电子邮件地址。在 Internet 上,每一个电子邮件用户拥有的电子邮件地址称为 E-mail 地址,它具有如下所示的统一格式:

用户名@电子邮件服务器名

其中,用户名就是用户在向电子邮件服务机构注册时获得的用户码;@符号后面是存放邮件用的计算机主机域名。

(5) 远程登录 Telnet。Telnet 是 Internet 为用户所提供的原始服务之一。Telnet 允许用户通过本地计算机登录到远程计算机中,不论远程计算机是在隔壁,还是远在千里之外。只要用户拥有远程计算机的账号,就可以使用远程计算机的各处资源,包括程序、数据库和其上的各种设备。

Telnet 目前使用的不是很多,主要是由于允许 Telnet 的计算机一般都为 UNIX 系统,这对初学者来说是很困难的。Telnet 在 Internet 的电子公告板 BBS 中的应用相当广泛。

(6) 网络新闻 Usenet。个人通信总是计算机网络上最受欢迎的活动。电子邮件是最早使用的电子通信的形式之一,但是在特定主题下,利用电子邮件,许多人共同讨论就会变得笨拙。为改变这种情况,20 世纪 80 年代初期,在 Internet 中诞生了被称作 Usenet 的网络新闻。

Usenet 中的不同讨论被称为新闻组(News Groups),发送到新闻组的消息被称为文章(Articles)。Usenet 新闻组被划分为许多不同的分支题目领域,每个题目领域在许多不同的讲座组。这些新闻组中有许多讨论学术研究题目的,如科学技术、文学、医学等各方面的主题内容。Usenet 几乎是人类生活的全部。

8.3 计算机网络的分类

计算机网络的分类方式有很多种,可以按地理范围、拓扑结构、传输速率和传输介质等分类。

1. 按地理范围分类

(1) 局域网(Local Area Network,LAN)。局域网地理范围一般几百米到 10km 之内,属于小范围内的联网,如一个建筑物内、一个学校内、一个工厂的厂区内等。局域网的组建简单、灵活,使用方便。

(2) 城域网(Metropolitan Area Network,MAN)。城域网地理范围可从几十千米到上百千米,可覆盖一个城市或地区,是一种中等形式的网络。

(3) 广域网(Wide Area Network,简称 WAN)。广域网地理范围一般在几千千米左右,属于大范围联网。如几个城市、一个或几个国家,是网络系统中的最大型的网络,能实现大范围的资源共享,如国际性的 Internet 网络。

2. 按传输速率分类

网络的传输速率有快有慢，传输速率快的称高速网，传输速率慢的称低速网。传输速率的单位是 bit/s(每秒比特数)。一般将传输速率在 kbit/s ～ Mbit/s 范围的网络称低速网，在 Mbit/s ～ Gbit/s 范围的网称高速网。也可以将 kbit/s 网称低速网，将 Mbit/s 网称中速网，将 Gbit/s 网称高速网。

网络的传输速率与网络的带宽有直接关系。带宽是指传输信道的宽度，带宽的单位是 Hz(赫兹)。按照传输信道的宽度可分为窄带网和宽带网。一般将 kHz ～ MHz 带宽的网称为窄带网，将 MHz ～ GHz 的网称为宽带网。也可以将 kHz 带宽的网称窄带网，将 MHz 带宽的网称中带网，将 GHz 带宽的网称宽带网。通常情况下，高速网就是宽带网，低速网就是窄带网。

3. 按传输介质分类

传输介质是指数据传输系统中发送装置和接收装置间的物理媒体，按其物理形态可以划分为有线和无线两大类。

(1) 有线网。传输介质采用有线介质连接的网络称为有线网，常用的有线传输介质有双绞线、同轴电缆和光导纤维。

双绞线是由两根绝缘金属线互相缠绕而成的，这样的一对线作为一条通信线路，由四对双绞线构成双绞线电缆。双绞线点到点的通信距离一般不能超过 100m。目前，计算机网络上使用的双绞线按其传输速率分为三类线、五类线、六类线、七类线，传输速率在 10Mbit/s 到 600Mbit/s 之间，双绞线电缆的连接器一般为 RJ-45。

同轴电缆由内、外两个导体组成，内导体可以由单股或多股线组成，外导体一般由金属编织网组成。内、外导体之间有绝缘材料，其阻抗为 50Ω。同轴电缆分为粗缆和细缆，粗缆用 DB-15 连接器，细缆用 BNC 和 T 连接器。

光缆由两层折射率不同的材料组成。内层是由具有高折射率的玻璃单根纤维体组成，外层包一层折射率较低的材料。光缆的传输形式分为单模传输和多模传输，单模传输性能优于多模传输。所以，光缆分为单模光缆和多模光缆，单模光缆传送距离为几十千米，多模光缆为几千米。光缆的传输速率可达到每秒几百兆位。光缆用 ST 或 SC 连接器。光缆的优点是不会受到电磁的干扰，传输的距离也比电缆远，传输速率高。光缆的安装和维护比较困难，需要专用的设备。

(2) 无线网。采用无线介质连接的网络称为无线网。目前无线网主要采用三种技术：微波通信、红外线通信和激光通信。这三种技术都是以大气为介质的。其中微波通信用途最广，目前的卫星网就是一种特殊形式的微波通信，它利用地球同步卫星作中继站来转发微波信号，一个同步卫星可以覆盖地球的三分之一以上表面，3 个同步卫星就可以覆盖地球上全部通信区域。

4. 按拓扑结构分类

计算机网络的物理连接形式叫做网络的物理拓扑结构。连接在网络上的计算机、大容量的外存、高速打印机等设备均可看做是网络上的一个节点，也称为工作站。计算机网络中常用的拓扑结构有总线型、星形、环形等。

(1) 总线型拓扑结构。总线型拓扑结构是一种共享通路的物理结构。这种结构中总线具有信息的双向传输功能，普遍用于局域网的连接，总线一般采用同轴电缆或双绞线。

总线拓扑结构的优点是：安装容易，扩充或删除一个节点很容易，不需停止网络的正常工作，节点的故障不会殃及系统。由于各个节点共用一个总线作为数据通路，信道的利用率高。但总线结构也有其缺点：由于信道共享，连接的节点不宜过多，并且总线自身的故障可以导致系统的崩溃。

(2) 星形拓扑结构。星形拓扑结构是一种以中央节点为中心，把若干外围节点连接起来的辐射式互联结构。这种结构适用于局域网，特别是近年来连接的局域网大都采用这种连接方式。这种连接方式以双绞线或同轴电缆作连接线路。

星形拓扑结构的优点是：安装容易，结构简单，费用低，通常以集线器(Hub)作为中央节点，便于维护和管理。中央节点的正常运行对网络系统来说是至关重要的。

(3) 环形拓扑结构。环形拓扑结构是将网络节点连接成闭合结构。信号顺着一个方向从一台设备传到另一台设备，每一台设备都配有一个收发器，信息在每台设备上的延时时间是固定的。这种结构特别适用于实时控制的局域网系统。

环形拓扑结构的优点是：安装容易，费用较低，电缆故障容易查找和排除。有些网络系统为了提高通信效率和可靠性，采用了双环结构，即在原有的单环上再套一个环，使每个节点都具有两个接收通道。环形网络的缺点是：当节点发生故障时，整个网络就不能正常工作。

(4) 树形拓扑结构。树形拓扑结构就像一棵“根”朝上的树，与总线拓扑结构相比，主要区别在于总线型拓扑结构中没有“根”。这种拓扑结构的网络一般采用同轴电缆，用于军事单位、政府部门等上下界限相当严格和层次分明的部门。

树形拓扑结构的优点是容易扩展，故障也容易分离处理；缺点是整个网络对根的依赖性很大，一旦网络的根发生故障，整个系统就不能正常工作。

8.4 计算机网络的硬件组成

计算机网络硬件组成包括主体设备、连接设备和传输介质三大部分。

1. 网络的主体设备

计算机网中的主体设备称为主机(Host)，一般可分为中心站(又称为服务器)和工作站(客户机)两类。

服务器是为网络提供共享资源的基本设备，在其上运行网络操作系统，是网络控制的核心。应选择较高档次的机型，其工作速度、软硬盘容量及内存容量的指标都要求较高，携带的外部设备多且高级。

按功能分，服务器又有多种：文件服务器、域名服务器、打印服务器、通信服务器和数据库服务器等。其中，文件服务器是最为重要的服务器。在局域网中，文件服务器掌握着整个网络的命脉，一旦文件服务器发生故障，整个网络就会瘫痪。故对文件服务器的档次要求较高。对于提供综合服务业务的 ISDN 网，服务器要选择指标要求更高的多媒体计算机。

工作站是网络用户入网操作的节点，可以有自己的操作系统。用户既可以通过运行工作站上的网络软件共享网络上的公共资源，也可以不进入网络，单独工作。在工作站上工作的客户机一般的配置要求不是很高，大多采用个人微机及携带相应的外部设备，如打印机、扫描仪、鼠标等。

如果是用于工业控制的网络，则中心站主机和远程工作站主机都必须采用工业控制机（简称工控机）。工控机的各项技术指标、工作环境等远不同于普通网络中的主机情况，它造价高，具有抗电磁干扰性强、电磁兼容性好、工作温域宽及能适应恶劣工作环境等特点。

2. 网络的连接设备

(1) 网络适配器，如图 8-3 所示。网络适配器又称为网络接口卡（Network Interface Card，NIC），任何一台计算机要想联网使用，必须通过网卡进行连接。它的基本功能为从并行到串行的数据转换、包的装配和拆装、网络存取控制、数据缓存和网络信号接收。目前主要是 32 位和 64 位网卡。

根据网络技术的不同，网卡的分类也有所不同，如大家所熟知的 ATM 网卡、令牌环网卡和以太网网卡等。据统计，目前约有 80% 的局域网采用以太网技术。就兼容网卡而言，目前网卡一般分为普通工作站网卡和服务器专用网卡。服务器专用网卡为了适应网络服务种类较多、性能也有差异的特点，按以下的标准进行分类：按网卡所支持带宽的不同可分为 10M 网卡、100M 网卡、10/100M 自适应网卡、1 000M 网卡几种；根据网卡总线类型的不同，主要分为 ISA 网卡、EISA 网卡和 PCI 网卡三大类，其中 ISA 网卡和 PCI 网卡较常使用。ISA 总线网卡的带宽一般为 10M，PCI 总线网卡的带宽从 10M 到 1 000M 都有。同样是 10M 网卡，因为 ISA 总线为 16 位，而 PCI 总线为 32 位，所以 PCI 网卡要比 ISA 网卡快。

目前，以太网网卡有 10M、100M、10/100M 及千兆网卡。对于大数据量网络来说，服务器应该采用千兆以太网网卡，这种网卡多用于服务器与交换机之间的连接，以提高整体系统的响应速率。而 10M、100M 和 10/100M 网卡则属于人们经常购买且常用的网络设备，这三种产品的价格相差不大。所谓 10/100M 自适应是指网卡可以与远端网络设备（集线器或交换机）自动协商，确定当前的可用速率是 10M 还是 100M。对于通常的文件共享等应用来说，10M 网卡就已经足够了，但对于将来可能的语音和视频等应用来说，100M 网卡将更利于实时应用的传输。鉴于 10M 技术已经拥有的基础（如以前的集线器和交换机等），通常的变通方法是购买 10/100M 网卡，这样既有利于保护已有的投资，又有利于网络的进一步扩展。就整体价格和技术发展而言，千兆以太网到桌面机尚需时日，但 10M 的时代已经逐渐远去。因而对中小企业来说，10/100M 网卡应该是采购时的首选。

(2) 集线器,如图 8-4 所示。集线器(Hub)属于数据通信系统中的基础设备,它和双绞线等传输介质一样,是一种不需任何软件支持或只需很少管理软件管理的硬件设备。它被广泛应用到各种场合。集线器工作在局域网(LAN)环境,像网卡一样,应用于 OSI 参考模型第一层,因此又被称为物理层设备。集线器内部采用了电器互联,当维护 LAN 的环境是逻辑总线或环形结构时,完全可以用集线器建立一个物理上的星形或树形网络结构。在这方面,集线器所起的作用相当于多端口的中继器。其实,集线器实际上就是中继器的一种,其区别仅在于集线器能够提供更多的端口服务,所以集线器又叫多口中继器。

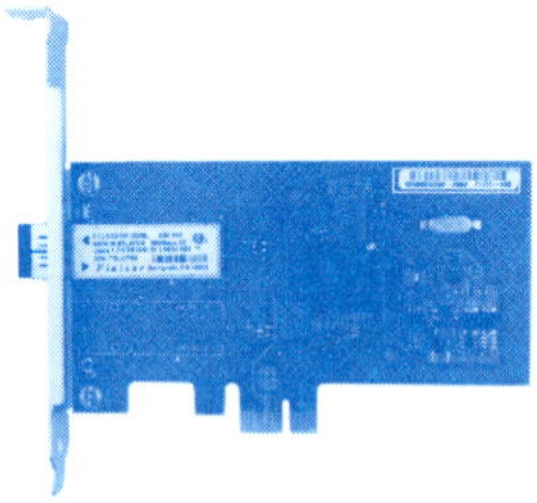

图 8-3　网络适配器

图 8-4　集线器

普通集线器外部面板结构非常简单。比如 D-Link,最简单的 10BASE-T Ethernet-Hub 集线器是个长方体,背面有交流电源插座和开关、一个 AUI 接口和一个 BNC 接口,正面的大部分位置分布有一行 17 个 RJ-45 接口。在正面的右边还有与每个 RJ-45 接口对应的 LED 接口指示灯和 LED 状态指示灯。高档集线器从外表上看,与现代路由器或交换式路由器没有多大区别。尤其是现代双速自适应以太网集线器,由于普遍内置有可以实现内部 10Mbit/s 和 100Mbit/s 网段间相互通信的交换模块,因此这类集线器完全可以在以该集线器为节点的网段中,实现各节点之间的通信交换,有时大家也将此类交换式集线器简单地称为交换机。这些都使得初次使用集线器的用户很难正确地辨别它们,但根据背板接口类型来判别集线器,是一种比较简单的方法。

(3) 传输介质。网络传输介质是指在网络中传输信息的载体,常用的传输介质分为有线传输介质和无线传输介质两大类。

① 有线传输介质。有线传输介质是指在两个通信设备之间实现的物理连接部分,它能将信号从一方传输到另一方,有线传输介质主要有双绞线、同轴电缆和光纤。在其中传输的是光波或电磁波信号。

双绞线,如图 8-5 所示。双绞线采用一对互相绝缘的金属导线互相绞合的方式来抵御一部分外界电磁波干扰,更主要的是降低自身信号的对外干扰。把两根绝缘的铜导线按一定密度互相绞在一起,可以降低信号干扰的程度,每一根导线在传输中辐射的电波会被另一根线上发出的电波抵消。“双绞线”的名字也是由此而来。

双绞线一般由两根 22 ～ 26 号绝缘铜导线相互缠绕而成,实际使用时,双绞线是由多对双绞线一起包在一个绝缘电缆套管里的,如图 8-5 所示。典型的双绞线有 4 对的,也有更多对双绞线放在一个电缆套管里的,这些我们称之为双绞线电缆。在双绞线电缆(也称双扭线电缆)内,不同线对具有不同的扭绞长度,一般地说,扭绞长度在 38.1mm 至 14cm 内,按逆时针方向扭绞。相邻线对的扭绞长度在12.7mm以上，一般扭线越密其抗干扰能力就越强。与其他传输介质相比，双绞线在传输距离、信道宽度和数据传输速度等方面均受到一定限制，但价格较为低廉。

双绞线型号如下：

一类线。主要用于语音传输（主要用于20世纪80年代初之前的电话线缆），不同于数据传输。

二类线。传输频率为1MHz，用于语音传输和最高传输速率4Mbit/s的数据传输，常见于使用4Mbit/s规范令牌传递协议的旧的令牌网。

三类线。指目前在ANSI和EIA/TIA568标准中指定的电缆，该电缆的传输频率16MHz，用于语音传输及最高传输速率为10Mbit/s的数据传输，主要用于10BASE-T。

四类线。该类电缆的传输频率为20MHz，用于语音传输和最高传输速率16Mbit/s的数据传输，主要用于基于令牌的局域网和10BASE-T/100BASE-T。

五类线。该类电缆增加了绕线密度，外套一种高质量的绝缘材料，传输速率为100MHz，用于语音传输和最高传输速率为1 000Mbit/s的数据传输，主要用于100BASE-T和1000BASE-T网络。这是最常用的以太网电缆。

超五类线。超五类衰减小，串扰少，并且具有更高的衰减与串扰的比值（ACR）和信噪比（Structural Return Loss），更小的时延误差，性能得到很大提高。超五类线主要用于千兆位以太网（1 000Mbit/s）。

六类线。该类电缆的传输频率为1～250MHz，六类布线系统在200MHz时综合衰减串扰比（PS-ACR）应该有较大的余量，它提供2倍于超五类的带宽。六类线的传输性能远远高于超五类标准，最适用于传输速率高于1Gbit/s的应用。六类与超五类的一个重要的不同点在于改善了在串扰以及回波损耗方面的性能，对于新一代全双工的高速网络应用而言，优良的回波损耗性能是极重要的。六类标准中取消了基本链路模型，布线标准采用星形的拓扑结构，要求的布线距离为永久链路的长度不能超过90m，信道长度不能超过100m。

通常，计算机网络所使用的是三类线和五类线，其中10BASE-T使用的是三类线，100BASE-T使用的五类线。

同轴电缆，如图8-6所示。同轴电缆以硬铜线为芯，外包一层绝缘材料。这层绝缘材料用密织的网状导体环绕，网外又覆盖一层保护性材料。同轴电缆的这种结构，使它具有高带宽和极好的噪声抑制特性。同轴电缆的带宽取决于电缆长度。1km的电缆可以达到1～2Gbit/s的数据传输速率，还可以使用更长的电缆，但是传输率要降低或使用中间放大器。目前，同轴电缆大量被光纤取代，但仍广泛应用于有线和无线电视以及某些局域网。

图8-5　双绞线

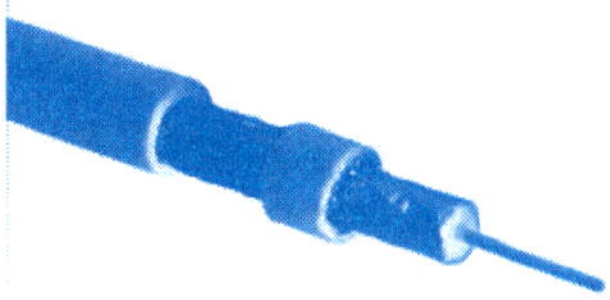

图8-6　同轴电缆

② 光纤，如图 8-7 所示。光纤是光导纤维的简写，是一种利用光在玻璃或塑料制成的纤维中的全反射原理而制成的光传导工具。光纤裸纤一般分为 3 层：中心高折射率玻璃芯（芯径一般为 50μm 或 62.5μm），中间为低折射率硅玻璃包层（直径一般为 125μm），最外是加强用的树脂涂层。

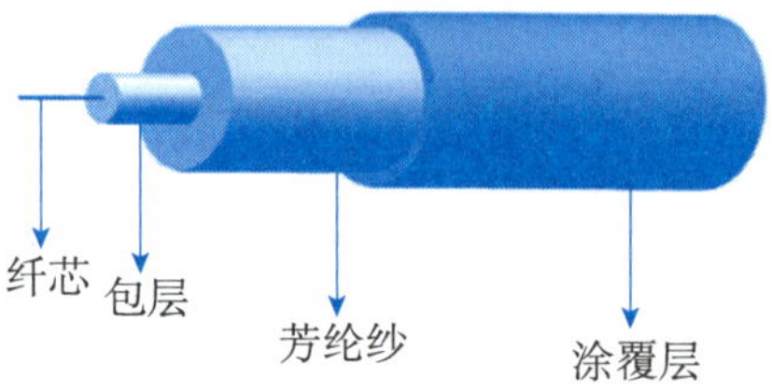

图 8-7 光纤

按光在光纤中的传输模式可分为多模光纤和单模光纤。

多模光纤。中心玻璃芯较粗（50μm 或 62.5μm），可传多种模式的光，但其模间色散较大，这就限制了传输数字信号的频率，而且随距离的增加会更加严重。例如，600Mbit/km 的光纤在 2km 时则只有 300Mbit 的带宽了。因此，多模光纤传输的距离就比较近，一般只有几千米。

单模光纤。中心玻璃芯较细（芯径一般为 9μm 或 10μm），只能传一种模式的光。因此，其模间色散很小，适用于远程通信，但其色度色散起主要作用，这样单模光纤对光源的谱宽和稳定性有较高的要求，即谱宽要窄，稳定性要好。

③ 无线传输介质。无线传输介质技术是指在两个通信设备之间不使用任何人为的物理连接，而是利用自然的空气、水、玻璃等透明的物体甚至只有空间而传输的一种技术。无线传输介质是指在空气、水、玻璃等透明的物体，甚至不需要任何介质的空间，就可以传输微波、红外线和激光等光波或电磁波信号。

微波通信。微波通信就是利用地面微波进行通信。由于微波在空间是直线传播的，而地球表面是个曲面，因此其传播距离受到限制，一般只有 50km 左右。为实现远距离通信，需要建立微波中继站进行接力通信，微波线路的成本比同轴电缆和光缆低，但误码率比同轴电缆和光缆高，安全性不高，只要拥有合适无线接收设备的人就可窃取别人的通信数据。此外，大气对微波信号的吸收与散射影响较大。

卫星通信。卫星通信就是利用地球同步卫星作为微波中继站，实现远距离通信。当地球同步卫星位于 36 000km 高空时，其发射角可以覆盖地球上 1/3 的区域。只要在地球赤道上空的同步轨道上等距离地放置三颗间隔 120°的卫星，就能实现全球的通信。

无线电波和红外通信。随着掌上型计算机和笔记本计算机的迅速发展，对可移动的无线数字网的需求日益增加。无线数字网类似于蜂窝电话网，人们可随时将计算机接入网内，组成无线局域网。无线局域网的结构分为点到点和主从式两种标准。点到点结构用于连接便携式计算机和 PC，主从式结构中的所有工作站都直接与中心天线或访问节点连接。

无线局域网通常采用无线电波和红外线作为传输介质。采用无线电波的通信，速率可达 10Mbit/s，传输范围为 50km。红外通信使用波长小于 1μm 的红外光线传送数据，有较强的方向性，受太阳光的干扰大。现在，许多笔记本电脑和手持设备都配备有红外收发器端口，可以进行红外异步串行数据传输，其速度在 115.2kbit/s ～ 2Mbit/s 之间。另外，可以使用具有红外功能的移动电话建立与 Internet 的拨号连接等。

3. 网络互联设备

计算机网络是把各种单个的计算机连接起来，实现相互之间的通信和资源共享。随着计算机网络的发展和社会对它的需求的不断增长，计算机网络与计算机网络之间的连接也显得越来越重要。网络互联主要有以下两个目的：

(1) 实现网络之间的通信。它只要求提供不同用户在传输介质上的服务，能实现不同网络间用户能相互通信就达到了目的。在这种网络的连接中主要考虑的是物理连接，故强调的是在 OSI 模型的底三层上的兼容性。

(2) 实现高级的用户服务。这是指网络间用户实现较高级的应用服务，这种服务与 OSI 模型的应用层和表示层有关。例如，电子邮件、数据库、资源共享及数据处理等服务。当在一个网络中无法完成某种数据处理功能时，通过网络互连，让用户享用其他网络提供的数据处理功能。这种互联服务不仅需要低层协议的兼容，还需要高层协议的兼容，才能实现高层上提供的高级服务。

网络互联主要有局域网与局域网、局域网与广域网、广域网与广域网之间互联三种形式。要实现各种类型的网络互联，可以利用网络的连接设备实现，同时必须要解决几个重要的问题：其一，由于各种不同的网络寻址方案不同，必须在不改变原来网络结构的基础上将它们统一起来；其二，在各种不同的网络上传送的分组最大长度不一样，必须能加以识别并统一；其三，不同网络有不同的接入技术、不同的超时控制、不同的差错恢复方法、不同的路由选择技术、不同的传输服务等，也同样需要统一协调。

这种种的不同就需要一个良好的解决办法，ARPA 网的实践为网络互联找到了一条最好的途径，这就是 TCP/IP。

计算机网络与计算机网络之间的互联，必须要有一个中间设备，这个中间设备能对网络的有关协议进行转换。目前常用的网络之间的互联设备有以下几种：

(1) 中继器。中继器(Repeater)用于延伸同型局域网，在物理层连接两个网，在网络间传递信息，中继器在网络间传递信息起信号放大、整形和传输作用。当局域网物理距离超过了允许的范围时，可用中继器将该局域网的范围进行延伸。很多网络上都限制了工作站之间加入中继器的数目，例如在以太网中最多使用四个中继器。

(2) 网桥。网桥(Bridge)则是指数据层连接两个局域网络段，网间通信从网桥传送，网内通信被网桥隔离。网络负载重而导致性能下降时，用网桥将其分为两个网络段，可最大限度地缓解网络通信繁忙的程度，提高通信效率。例如把分布在两层楼上的网络分成每层一个网络段，用网桥连接。网桥同时起隔离作用，一个网络段上的故障不会影响另一个网络段，从而提高了网络的可靠性。

(3) 路由器。路由器就是指通过相互连接的网络把信息从源地点移动到目的地点的活动。一般来说，在路由过程中，信息至少会经过一个或多个中间节点。

路由器是一种连接多个网络或网段的网络设备,它在 OSI 模型的网络层上实现互联,比网桥具有更强的互联功能。

不同类型的网络,其传送的数据帧的格式和大小是不同的,就像公路运输是以汽车为单位装载货物,而铁路运输是以列车车皮为单位装载货物,从汽车运输改为铁路运输,必须把货物从汽车上转移到列车车皮内,网络中的数据也是如此。数据从一种类型的网络传输至另一种类型的网络,必须进行帧格式转换,路由器就有这种能力。路由器的主要作用是连通不同的网络和选择信息传送的线路。它能对不同网络或网段之间的数据信息进行翻译,以使它们能够相互读懂对方的数据,从而构成一个更大的网络。

路由器为经过该设备的每个数据帧寻找一条最佳传输路径,并将该数据有效地转发到目的站点。转发策略称为路由选择(Routing),这也是路由器 Router 名称的由来。

选择最佳路径的策略即路由算法是路由器的关键所在。为了完成这项工作,在路由器中保存着各种传输路径的相关数据——路径表,供路由选择。路径表中保存着子网的标志信息、网上路由器的个数和下一个路由器的名字等内容。路径表可以由网络系统管理员事先固定设置好,也可以由网络系统软件动态修改,可以由路由器自动调整,也可以由主机控制。

一般说来,异种网络互联与多个子网互联都需要采用路由器来实现。现在的路由器都是可以转换各种现存协议的多协议路由器,这是网络中很重要的设备之一。

(4) 网关。网关(Gateway)网关是软件和硬件的结合产品,用于连接使用不同通信协议或结构的网络,使文件可以在这些网络之间传输。网关除传输信息外,还将这些信息转化为接收网络所用协议认可的形式。例如,一个使用 IPx 协议的 NetWare 局域网通过网关可以访问 IBM 的 SNA 网络,两者不仅硬件不同,而且使用的协议和数据结构也不同。可以说网关是一个智能超群的路由器,是一个智能超群的网桥,是一个智能超群的中继器。

网关的连接操作是在 OSI 模型的七层协议的传输层上,它是最复杂的网络互联设备。

在 Internet 中两个网络要通过一台称为默认网关的计算机实现互联。这台计算机能根据用户通信目标的 IP 地址,决定是否将用户发出的信息送出本地网络,同时,它还将外界发送给属于本网络的信息接收过来,它是一个网络与另一个网络相连的通道。为了使 TCP/IP 能够寻址,该通道被赋予一个 IP 地址,这个 IP 地址称为网关地址。

目前,网关已成为网络上每个用户都能访问大型主机的通用工具。网关可以设在服务器、微机或大型机上,也可使用一台服务器充当网关。由于网关具有强大的功能并且大多数时候都和应用有关,它们比路由器的价格要贵一些。另外,由于网关的传输更复杂,它们传输数据的速度要比网桥或路由器低一些。正是由于网关较慢,它们有造成网络堵塞的可能。然而,在某些场合,只有网关能胜任工作。网络系统中常用的网关有数据库网关、电子邮件网关、局域网网关和 IP 电话网关等。

(5) 交换机。交换机是目前最热门的网络设备,发展势头很猛。交换机取代了集线器和网桥,增强了路由选择功能。交换和路由之间的主要区别就是交换发生在 OSI 参考模型的数据链路层,而路由发生在网络层。这一区别决定了交换和路由在移动数据的过程中需要使用不同的控制信息,所以两者实现各自功能的方式是不同的。

利用交换机可以很方便地实现虚拟局域网(Virtual LAN)。所谓虚拟局域网,只是给用户提供的一种服务,而不是一种新型的局域网。它通过设置用户群将分布在不同实际局域网内的计算机组合成一个工作群体,而不需要改变布线。

虚拟局域网是用户和网络资源的逻辑组合,可按需要将有关设备和资源非常方便地重新组合,因而很好地解决了局域网的布线问题。

(6)调制解调器(Modem)。调制解调器作为末端系统和通信系统之间信号转换的设备,是广域网中必不可少的设备之一。Modem 分为同步和异步两种,分别用来与路由器的同步和异步串口相连接,同步可用于专线、帧中继、X.25 等,异步用于 PSTN 的连接。它能把计算机的数字信号翻译成可沿普通电话线传送的脉冲信号,而这些脉冲信号又可被线路另一端的另一个调制解调器接收,并译成计算机可懂的语言。

8.5 网络地址

1. IP 地址

在计算机技术中,地址是一种标识符,用于标记某个设备在网络中的位置。一个地址只能对应一台主机,反之一台主机不一定对应一个地址。当一个主机同时连接到两个或两个以上的网络时,它就有两个或两个以上的地址,即其在所连接的每一个网络上均有一个地址。

在任何一个物理网络中,对其内部每台计算机进行寻址所使用的地址称为物理地址(物理地址通常固化在网卡的 ROM 中,所以有时也称为网卡地址或硬件地址或 MAC 地址),每块网卡都有一个唯一的地址标识,通常采用 6 个字节来表示。

在 Internet 上为每台计算机指定的地址称为 IP 地址,它是 IP 提供的一种统一格式的地址。物理地址对应于实际的信号传输过程,而 IP 地址是一个逻辑意义上的地址,其目的就是屏蔽物理网络细节,使得 Internet 从逻辑上看起来是一个整体的网络。每一个 IP 地址在 Internet 上是唯一的,是运行 TCP/IP 的唯一标识。

(1) IP 地址的格式。在讲述 IP 地址的格式前,先来看看身份证号。身份证编码包含了管辖机关和持证人的个人信息,从信息组成的角度来看,这种编码属于分层结构。要查找某个人的户籍信息,先通过身份证编码的前 6 位找到管辖警署,然后在该警署的档案室内查阅个人的户籍信息。

在 Internet 上,IP 地址也采用分层结构,由网络地址和主机地址组成,用以标识特定主机的位置信息,如图 8-8 所示。IP 地址的结构使我们可以在 Internet 上很方便地寻址,先按 IP 地址中的网络地址找到 Internet 中的一个物理网络,再将主机地址定位到这个网络中的一台主机。

TCP/IP 规定 Internet 上的地址长 32 位,分为 4 字节,每字节可对应一个 0 ～ 255 的十进制整数,数之间用点号分隔,形如×××.×××.×××.×××,例如,202.112.0.36。这种格式的地址被称为点分十进制地址,采用这种编址方法可使 Internet 容纳 40 亿台计算机。

(2) IP 地址的类型,如图 8-9 所示。Internet 地址根据网络规模的大小分成 5 种类型,其中 A 类、B 类和 C 类地址为基本地址,它们的格式如图 8-9 所示。地址数据中的全 0 或全 1 有特殊含义,不能作为普通地址使用。例如,网络地址 127 专用于作测试,不可用作其他用途。如果某计算机发送信息给 IP 地址为 127.0.0.1 的主机,则此信息将传送给该计算机自身。

A 类地址中表示网络的地址有 8 位,其最左边的一位是 0,主机地址有 24 位。第一字节对应的十进制数范围是 0 ～ 127。由于地址 0 或 127 有特殊用途,因此,有效的地址范围是 1 ～ 126,即有 126 个 A 类网络。A 类地址适用于主机多的网络,它可提供一个大型网,每个这样的网络可含 $2^{24}-2=16\ 777\ 214$ 台主机(全 0 或全 1 不能用于普通地址)。

图 8-8 IP 地址格式

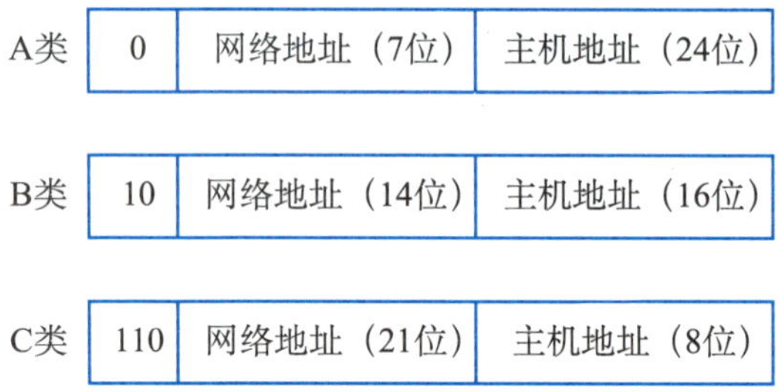

图 8-9 IP 地址类型

B 类地址中表示网络地址的部分有 16 位,最左边的 2 位是 10,第一字节地址范围在 128 ～191(10000000B ～ 10111111B)之间,主机地址也是 16 位。这是一个可含有 $2^{16}-2=65\ 534$ 台主机的中型网络,这样的网络可有 $2^{14}=16\ 384$ 个。

C 类地址中表示网络地址的部分为 24 位,最左边的 3 位是 110,第一字节地址范围在 192 ～ 223(11000000B ～ 11011111B)之间,主机地址有 8 位,代表的是一个小型网络。一共可以有 2 097 152 个 C 类小型网络,每个网络可以含有 254 台主机。

采用点分十进制编址方式可以很容易通过第一字节值识别 Internet 地址属于哪一类。例如,202.112.0.36(中国教育科研网)是 C 类地址。

在 A、B、C 类 IP 地址中,按表所示的范围保留部分地址,保留的 IP 地址段不能在 Internet 上使用,而只能使用在各个局域网内,见表 8-1。

表 8-1 网络 IP 地址段

网络类别	IP 地址范围	网络数
A 类网	10.0.0.0～10.255.255.255	1
B 类网	172.16.0.0～172.31.255.255	16
C 类网	192.168.0.0～192.168.255.255	256

为了使使用这些保留地址的计算机能接入 Internet,只需要在连接这个网络的路由器上设计网络地址转换,就会自动将内部地址转换为合法的外部网 IP 地址。

在实际应用中,为解决地址数量不够和通信速度问题,可以将一个网络分割成几个子网络，采用子网寻址技术，将主机地址部分划出一些二进制位，用于标识本网络的子网络，剩余的部分用作相应子网络内的主机地址的标识，这样 IP 地址就变形为网络地址 + 子网地址 + 主机地址。为识别子网，需要使用子网掩码。

(3) 子网掩码。子网掩码也是一个 32 位的模式，它的作用是识别子网和判别主机属于哪一个网络。当主机之间通信时，通过子网掩码与 IP 地址的逻辑与运算，可分离出网络地址，达到上述目的。设置子网掩码的规则是：凡 IP 地址中表示网络地址部分的那些位在子网掩码对应位上置 1，表示主机地址部分的那些位设置为 0。

例如，中国教育科研网的地址 202.112.0.36，属于 C 类，网络地址共 3 个字节，故它默认的子网掩码是 255.255.255.0。显然，A 类地址默认的子网掩码应是 255.0.0.0，B 类地址默认的子网掩码是 255.255.0.0。

如果网络由几个子网组成，则子网掩码将与子网络的划分有关。设 C 类网络 192.168.5 含两个子网，每个子网的主机数在 60 台以内。将主机地址部分再划出 2 位，用作本网络的子网络，剩余的 6 位用作相应子网络内的主机地址的标识（此时，每个子网可对 $2^6=64$ 台主机分配地址），这样网络地址就变形为网络地址 + 子网地址，共 26 位，对应的子网掩码为 11111111 11111111 11111111 11000000，其点分十进制形式是 255.255.255.192。

2. 域名系统

由于数字形式的 IP 地址难以记忆和理解，为此，Internet 引入了一种字符型的主机命名机制——域名系统，用来表示主机的地址。

(1) 域名系统 DNS。域名系统主要由域名空间的划分、域名管理和地址转换三部分组成。

TCP/IP 采用分层次结构方法命名域名。这种命名方法的优点是将结构加入到名字的命名中间。将名字分成若干层次，每个层次只管理自己的内容。此外，每一层又分成若干部分，这样一层一层分开，使整个域名空间成为一个倒立的分层树形结构，每个节点上都有一个名字。

这样一来，一台主机的名字就是该树形结构从树叶到树根路径上各个节点名字的一个序列，只要一层不重名，主机名就不会重名。

一个命名系统，以及按命名规则产生的名字管理和名字与 IP 地址的对应方法，称为域名系统(Domain Name System，DNS)。

域名的写法类似于点分十进制的 IP 地址的写法，用点号将各级子域名分隔开来，域的层次次序从右到左（即由高到低或由大到小），分别称为顶级域名（一级域名）、二级域名、三级域名等。典型的域名结构如下：

主机名．单位名．机构名．国家名

Internet 上几乎在每一子域都设有域名服务器，服务器中包含有该子域的全体域名和地址信息。Internet 每台主机上都有地址转换请求程序，负责域名与 IP 地址转换。域名和地址之间的转换工作称为域名解析，整个过程是自动进行的。有了 DNS 系统，凡域名空间中有定义的域名都可以有效地转换成 IP 地址，反之，IP 地址也可以转换成域名。因此，用户可以等价地使用域名或 IP 地址。

(2) 顶级域名。为了保证域名系统的通用性,Internet 规定了一些正式的通用标准,分为区域名和类型名两类。区域名用两个字母表示世界各国或地区,表 8-2 列出了常用国家或地区域名代码。常用组织性域名共有 7 个,见表 8-3。

表 8-2　常用的国家或地区域名及含义

域名	国家或地区	域名	国家或地区	域名	国家或地区
at	奥地利	ca	加拿大	it	意大利
ar	阿根廷	de	德国	jp	日本
au	澳大利亚	fr	法国	nl	荷兰
br	巴西	gr	希腊	nz	新西兰
be	比利时	hk	中国香港	no	挪威
gb	英国	es	西班牙	vn	越南
sg	新加坡	cn	中国	in	印度
tw	中国台湾	mx	墨西哥	ru	俄罗斯

表 8-3　常用组织性域名及含义

域　　名	含　　义
com	商业机构
gov	政府机构
edu	教育部门
net	网络组织
mil	军事机构
int	国际机构
org	其他组织

按区域名登记产生的域名称为地理型域名,按类型名登记产生的域名称为组织机构型域名。在地理型域名中,除了美国的国家域名代码 us 可默认外,其他国家的主机若要按地理模式申请登记域名,则顶级域名必须先采用该国家的域名代码后再申请二级域名。按类型名登记域名的主机,其地址通常源自于美国。例如,cernet. edu. cn 表示一个在中国登记的域名,而 163. com 表示该网络的域名是在美国登记注册的,但网络的物理位置在中国。

(3) 中国互联网络的域名体系。中国互联网络的域名体系顶级域名为 cn。二级域名共 40 个,分为类别域名和行政区域名两类。其中,类别域名共 6 个,见表 7-3。行政区域名 34 个,对应我国的各省、自治区和直辖市,采用两个字符的汉语拼音表示。例如,bj(北京市)、sh(上海市)、xz(西藏自治区)、hk(香港特别行政区)、gd(广东省)、ln(辽宁省)等。

(4) IP 地址与域名的管理。为了确保 IP 地址与域名在 Internet 上的唯一性,IP 地址统一由各级网络信息中心(Network Information Center,NIC)分配。NIC 面向服务和用户(包括不可见的用户软件),在其管辖范围内设置各类服务器。

国际级的 NIC 中的 InterNIC 负责美国及其他地区的 IP 地址的分配,RIPENIC 负责欧洲地区的 IP 地址的分配,总部设在日本东京大学的 APNIC 负责亚太地区的 IP 地址的分配。

中国互联网络信息中心 CNNIC 负责中国境内的互联网络域名注册和 IP 地址分配,并协助政府实施对中国互联网络的管理,其网站地址是 http://www.cnnic.net.cn。

单位在建立网络并预备接入 Internet 时,必须事先向 CNNIC 申请注册域名和 IP 地址。需要注意的是,单位在向 Internet 网络信息中心申请 IP 地址时,实际获得的是一个网络地址。具体的各个主机地址由该单位自行分配,只要做到该单位管辖范围内无重复的主机地址即可。

8.6 接入 Internet

1. ISP

Internet 服务提供商(Internet Service Provider,ISP)是众多企业和个人用户接入 Internet 的驿站和桥梁。当计算机连接 Internet 时,它并不直接连接到 Internet,而是采用某种方式与 ISP 提供的某一台服务器连接起来,通过它再接入 Internet。

由于经营业务的范围不同,ISP 有很多类型。其中,主干网 ISP 从事高速长距离回路的接入服务,通常采用大型高速路由器和转接器来提供服务。

目前,中国经营主干网的 ISP 只有 10 家,即我国的十大骨干网,它们拥有自己的国际信道和基本用户群。其他的 Internet 服务提供商属于二级 ISP,这些 ISP 基本上都是经 CHINANET 接入 Internet。按其提供的增值业务,ISP 大致可分为两类,一类以接入服务为主的接入服务提供商(Internet Access Provider,IAP),另一类以信息内容服务为主的内容服务提供商(Internet Content Provider,ICP)。随着 Internet 在我国的迅速发展,提供 Internet 服务的 ISP 也越来越多,在选择 ISP 时应该注意如下几点:

(1) ISP 可提供哪些接入方式供用户选择。例如,ISDN、ADSL、普通电话线拨号上网等,以及不同接入方式的收费标准和是否收取额外费用等。

(2) 各种接入方式的接通率(ISP 的中继线数量影响接通率)、数据传输带宽、ISP 接入主干网的带宽(用户除了要承担 ISP 的入网费用外,还得支付与 ISP 的通信费用,高速通信率可以节省用户的通信时间和通信费用)、拨号上网号码。

(3) ISP 能提供哪些服务。例如,Telnet、FTP、WWW、邮件服务等。

2. 接入方式

在接入网中,目前可供选择的接入方式主要有 PSTN、ISDN、DDN、LAN、ADSL、VDSL、Cable-Modem、PON 和 LMDS 九种,它们各有各的优缺点。

(1) PSTN 拨号接入。PSTN(Published Switched Telephone Network,公用电话交换网)技术是利用 PSTN 通过调制解调器拨号实现用户接入的方式。这种接入方式是大家非常熟悉的一种接入方式,目前最高的速率为 56kbit/s,已经达到香农定理确定的信道容量极限。这种速率远远不能够满足宽带多媒体信息的传输需求,但由于电话网非常普及,PSTN 拨号接入方式比较经济,至今仍是网络接入的主要手段。随着宽带的发展和普及,这种接入方式将被淘汰。

(2) ISDN 拨号接入。ISDN(Integrated Service Digital Network,综合业务数字网)接入技术俗称“一线通”,它采用数字传输和数字交换技术,将电话、传真、数据、图像等多种业务综合在一个统一的数字网络中进行传输和处理。用户利用一条 ISDN 用户线路,可以在上网的同时拨打电话、收发传真,就像两条电话线一样。ISDN 基本速率接口有两条 64kbit/s 的信息通路和一条 16kbit/s 的信息通路,简称 2B + D,当有电话拨入时,它会自动释放一个 B 信道来进行电话接听。

就像普通拨号上网要使用 Modem 一样,用户使用 ISDN 也需要专用的终端设备,主要由网络终端 NT1 和 ISDN 适配器组成。网络终端 NT1 好像有线电视上的用户接入盒一样必不可少,它为 ISDN 适配器提供接口和接入方式。ISDN 适配器和 Modem 一样又分为内置和外置两类,内置的一般称为 ISDN 内置卡或 ISDN 适配卡,外置的 ISDN 适配器则称之为 TA。

ISDN 的极限带宽为 128kbit/s,各种测试数据表明,双线上网速度并不能翻番,从发展趋势来看,窄带 ISDN 也不能满足高质量的 VOD 等宽带应用。

(3) DDN 专线接入。DDN 是英文 Digital Data Network 的缩写,这是随着数据通信业务发展而迅速发展起来的一种新型网络。DDN 的主干网传输媒介有光纤、数字微波、卫星信道等,用户端多使用普通电缆和双绞线。DDN 将数字通信技术、计算机技术、光纤通信技术以及数字交叉连接技术有机地结合在一起,提供了高速度、高质量的通信环境,可以向用户提供点对点、点对多点透明传输的数据专线出租电路,为用户传输数据、图像、声音等信息。DDN 的通信速率可根据用户需要在 $N\times64$kbit/s($N=1\sim32$) 之间进行选择,当然速度越快租用费用也越高。

(4) ADSL 接入。ADSL(Asymmetrical Digital Subscriber Line,非对称数字用户环路)是一种能够通过普通电话线提供宽带数据业务的技术,也是目前极具发展前景的一种接入技术。ADSL 素有“网络快车”之美誉,因其下行速率高、频带宽、性能优、安装方便、不需交纳电话费等特点而深受广大用户喜爱,成为继 Modem、ISDN 之后的又一种全新的高效接入方式。

ADSL 方案的最大特点是不需要改造信号传输线路,完全可以利用普通铜质电话线作为传输介质,配上专用的 Modem 即可实现数据高速传输。ADSL 支持上行速率 640kbit/s～1Mbit/s,下行速率 1 ～ 8Mbit/s,其有效的传输距离在 3 ～ 5km 范围以内。在 ADSL 接入方案中,每个用户都有单独的一条线路与 ADSL 局端相连,它的结构可以看作是星形结构,数据传输带宽是由每一个用户独享的。

(5) VDSL 接入。VDSL 比 ADSL 还要快。使用 VDSL 短距离内的最大下传速率可达 55Mbit/s,上传速率可达 2.3Mbit/s(将来可达 19.2Mbit/s,甚至更高)。VDSL 使用的介质是一对铜线,有效传输距离可超过 1 000 米。但 VDSL 技术仍处于发展初期,长距离应用仍需测试,端点设备的普及也需要时间。

目前有一种基于以太网方式的 VDSL,接入技术使用 QAM 调制方式,它的传输介质也是一对铜线,在 1.5 千米的范围之内能够达到双向对称的 10Mbit/s 传输,即达到以太网的速率。如果这种技术用于宽带运营商社区的接入,可以大大降低成本。

(6) Cable-Modem 接入。用于有线网络。Cable-Modem(线缆调制解调器)是近两年开始使用的一种超高速 Modem,它利用现成的有线电视(CATV)网进行数据传输,已是比较成熟的一种技术。随着有线电视网的发展壮大和人们生活质量的不断提高,通过 Cable Modem 利用有线电视网访问 Internet 已成为越来越受业界关注的一种高速接入方式。

由于有线电视网采用的是模拟传输协议,因此网络需要用一个 Modem 来协助完成数字数据的转化。Cable-Modem 与以往的 Modem 在原理上都是将数据进行调制后在 Cable(电缆)的一个频率范围内传输,接收时进行解调,传输机理与普通 Modem 相同,不同之处在于它是通过有线电视 CATV 的某个传输频带进行调制解调的。

Cable Modem 连接方式可分为两种:即对称速率型和非对称速率型。前者的 Data Upload(数据上传)速率和 Data Download(数据下载)速率相同,都在 500kbit/s ～ 2Mbit/s 之间;后者的数据上传速率在 500kbit/s ～ 10Mbit/s 之间,数据下载速率为 2 ～ 40Mbit/s。

采用 Cable-Modem 上网的缺点是:由于 Cable Modem 模式采用的是相对落后的总线型网络结构,这就意味着网络用户共同分享有限带宽。

(7) PON 接入。PON(无源光网络)技术是一种点对多点的光纤传输和接入技术,下行采用广播方式,上行采用时分多址方式,可以灵活地组成树形、星形、总线型等拓扑结构,在光分支点不需要节点设备,只需要安装一个简单的光分支器即可,具有节省光缆资源、带宽资源共享、节省机房投资、设备安全性高、建网速度快、综合建网成本低等优点。

PON 接入设备主要由 OLT、ONT、ONU 组成,由无源光分路器件将 OLT 的光信号分到树形网络的各个 ONU。一个 OLT 可接 32 个 ONT 或 ONU,一个 ONT 可接 8 个用户,而 ONU 可接 32 个用户,因此,一个 OLT 最大可负载 1 024 个用户。PON 技术的传输介质采用单芯光纤,局端到用户端最大距离为 20 千米,接入系统总的传输容量为上行和下行各 155Mbit/s,每个用户使用的带宽可以从 64kbit/s 到 155Mbit/s 灵活划分,一个 OLT 上所接的用户共享 155Mbit/s 带宽。例如富士通 EPON 产品 OLT 设备有 A550,ONT 设备有 A501,A550 最大有 12 个 PON 口,每个 PON 中下行至每个 A501 是 100M 带宽,而每个 PON 口上所接的 A501 上行带宽是共享的。

(8) LMDS 接入。这是目前可用于社区宽带接入的一种无线接入技术。在该接入方式中,一个基站可以覆盖直径 20 千米的区域,每个基站可以负载 2 万～ 4 万用户,每个终端用户的带宽可达到 25Mbit/s。但是,它的带宽总容量为 600Mbit/s,每基站下的用户共享带宽,因此一个基站如果负载用户较多,那么每个用户所分到的带宽就很小了。故这种技术对于社区用户的接入是不合适的,但它的用户端设备可以捆绑在一起,可用于宽带运营商的城域网互联。其具体做法是:在汇聚点机房建一个基站,而汇聚机房周边的社区机房可作为基站的用户端,社区机房如果捆绑 4 个用户端,汇聚机房与社区机房的带宽就可以达到 100Mbit/s。

采用这种方案的好处是可以使已建好的宽带社区迅速开通运营,缩短建设周期。但是目前采用这种技术的产品在中国还没有形成商品市场。

(9) LAN 方式接入。LAN 方式接入是利用以太网技术,采用光缆 + 双绞线的方式对社区进行综合布线。具体实施方案是:从社区机房敷设光缆至住户单元楼,楼内布线采用五类双绞线敷设至用户家里,双绞线总长度一般不超过 100 m,用户家里的电脑通过五类跳线接入墙上的五类模块就可以实现上网。社区机房的出口通过光缆或其他介质接入城域网。

采用 LAN 方式接入可以充分利用小区局域网的资源优势,为居民提供 10M 以上的共享带宽,这比现在拨号上网速度快 180 多倍,并可根据用户的需求升级到 100M 以上。

8.7 网络设置及网络测试工具

1. 网络设置

(1) 标识计算机。为了使网络上的其他用户能访问计算机,必须给每台计算机标识一个唯一的名称,并设置工作组,构成对等网络模式。

① 将鼠标移至“我的电脑”图标上,单击右键打开快捷菜单。

② 单击“属性”选项,在打开的窗口中单击左边的“高级系统设置”打开“系统属性”对话框,如图 8-10 所示。

③ 单击“计算机名”选项卡,单击“更改”按钮打开“计算机名/域更改”对话框,如图 8-11 所示。

④ 修改计算机名称。

⑤ 单击“确定”按钮。

(2) 协议设置。局域网内采用何种协议的基本准则是必须保证相互访问的两台计算机上的协议相同。

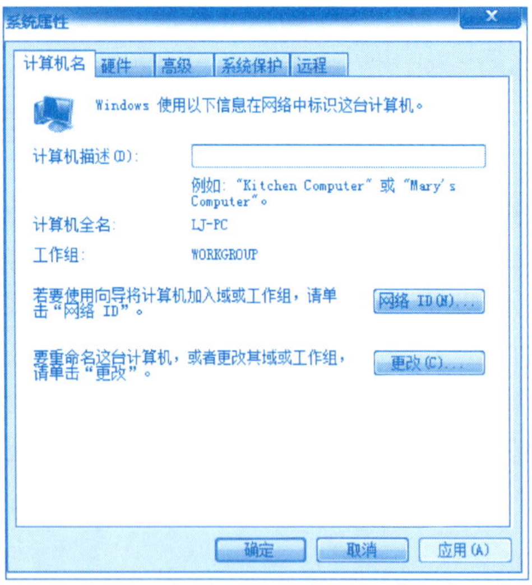

图 8-10 系统属性

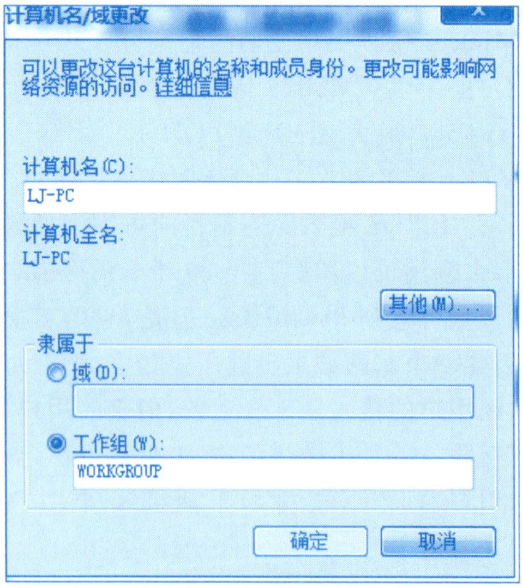

图 8-11 更改计算机名称

如果建立的是对等网,不存在跨网段的通信,只需要有 NetBEUI 就行了。对于客户机/服务器模式的局域网可采用 TCP/IP。但当工作站使用 Windows 98,服务器上使用 Windows 2000 或 Windows XP 等操作系统时，一般可考虑同时安装 TCP/IP 和 NetBEUI 两种协议。

(3) 设置网络共享资源。

① 共享文件夹。在对等网络模式下，每台计算机既是服务器也是工作站，不需要服务器来管理网络资源，网络中的计算机可直接相互通信。每个用户可以使用资源管理器将计算机上的文档和资源指定为可被网络上的其他用户访问的共享资源。

② 共享打印机。网络内打印机共享可以使用专门的网络打印机，网络打印机自身带有网卡，只要用网线连接到网络打印机的网卡上就可实现网络打印。也可以通过对普通打印机的共享实现网络打印。共享普通打印机主要用以下两个方法。

在网络内某节点机上安装好打印机，选中此打印机，选择共享并设置打印机共享名，允许其他计算机使用该打印机。

在其他节点机上，通过控制面板中打印机图标，选择添加打印机，进入打印机安装向导，选择网络打印机，按系统要求输入共享打印机的网络路径名称，网络路径名称的格式是\\计算机名\ 打印机名，然后按系统提示安装打印机驱动程序。

③ Internet 连接共享。使用 Windows 系统的 Internet 连接共享，通过 Modem、ISDN 或 ADSL 等接入网设备将网络上的某台主机连接到 Internet，该计算机称为 ICS 主机，其他计算机再通过 ICS 主机实现与 lnternet 的连接。具体操作方法如下：

第一步：在网络中选一台计算机作为主机，安装 Internet 连接共享协议(必须以 Administrator 身份登录)，并将入网设备连接到该主机。

第二步：对主机的 TCP/IP 进行设定。选择指定 IP 地址，例如填入 192.168.0.1(可使用其他地址)，在子网掩码中填上 255.255.255.0。

第三步：对其他计算机，打开 TCP/IP 属性对话框，将与网卡绑定的 TCP/IP 设置为自动获取 IP 地址，在网关栏填上 ICS 主机所指定的 IP 地址(按②中的假定为 192.168.0.1)。

第四步：对其他计算机上的浏览器软件 IE 进行设置，在“Internet 选项|连接”对话框中选择从不进行拨号连接，并关闭“局域网设置”中的“自动检测”设置和“使用自动配置脚本”。

2. 网络测试工具

许多网络操作系统都提供了基于 TCP/IP 用于检测网络状态的工具，下面介绍几种命令提示符下最常用的命令行工具，了解和掌握它们将会有助于更好地使用和维护网络。

(1) IPCONFIG。IPCONFIG 用来查看 IP 的具体配置信息，显示网卡的物理地址、主机的 IP 地址、子网掩码以及默认网关等，还可以查看主机的相关信息，如主机名、DNS 服务器、节点类型等。命令使用格式：

IPCONFIG/ALL

例如，在 C :\ 提示符下输入命令 IPCONFIG/ALL，将显示出作者使用的计算机配置信息。

C:\ >ipconfig /all

返回结果为

```
Windows IP Configuration
    Host Name……………………………………:px-8c42dc8b48d3
    Primary Dns Suffix…………………………:
    Node Type……………………………………:Unknown
    IP Routing Enabled…………………………:No
    WINS Proxy Enabled………………………:No
Ethernet adapter 本地连接:
    Connection-specific DNS Suffix. :
    Description………………………………………:Realtek RTL8168C(P)/8111C(P) PCI-E Gigabit
Ethernet NIC
    Physical Address…………………………………:00-24-1D-83-40-9D
    Dhcp Enabled………………………………………:No
    IP Address……………………………………………:10.102.4.160
    Subnet Mask………………………………………:255.255.255.0
    Default Gateway…………………………………:10.102.4.1
    DNS Servers…………………………………………:211.141.90.68
211.141.90.69
```

(2) ping 命令。ping 命令用来检查网络是否连通以及测试与目的主机之间的连接速度。使用格式:

ping 命令目标主机的 IP 地址或主机名

例如,要测试与中国教育网的连通性,在 C:\ 提示符下输入命令:

C:\> ping www.163.com

返回结果为:

```
Pinging www.cache.gslb.netease.com [61.135.253.10] with 32 bytes of data:
Reply from 61.135.253.10:bytes = 32 time = 152ms TTL = 50
Reply from 61.135.253.10:bytes = 32 time = 154ms TTL = 50
Reply from 61.135.253.10:bytes = 32 time = 152ms TTL = 50
Reply from 61.135.253.10:bytes = 32 time = 152ms TTL = 50
Ping statistics for 61.135.253.10:
Packets:Sent = 4,Received = 4,Lost = 0 (0% loss),
Approximate round trip times in milli-seconds:
Minimum = 152ms,Maximum = 154ms,Average = 152ms
```

ping 命令自动向目的主机发送一个 32byte 的消息,并计算目的站点响应的时间。该过程在默认情况下独立进行 4 次。响应时间低于 400ms 即为正常,超过 400ms 则较慢。

如果返回 Request time out 信息,则意味着目的站点在 ls 内没有响应。如果返回 4 个 Request time out 信息,说明该站点拒绝 ping 请求。

如果在局域网内执行 ping 不成功,则故障可能出现在以下几个方面:网线是否连通、网卡配置是否正确、IP 地址是否可用等。如果执行 ping 成功而网络无法使用,那么问题可能出在网络系统的软件配置方面。

(3) tracert 命令。tracert 可以判定数据到达目的主机所经过的路径，显示路径上各个路由器的信息。基本使用格式：

tracert 目的主机的 IP 地址或主机名

例如，输入命令 traceter www.163.com，应答信息如下：

```
Microsoft Windows XP [版本 5.1.2600]
(C) 版权所有 1985-2001 Microsoft Corp.
Tracing route to www.cache.gslb.netease.com [61.135.253.10]
over a maximum of 30 hops:
1 3 ms 7 ms 9 ms 10.102.4.1
2 15 ms 9 ms 10 ms 172.16.0.5
3 <1 ms <1 ms <1 ms 172.31.0.30
4 8 ms 10 ms 9 ms 117.40.229.1
5 <1 ms 1 ms <1 ms 202.109.179.25
6 7 ms 6 ms 6 ms 220.177.244.65
7 33 ms 33 ms 33 ms 202.97.39.149
8 26 ms 25 ms 25 ms 202.97.48.6
9 217 ms 217 ms 217 ms 219.158.32.161
10 218 ms 219 ms * 219.158.13.1
11 218 ms 218 ms 217 ms 123.126.0.122
12 152 ms 152 ms 153 ms 61.148.157.26
13 152 ms 153 ms * 61.148.157.66
14 152 ms 152 ms 152 ms bt-229-010.bta.net.cn [202.106.229.10]
15 150 ms 150 ms 148 ms 61.49.41.22
16 152 ms 152 ms 153 ms 61.135.253.10
Trace complete.
```

以上信息显示出作者的计算机到达网易的服务器所经过的路由器及响应时间。

8.8 案例的引入

8.8.1 案例的提出与分析

对于现代家庭来说，一台电脑往往不能满足多个家庭成员的需要。一个家庭同时配备 2 台甚至更多台电脑已经是很常见的，这就带来一个问题：因为一般情况下一个家庭只会申请一个上网账号，如何让家庭多台电脑共享该账号共同上网呢？

小王所住的小区最近开通了电信宽带网，小李想接入该网，但家中有一台台式电脑和一台笔记本电脑。小王希望充分利用宽带资源，实现两台电脑可以随时同时上网以满足多个家庭成员需求，但小王对网络了解甚少，不知如何解决，他决定先了解网络的相关知识。

8.8.2 案例主要涉及的知识点

(1) 网络连接;
(2) 网络设置。

8.8.3 案例实现的步骤

1. 网络连接

小李经过一段时间的学习后,成功申请了电信的上网账号,也购置了多台电脑上网必须的简单路由器——迷你型无线路由器,如图 8-12 所示。

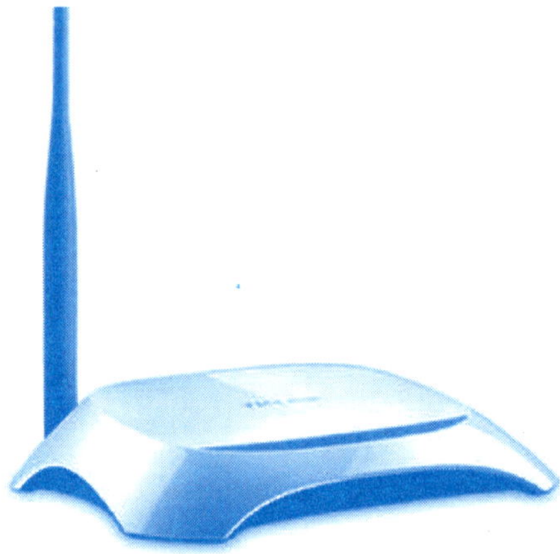

图 8-12 无线路由器

该无线路由器有一个 LAN/WAN 接口和一个 LAN 接口。在本案例中,可以将 LAN/WAN 接口与 ADSL 连接,LAN 接口与台式电脑的网卡连接;笔记本电脑一般都有配备无线网卡,就让笔记本电脑接收无线路由器发出的信号来无线上网。具体连接方法如图 8-13 所示。

连线之后如果电源也保持接通,指示灯会亮,如果不亮请检查线路。至此,WIN 7 下的配置就结束了,用户已经可以使用“http://LAN 口 IP”的方式登录到无线路由器的配置界面了。(LAN 口的默认 IP 在说明书和无线路由器的铭牌上都有,包括用户名和密码)

2. 网络设置

(1) 计算机的网络参数设置。在本案例中,因为有一台台式电脑和一台笔记本电脑,在后面我们将用台式电脑来设置路由器。

① 台式电脑的网络参数设置。

在台式机的 Windows 7 系统中右键单击桌面上的“网络”图标,在弹出的快捷菜单中,单击“属性”选项,在打开的窗口中再单击“更改适配器设置”,在打开的窗口中选中“本地

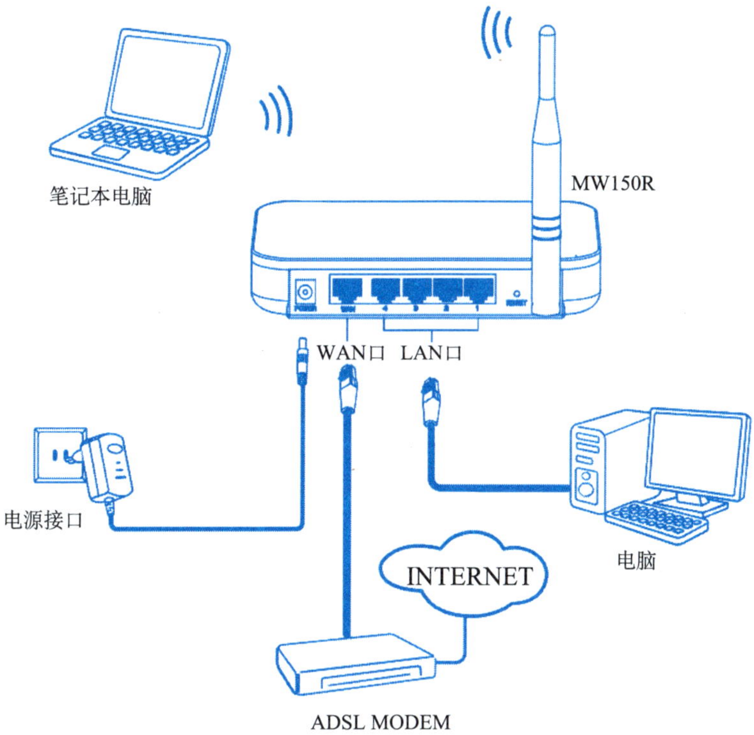

图 8-13 家庭电脑连接示意图

连接”，再单击“更改此连接的设置”，打开“本地连接属性”对话框，如图 8-14 所示。

在图 8-14 中双击“Internet 协议版本 4(TCP/Ipv4)”，打开 TCP/IP 协议参数设置面板，如图 8-15 所示。

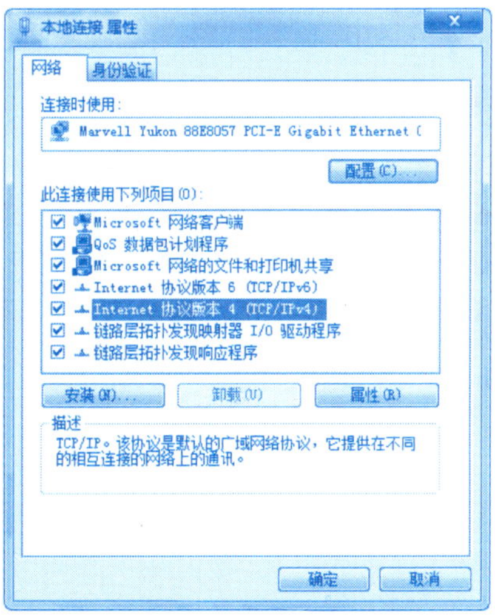

图 8-14 网络参数设置

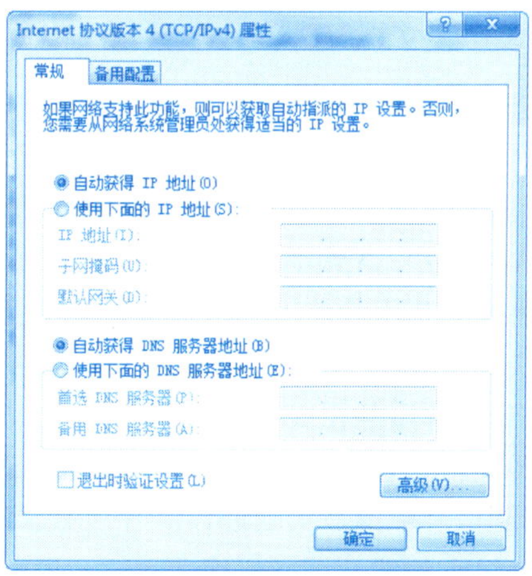

图 8-15 IP 地址设置

在图 8-15 中将 IP 地址获取方式设置为“使用下面的 IP 地址”方式(即静态 IP 方式)。并将 IP 地址、子网掩码、默认网关、首选 DNS 服务器这四个参数按照网络服务商提供的参数进行设置。至此台式电脑的网络参数设置完毕。

② 笔记本电脑的网络参数设置。因为笔记本是将要利用无线网卡上网的,所以只需将笔记本的无线网卡的网络参数按照上述台式电脑的网络参数来设置。其中在设置到图 8-15 时应将 IP 地址设置为 212.192.129.13 ,使各自的 IP 地址不同,保持 IP 地址的唯一性,其他参数都完全一致。

(2) 路由器设置。使用无线路由器设置向导可以帮助用户快速地建立网络连接,本文以 TP-LINK TL-150M 迷你无线路由器为例演示使用设置向导完成 PPPOE 拨号连接互联网的具体步骤,大家在使用 TP-LINK 设备的时候可以做参考。

① 连接到无线路由器。使用网线连接无线路由器的 LAN 口和主机网卡(或者直接使用无线的方式),配置主机的网卡使用自动获取 IP 的方式(TP-LINK 无线路由器默认开启 DHCP 服务),然后在浏览器中输入 http://192.168.1.253 ,输入用户名与密码,默认均为 admin,就可以登入无线路由器的管理界面了(TP-LINK 无线路由器的 LAN 口默认 IP 为 192.168.1.253,用户名以及密码在说明书上有详细说明),如图 8-16 所示。

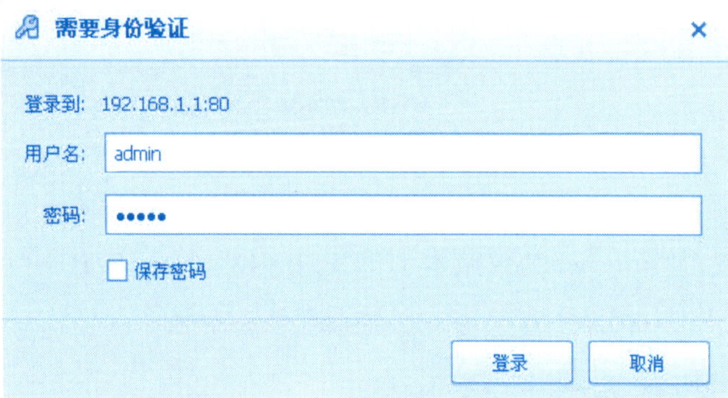

图 8-16 路由器登录

进入路由器设置界面,单击左侧导航栏中“设置向导”,在出现的界面中单击“下一步”。

② 设置工作模式。在使用设置向导之前,需要指定无线路由器的工作模式为无线路由模式(旧型号的设备没有这种功能,默认就是工作在无线路由器模式下),如图 8-17 所示。

AP 模式。无线 AP 相当于一台无线交换机,用于将多个无线客户端接入无线网络,选择这种模式是不能使用 PPPOE 的功能的。

Router 模式(即无线路由模式)。在这种模式下才能设置共享 PPPOE 拨号连接互联网,是最为常用的模式。

Repeater 模式。即中继模式。此时路由器仅相当于一个延长网络连接线路的中间连接器,起到信号中继放大功能。

Bridge 模式。即网桥模式。

Client 模式。即网络客户模式。

在此处选择 Router 模式,如图 8-18 所示。单击“下一步”按钮继续设置。

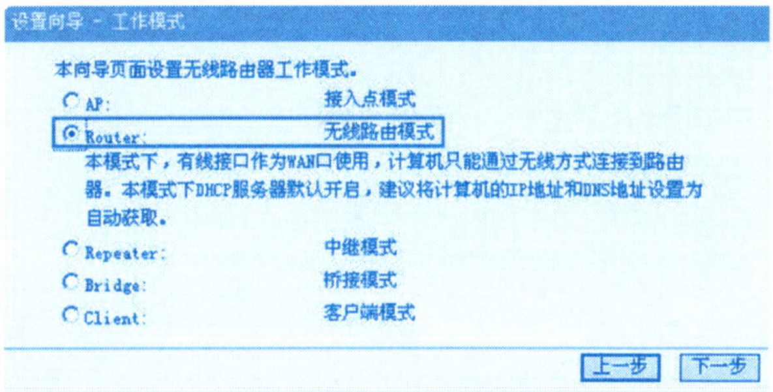

图 8-17　路由器设置

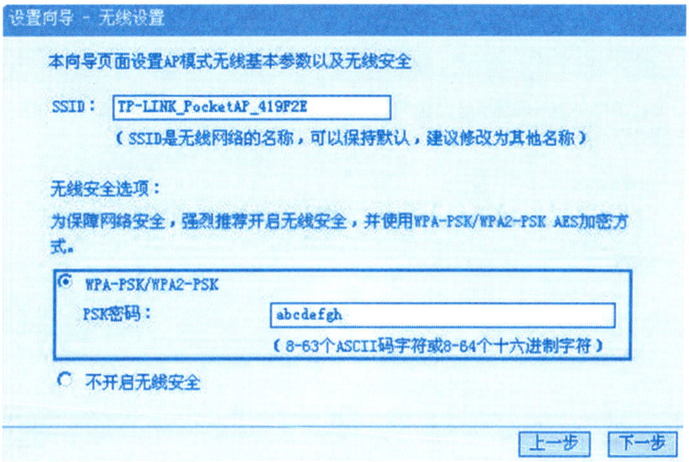

图 8-18　设置无线安全密码

无线状态:默认开启。

SSID:就是无线网络名称,用户搜索无线网络就是搜索的这个。

信道、模式和频段带宽保持默认的设置。

加密方式推荐使用 WPA/WPA2,在 PSK 密码的后边输入一个密码用于客户端连接无线路由器,密码长度至少 8 位。

③ 设置上网方式。设置完无线安全后,单击“下一步”按钮,进行 WAN 口上网方式设置,如图 8-19 所示。

对于家庭用户来讲,确定联网的方式为 PPPOE,所以选择“PPPOE(ADSL 虚拟拨号)”,单击“下一步”按钮,输入运营商提供的用户名和密码,如图 8-20 所示。

设置完成,重启无线路由器生效,如图 8-21 所示。

需要注意一点的是,根据设置向导完成的 PPPOE 连接是按需连接,也就是说当内网主机访问互联网的时候无线路由器才进行拨号,访问完成后过一段时间会自动断线,可以在“网络参数-WAN 口设置”中选择连接模式为“自动连接,在开机和断线后自动连接”,这样就可以保持无线路由器持续连接互联网了。

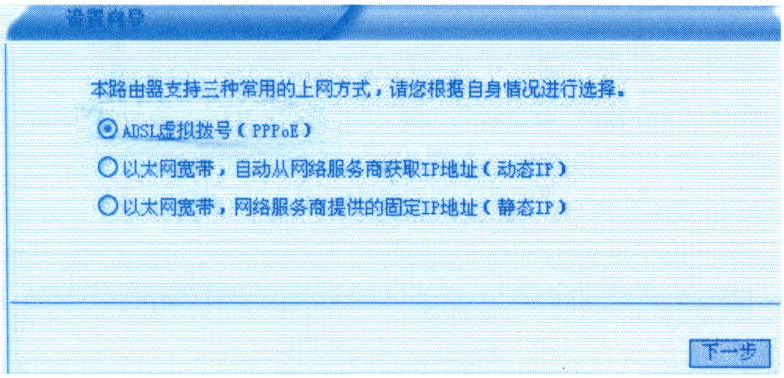

图 8-19　上网方式设置

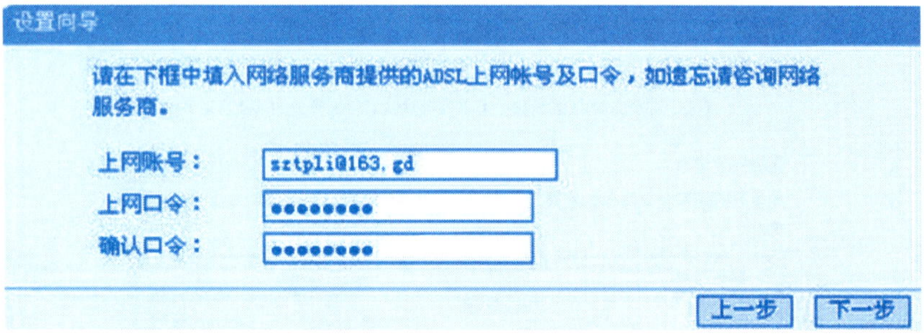

图 8-20　设置上网账号与密码

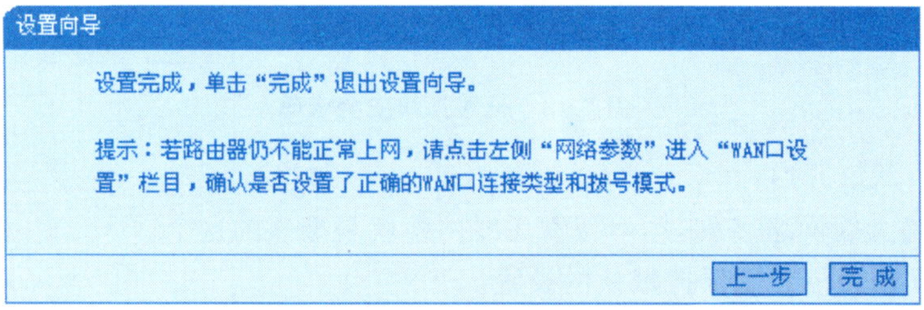

图 8-21　设置完成

8.9　小结与拓展练习

1. 小结

本章介绍了计算机网络的概念、组成、功能，构建计算机网络所要的设备及常用的拓扑结构，网络地址划分及接入 Internet 的方法，网络的设置及其测试工具。

2. 拓展练习

(1) 用 IPCONFIG 查看所用计算机 IP 的具体配置信息，显示网卡的物理地址、主机的

IP 地址、子网掩码、默认网关及主机的相关信息。

(2) 用 ping 命令来检查所用计算机网络是否连通以及测试与目的主机之间的连接速度。

(3) 将所用计算机上一个文件夹设为网络共享文件夹，并在网上其他计算机上访问该文件夹。

(4) 将所用计算机上的打印机设为共享打印机，并在网上其他计算机上共享该打印机。

(5) 利用搜索引擎在网上查找自己所需的资料。

第 9 章

计算机安全

教学提示

本章主要介绍计算机病毒的概念、特征及其分类，病毒的传播途径、网络安全技术等内容。

教学目标

(1) 了解计算机病毒的概念、特征及其分类。

(2) 了解病毒的传播途径。

(3) 掌握计算机病毒防治的一些基本常识。

9.1 计算机病毒

1. 计算机病毒概念

计算机病毒是指编制或者在计算机程序中插入的一组计算机指令或程序代码。它能破坏计算机功能或毁坏数据，影响计算机使用，并能自我复制。

2. 计算机病毒的特性

计算机病毒具有正常程序的一切特性，它隐藏在正常程序中，当用户调用正常程序时，它窃取到系统的控制权，先于正常程序执行，病毒的动作、目的对用户是未知的和未经用户允许的。它主要有如下几个特征：

(1) 传染性。正常的计算机程序一般是不会将自身的代码强行连接到其他程序之上的，而病毒却能够使自身的代码强行传染到一切符合其传染条件的未受到传染的程序之上。计算机病毒可以通过各种可能的渠道，如U盘、光盘和计算机网络传染给其他的计算机。当你在一台机器上发现了病毒，往往曾经在这台计算机上使用过的U盘也已感染上了病毒，而与这台机器联网的其他计算机或许也被该病毒侵染了。是否具有传染性是判别一段程序是否为计算机病毒的最重要条件。

(2) 隐蔽性。病毒一般是具有很高编程技巧、短小精悍的一段程序，通常潜入在正常程序或磁盘中。病毒程序与正常程序不容易被区别开来，在没有防护措施的情况下，计算机病毒程序取得系统控制权后，可以在很短的时间内感染大量程序，而且受到感染后，计算机系统通常仍能正常运行，用户不会感到有任何异常。试想，如果病毒在传染到计算机上之后，机器会马上无法正常运行，那么它本身便无法继续进行传染了。正是由于其隐蔽性，计算机病毒得以在用户没有察觉的情况下扩散到其他计算机中。大部分病毒的代码之所以设计得非常短小，也是为了隐藏。多数病毒一般只有几百或几千字节，而计算机对文件的存取速度比这要快得多。病毒将这短短的几百字节加入到正常程序之中，使人不易察觉。

(3) 潜伏性。大部分病毒在感染系统之后不会马上发作，它可以长时间隐藏在系统中，只有在满足特定条件时才启动其表现(破坏)模块。只有这样它才可以进行广泛地传播。如

"PETER-2"在每年 2 月 27 日会提 3 个问题，答错后将会把硬盘加密。著名的"黑色星期五"每逢 13 日的星期五发作。国内的"上海一号"会在每年三、六、九月的 13 日发作。当然，最令人难忘的便是 4 月 26 日发作的 CIH 病毒。这些病毒在平时会隐藏得很好，只有在发作日才会露出本来面目。

(4) 破坏性。任何病毒只要侵入系统，都会对系统及应用程序产生不同程度的影响。良性病毒可能只显示些画面或发出点音乐、无聊的语句，或者根本没有任何破坏动作，只是会占用系统资源。恶性病毒则有明确的目的，或破坏数据、删除文件，或加密磁盘、格式化磁盘，有的甚至对数据造成不可挽回的破坏。

(5) 不可预见性。从对病毒的检测方面来看，病毒还有不可预见性。不同种类的病毒，其代码千差万别，但有些操作是共有的，如驻留内存、改中断。有些人利用病毒的这种共性，制作了声称可以查找所有病毒的程序。这种程序的确可以查出一些新病毒，但由于目前的软件种类极其丰富，而且某些正常程序也使用了类似病毒的操作，甚至借鉴了某些病毒的技术，使用这种方法对病毒进行检测势必会产生许多误报。而且病毒的制作技术也在不断提高，病毒对反病毒软件永远是超前的。

3. 计算机病毒的分类

从第一个病毒问世以来，病毒的种类多得已经难以准确统计。时至今日，病毒的数量仍在不断增加。据国外统计，计算机病毒数量正以每周 10 种的速度递增，另据我国公安部统计，国内以每月 4～6 种的速度在递增。

计算机病毒的分类方法有很多种，因此，同一种病毒可能有多种不同的分法。

(1) 按照计算机病毒侵入的系统分类。

① DOS 系统下的病毒。这类病毒出现最早，泛滥于 20 世纪八九十年代，如"小球"病毒、"大麻"病毒、"黑色星期五"病毒等，恐怕现在有不少 40 岁左右的人，仍对它们记忆犹新。

② Windows 系统下的病毒。随着 20 世纪 90 年代 Windows 的普及，Windows 下的病毒便开始广泛流行，CIH 病毒就是一个经典的 Windows 病毒。

③ UNIX 系统下的病毒。当前，UNIX 系统应用非常广泛，许多大型系统均采用 UNIX 作为其主要的操作系统，所以 UNIX 下的病毒也就随之产生了。

④ OS/2 系统下的病毒。

(2) 按照计算机病毒的链接方式分类。

① 源码型病毒。这种病毒主要攻击高级语言编写的程序，该病毒在高级语言所编写的程序编译前插入到源程序中，经编译成为合法程序的一部分。

② 嵌入型病毒。这种病毒是将自身嵌入到现有程序中，把病毒的主体程序与其攻击的对象以插入的方式链接。

③ 外壳型病毒。这种病毒将其自身包围在被侵入的程序周围，对原来的程序不作修改。这种病毒最为常见，易于编写，也易于发现，一般测试文件的大小即可查出。

④ 操作系统型病毒。这种病毒用它自己的程序代码加入或取代部分操作系统代码进行工作，具有很强的破坏力，可以使整个系统瘫痪。圆点病毒和大麻病毒就是典型的操作系统型病毒。

(3) 按照计算机病毒的破坏性质分类。按照计算机病毒对计算机破坏的严重性分可分为两类。

① 良性计算机病毒。良性病毒是指其不包含对计算机系统产生直接破坏作用的代码。这类病毒为了表现其存在,只是不停地进行扩散,从一台计算机传染到另一台,并不破坏计算机内的数据。有些只是表现为恶作剧。这类病毒取得系统控制权后,会导致整个系统的运行效率降低,系统可用内存总数减少,使某些应用程序暂时无法执行。

② 恶性计算机病毒。恶性病毒是指在其代码中包含损伤和破坏计算机系统的操作,在其传染或发作时会对系统产生直接的破坏作用。这类病毒有很多,如米开朗琪罗病毒。当米氏病毒发作时,硬盘的前 17 个扇区将被彻底破坏,使整个硬盘上的数据无法被恢复,造成的损失是无法挽回的。有的病毒甚至还会对硬盘做格式化等破坏操作。

(4) 按照计算机病毒的寄生部位或传染对象分类。传染性是计算机病毒的本质属性,根据寄生部位或传染对象分类,也就是根据计算机病毒的传染方式进行分类,有以下几种:

① 磁盘引导型病毒。磁盘引导区传染的病毒主要是用病毒的全部或部分逻辑取代正常的引导记录,而将正常的引导记录隐藏在磁盘的其他地方。由于引导区是磁盘能正常使用的先决条件,因此,这种病毒在运行的一开始(如系统启动时)就能获得控制权,其传染性较大。由于在磁盘的引导区内存储着需要使用的重要信息,因此,如果对磁盘上被移走的正常引导记录不进行保护,在运行过程中就会导致引导记录的破坏。引导区传染的计算机病毒较多,例如,“大麻”和“小球”病毒就是这类病毒。

② 操作系统型病毒。操作系统是计算机应用程序得以运行的支持环境,由 .SYS、.EXE 和 .DLL 等许多可执行的程序及程序模块构成。操作系统型病毒就是利用操作系统中的一些程序及程序模块寄生并传染的病毒。通常,这类病毒成为操作系统的一部分,只要计算机开始工作,病毒就处在随时被触发的状态。而操作系统的开放性和不完善性给这类病毒出现的可能性与传染性提供了方便。“黑色星期五”就是这类病毒。

③ 感染可执行程序的病毒。通过可执行程序传染的病毒通常寄生在可执行程序中,一旦程序被执行,病毒就会被激活,病毒程序首先被执行,并将自身驻留内存,然后设置触发条件进行传染。

④ 感染带有宏的文档的病毒。随着微软公司 Word 文字处理软件的广泛使用和计算机网络尤其是 Internet 的推广普及,病毒家族又出现了一个新成员,这就是宏病毒。宏病毒是一种寄存于文档或模板的宏中的计算机病毒。一旦打开这样的文档,宏病毒就会被激活并转移到计算机上,且驻留在 Normal 模板中。从此以后,所有自动保存的文档都会感染上这种宏病毒,而且,如果其他用户打开了已感染病毒的文档,宏病毒又会转移到该用户的计算机中。

对于以上四种病毒的分类,实际上可以归纳为两大类:一类是存在于引导扇区的计算机病毒;另一类是存在于文件的计算机病毒。

(5) 按照传播介质分类。按照计算机病毒的传播介质来分类,可分为单机病毒和网络病毒。

① 单机病毒。单机病毒的载体是磁盘。一般情况下,病毒从 USB 盘、移动硬盘传入硬

认证过程通常涉及加密和密钥交换。通常,加密可使用对称加密、不对称加密,以及两种加密方法的混合。

9.3 案例的引入

9.3.1 案例的提出与分析

小郑最近非常烦恼,原因是他新买的计算机运行速度突然变慢了,而且上网速度也很慢,在登录 QQ 时,QQ 系统总是提示输入密码不正确。小郑百思不解,找到计算机公司的技术员小吕,小吕听了小郑的描述后,告诉小郑,他的计算机可能中了病毒,QQ 密码不正确可能是被盗号了。小郑听后很惊讶,自己在家上 QQ,QQ 号怎么被盗了呢?以后自己还开不开网上银行呢?小吕向小郑介绍了计算机病毒和网络安全的相关知识,并提出了防治病毒和网络安全的建议。

9.3.2 案例主要涉及的知识点

(1) 养成良好的安全习惯。

(2) 关闭或删除系统中不需要的服务。

(3) 经常升级操作系统安全补丁。

(4) 使用复杂的密码。

(5) 迅速隔离受感染的计算机。

(6) 安装专业的杀毒软件进行全面监控。

(7) 安装个人防火墙软件及其他安全软件防黑客。

(8) 做好"一键还原"备份。

9.3.3 案例的解决方案

小吕将小郑的电脑进行了系统重装,安装了杀毒软件及网络安全软件,并对小郑提出了以下建议:

(1) 养成良好的安全习惯。不要打开一些来历不明的邮件及附件,不要上一些不太了解的网站,不要执行从 Internet 下载后未经杀毒处理的软件等,这些必要的习惯会使你的计算机更安全。使用移动存储器时先进行病毒查杀。

养成定期查毒、杀毒的习惯。因为很多病毒在感染后会在后台运行,用肉眼是无法看到的,而有的病毒会存在潜伏期,在特定的时间会自动发作,所以要定期对自己的计算机进行检查,一旦发现感染了病毒,要及时清除。

(2) 关闭或删除系统中不需要的服务。默认情况下,许多操作系统会安装一些辅助服务,如 FTP 客户端、Telnet 和 Web 服务器。这些服务为攻击者提供了方便,而又对用户没有太大用处,如果删除它们,就能大大减少被攻击的可能性。

(3) 经常升级操作系统安全补丁。大量网络病毒是通过操作系统安全漏洞进行传播的，像蠕虫王、冲击波、震荡波等，所以我们应该定期到微软网站去下载最新的安全补丁。

(4) 使用复杂的密码。有许多网络病毒就是通过猜测简单密码的方式攻击系统的，因此使用复杂的密码，将会大大提高计算机的安全系数。

(5) 迅速隔离受感染的计算机。当您的计算机发现病毒或异常时应立刻断网，以防止计算机受到更多的感染，或者成为传播源，再次感染其他计算机。

(6) 安装专业的杀毒软件进行全面监控。在病毒日益增多的今天，使用杀毒软件进行防毒，是越来越经济的选择，不过用户在安装了反病毒软件之后，应该经常进行升级，经常打开一些主要监控(如邮件监控)、内存监控等，遇到问题要上报，这样才能真正保障计算机的安全。常用的杀毒软件有360杀毒、瑞星、金山毒霸、江民、卡巴斯基等。

(7) 安装个人防火墙软件及其他安全软件防黑客。由于网络的发展，用户电脑面临的黑客攻击问题也越来越严重，许多网络病毒都采用了黑客的方法来攻击用户电脑，因此，用户还应该安装个人防火墙软件，将安全级别设为中、高，这样才能有效地防止网络上的黑客攻击。个人防火墙安全软件有天网、瑞星、360安全卫士等。

(8) 做好"一键还原"备份。在电脑受到病毒破坏时，只要按下"一键还原"键，电脑很快就可以恢复到安装状态，这样就免去了重装系统的烦恼，为我们提供了很大的方便。

其实一键还原并不是品牌机的专利，非品牌机也可以通过安装"一键还原精灵"软件来实现一键还原的功能，在系统遭到破坏的时候，只要按下F11键，就可以快速还原为以前备份的系统，同时该软件完全免费，可以放心使用。

一个需要注意的问题是，品牌机如果自带"一键还原"功能，就请别多此一举再安装一个"一键还原精灵"，因为此类软件均要在硬盘上划分隐藏分区，一般是在最后一个分区的后面划分一个1G、一个2G两个分区共3G的硬盘空间，分区的改变会使先存在的"一键还原"功能失效，如用品牌机自带的还原功能的话会导致分区表损坏，那样会造成所有分区的数据丢失。

一般情况下，该软件的备份、还原均安全，但安装完该软件后切记不能把硬盘重新分区，分区改变会导致还原失效，可能会造成不可挽回的损失。

9.4 小结与拓展练习

1. 小结

本章介绍了计算机病毒的概念、种类、特征、传播途径，总结了病毒的防治措施及计算机网络的安全技术。

2. 拓展练习

(1) 在网上下载360安全卫士并将其安装到计算机上，运用360安全卫士，查杀木马及进行其他操作。

(2) 在网上下载360杀毒软件并将其安装到计算机上，运用360杀毒软件对计算机进行病毒查杀。

附录 A　ASCII 码字符总表

ASCII 字符集的每一个字符的十进制值、十六进制值、终端上的显示结果、ASCII 助记名和 ASCII 控制字符定义，见表 A-1 。

表 A-1　ASCII 码字符总表

十进制数值	十六进制值	终端显示	ASCII 助记名	备注
0	00	^@	NUL	空
1	01	^A	SOH	文件头的开始
2	02	^B	STX	文本的开始
3	03	^C	ETX	文本的结束
4	04	^D	EOT	传输的结束
5	05	^E	ENQ	询问
6	06	^F	ACK	确认
7	07	^G	BEL	响铃
8	08	^H	BS	后退
9	09	^I	HT	水平跳格
10	0A	^J	LF	换行
11	0B	^K	VT	垂直跳格
12	0C	^L	FF	格式馈给
13	0D	^M	CR	回车
14	0E	^N	SO	向外移出
15	0F	^O	SI	向内移入
16	10	^P	DLE	数据传送换码
17	11	^Q	DC1	设备控制 1
18	12	^R	DC2	设备控制 2
19	13	^S	DC3	设备控制 3
20	14	^T	DC4	设备控制 4
21	15	^U	NAK	否定
22	16	^V	SYN	同步空闲
23	17	^W	ETB	传输块结束
24	18	^X	CAN	取消
25	19	^Y	EM	媒体结束
26	1A	^Z	SUB	减
27	1B	^[	ESC	退出
28	1C	^ *	FS	域分隔符
29	1D	^]	GS	组分隔符
30	1E	^^	RS	记录分隔符
31	1F	^_	US	单元分隔符
32	20	(Space)	Space	
33	21	|		

续表

十进制数值	十六进制值	终端显示	ASCII 助记名	备注
34	22	`		
35	23	#		
36	24	$		
37	25	%		
38	26	&		
39	27	‘		
40	28	(		
41	29	)		
42	2A	*		
43	2B	+		
44	2C	,		
45	2D	-		
46	2E	.		
47	2F	/		
48	30	0		
49	31	1		
50	32	2		
51	33	3		
52	34	4		
53	35	5		
54	36	6		
55	37	7		
56	38	8		
57	39	9		
58	3A	:		
59	3B	;		
60	3C	<		
61	3D	=		
62	3E	?		
63	3F	?		
64	40	@		
65	41	A		
66	42	B		
67	43	C		
68	44	D		
69	45	E		
70	46	F		
71	47	G		
72	48	H		
73	49	I		
74	4A	J		

续表

十进制数值	十六进制值	终端显示	ASCII 助记名	备注
75	4B	K		
76	4C	L		
77	4D	M		
78	4E	N		
79	4F	O		
80	50	P		
81	51	Q		
82	52	R		
83	53	S		
84	54	T		
85	55	U		
86	56	V		
87	57	W		
88	58	X		
89	59	Y		
90	5A	Z		
91	5B	[		
92	5C	“		
93	5D	]		
94	5E	ˆ		
95	5F	_		
96	60	‘		
97	61	a		
98	62	b		
99	63	c		
100	64	d		
101	65	e		
102	66	f		
103	67	g		
104	68	h		
105	69	i		
106	6A	j		
107	6B	k		
108	6C	l		
109	6D	m		
110	6E	n		
111	6F	o		
112	70	p		
113	71	q		
114	72	r		
115	73	s		

续表

十进制数值	十六进制值	终端显示	ASCII 助记名	备注
116	74	t		
117	75	u		
118	76	v		
119	77	w		
120	78	x		
121	79	y		
122	7A	z		
123	7B	{		
124	7C	|		
125	7D	}		
126	7E			
127	7F		DEL	Delete

附录 B 五笔字型输入法

一、认识五笔字型

五笔字型输入法(简称五笔)是王永民在 1983 年 8 月发明的一种汉字输入法。因为发明人姓王,所以也称为“王码五笔”。五笔字型完全依据笔画和字形特征对汉字进行编码,是典型的形码输入法。五笔是目前中国以及一些东南亚国家如新加坡、马来西亚等国的最常用的汉字输入法之一。五笔相对于拼音输入法具有重码率低的特点,熟练后可快速输入汉字。五笔字型自 1983 年诞生以来,先后推出三个版本:86 五笔、98 五笔和新世纪五笔。深受用户的青睐。在 Windows 7 中尽管没有五笔字型输入法,但市场上提供了多种可以在 Windows 7 中使用的五笔字型输入法软件,只需将其安装到 Windows 7 中即可。

一般来讲,汉字是可以分解的,如“照”字可以分解为“日”、“刀”、“口”、“灬”,而“日”、“刀”、“口”、“灬”就称为汉字的字根。五笔字型字根有 125 种,这样通过字根把处理几万个汉字的问题,变成了只处理 125 种字根的问题。

分解过程是构成汉字的一个逆过程。当然,汉字的分解是按照一定的规则进行的,这个法则总结起来就是:整字分解为字根,字根分解为笔画。即汉字结构可以分为三个层次:汉字、字根、笔画。

1. 笔画

书写汉字时,将一次写成的一个连续不断的线段叫笔画。一般从书写形态上认为汉字的笔形有点、横、竖、撇、捺、挑(提)、钩、(左右)折八种。

在五笔字型方法中,把汉字的笔画只归结为横、竖、撇、捺(点)、折五种。把“点”归结为“捺”类,是因为两者运笔方向基本一致;把挑(提)归结于“横”类;除竖能代替左钩以外,其他带转折的笔画都归结为“折”类。

汉字的基本笔画只有 5 种,分别用 1、2、3、4、5 作为代号,如表 B-1 所示。

附表 B-1 汉字基本笔画代码表

代号	笔画名称	笔画走向	笔画及其变形
1	横	左→右	一
2	竖	上→下	丨
3	撇	右中→左下	丿
4	捺	左上→右下	丶
5	折	带转折	乙

2. 笔画的书写顺序

在书写汉字时,汉字的笔顺规则是:先横后竖(如:“干”),先撇后捺(如:“八”),从小到大(如:“主”),从左到右(如“林”),先进后关(如:“田”),先中间后两边(如:“水”),从外到内

(如:“回”)等。如“仗”,笔顺为丿,丿丨,丿丨一,丿丨一丿,丿丨一丿㇏。笔顺是否正确,关系到书写的速度和字形的好坏。

3. 汉字的部件结构

在五笔字型编码输入方案中,选取了大约130个部件作为组字的基本单元,并把这些部件称为基本字根。众多的汉字全部由它们组合而成,如,“明”字由日月组成,“吕”字是由两个口组成。在这些基本字根中有些字根本身就是一个完整的汉字,例如,日、月、人、火、手等。

4. 汉字的部位结构

基本字根按一定的方式组成汉字,在组字时这些字根之间的位置关系就是汉字的部位结构。

(1) 单体结构。由基本字根独立组成的汉字,例如,目、日、口、田、山等。

(2) 左右结构。左右结构的字由左右两部分或左中右三部分构成,例如,朋、引、彻、喉等。

(3) 上下结构。上下结构的字由上下两部分或自上往下几部分构成,例如,吕、旦、党、意等。

(4) 内外结构。内外结构的字由内外部分构成,例如,国、向、句、匠、达、库、厕、问等。

5. 汉字的字型信息

在五笔字型输入法中,为获取的字型信息,把汉字信息分成以下三类:

1型。左右部位结构的汉字,例如,肚、拥、咽、枫等。虽然“枫”的右边是两个基本字根按内外型组合成的,但整字仍属于左右型。

2型。部位结构是上下型的字,例如,字、节、看、意、想、花等。

3型。称为杂合型。包括部位结构的单字和内外型的汉字,即没有明显的上下和左右结构关系的汉字。

在向计算机输入汉字时,只靠告诉计算机该字是由哪几个字根组成的,往往还不够,例如,“叭”和“只”字,都是由“口”和“八”两个字根组成的,为了区别究竟是哪一个字还必须把字型信息告诉计算机。

二、五笔编码输入法

1. 五笔的字根及排列

在五笔字型编码输入法中,选取了组字能力强、出现次数多的130个左右的部件作为基本字根,其余所有的字,包括那些虽然也能作为字根,但是在五笔字型中没有被选为基本字根的部件,在输入时都要经过拆分成基本字根的组合。

对选出的130多种基本字根,按照其起笔笔画,分成五个区。以横起笔的为第一区,以竖起笔的为第二区,以撇起笔的为第三区,以捺(点)起笔的为第四区,以折起笔的为第五区,如图 B-1 所示。

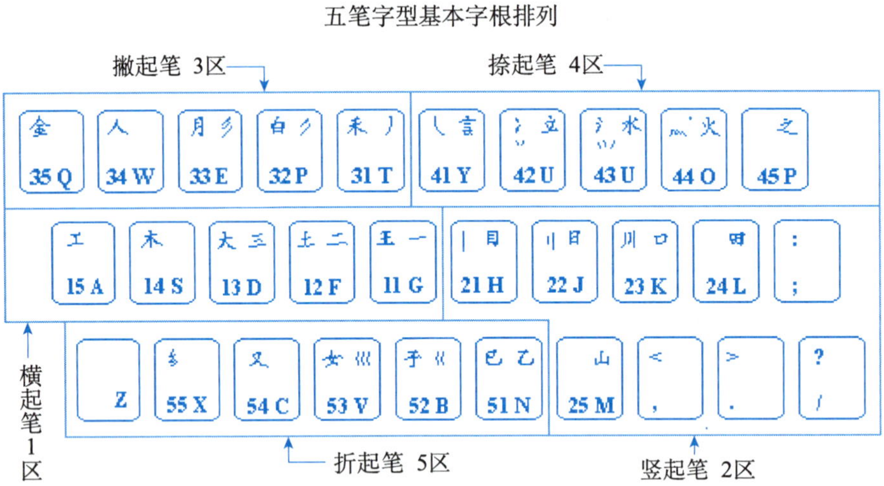

图 B-1　五笔字型基本字根排列

每一区内的基本字根又分成五个位置,也以 1、2、3、4、5 表示。这样 130 多个基本字根就被分成了 25 类,每类平均 5～6 个基本字根。这 25 类基本字根安排在除 Z 键以外的 A～Y 的 25 个英文字母键上。五笔字型字根总表以及五笔字型键盘字根排列如图 B-2 所示。

在同一个键位上的几个基本字根中,选择一个具有代表性的字根,称为键名。上图中键位左上角的字根就是键名。

2. 五笔输入的编码规则

精心地选择基本字根,由基本字根组成所有的汉字,然后有效地、科学地、严格地在目前计算机的输入键盘上实现汉字输入,这是输入法的基本思想。五笔字型输入法一般击四键完成一个汉字的输入,编码规则总表如图 B-3 所示。

编码规则分成两大类:

(1) 基本字根编码。这类汉字直接标在字根键盘上,其中包括键名汉字和一般成字字根汉字两种。键名汉字是指:

王、土、大、木、工、目、日、口、田、山、言、立、水、火、之、禾、白、月、人、

金、子、女、又、纟

共 25 个。它们采用把该键连敲四次的方法输入。

一般成字字根的汉字输入采用先敲字根所在键一次(称为挂号),然后再敲该字字根的第一、第二以及最末一个单笔按键。例如:石,第一键为“石”字根所在的 D 键,第二键为首笔“横”G 键,第三键为次笔“撇”T 键,第四键为末笔“横”G 键。

但对于用单笔画构成的字,如“一”、“丨”、“丿”、“丶”、“乙”等,第一、第二键是相同的,规定后面增加两个英文 LL 键。这样“一”、“丨”、“丿”、“丶”、“乙”等的单独编码为:

一:GGLL;丨:HHLL;丿:TTLL;丶:YYLL;乙:NNLL

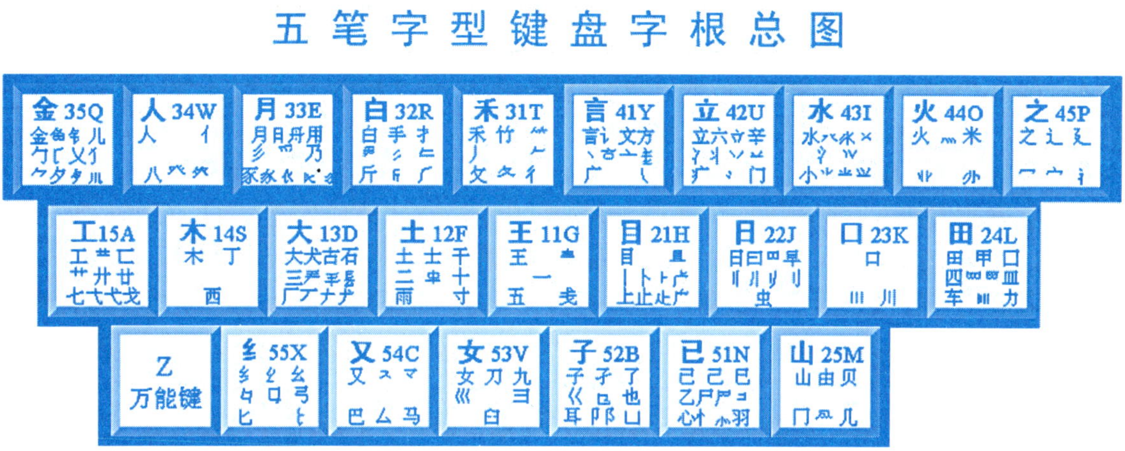

五笔字型字根助记词

11 王旁青头戋（兼）五一
12 土士二干十寸雨
13 大犬三（羊）古石厂
14 木丁西
15 工戈草头右框七

21 目具上止卜虎皮
22 早两竖与虫依
23 口与川，字根稀
24 田甲方框四车力
25 山由贝，下框几

31 禾竹一撇双人立
反文条头共三一
32 白手看头三二斤
33 月彡（衫）乃用家衣底
34 人和八，三四里
35 金勺缺点无尾鱼，犬旁
留儿一点夕，氏无七（妻）

41 言文方广在四一
高头一捺谁人去（ ）
42 立辛两点六门病（疒）
43 水旁兴头小倒立
44 火业头，四点米
45 之宝盖，道建底
摘礻（示）衤（衣）

51 已半巳满不出己
左框折尸心和羽
52 子耳了也框向上
53 女刀九臼山朝西（彐）
54 又巴马，丢矢矣（厶）
55 慈母无心弓和匕（ ）
幼无力（幺）

图 B-2　五笔字型键盘字根总图

汉字
- 键面有
  - 键名：把所在键连打四下
    例：言：YYYY　又：CCCC　山：MMMM
  - 成字根：报户口加打第一、二、末笔画（不足四码，补空格键）
    例：西：西一丨一；方：方、一乙；厂：厂一丿（空格）
- 键面无—依照
  - 书写顺序
    例：
    新：立木斤(正)
    立斤木(误)
  - 取大优先
    例：
    平：一丷丨(正)
    一丷十(误)
  - 兼顾直观
    例：
    自：丿目(正)
    亻冂三(误)
  - 能连不交
    例：
    天：一大(正)
    二人(误)
  - 拆
    - 超过四码：取1、2、3、末字根编码
      例：赣：立早夂贝；攀：木××手
    - 刚好四码：依次键入即可
      例：照：日刀口灬；到：一厶土刂
    - 不足四码：依次键入完后
      补打“末笔字型识别码”
      (仍不足四码，补空格键)
      例：汉：43 54 41（氵又丶）
      会：34 14 54 42（人二厶㇇）
      必：51 31 33（心丿彡）

末笔字型识别码码表

末笔形＼字型		左右型 1	左右型 2	左右型 3
横	1	11(一)	12(二)	13(三)
竖	2	21(丨)	22(刂)	23(川)
撇	3	31(丿)	32(彡)	33(彡)
捺	4	41(㇏)	42(㇇)	43(氵)
折	5	51(乙)	52(巛)	53(巛)

图 B-3　编码规则总表

(2) 复合汉字编码。凡是由基本字根(包括笔型字根)组合而成的汉字,都必须拆分成基本字根的一维数列,然后再依次键入计算机。

例如,“新”字要拆分成立、木、斤;“灭”要拆分成一、火;“未”拆分成二、小等。拆分要有一定的规则,才能最大限度地保持其唯一性。

1) 拆分的基本规则。

① 按书写顺序。例如,“新”字要拆分成:立、木、斤,而不能拆分成立、斤、木;“想”拆分成木、目、心,而不是木、心、目等,以保证字根序列的顺序性。

② 能散不连,能连不交。例如,“于”字拆分为一、十,而不能拆分为二、丨。因为后者两个字根之间的关系为交而前者是“散”。拆分时遵守“散”比“连”优先、“连”比“交”优先的原则。

③ 取大优先。保证在书写顺序下拆分成尽可能大的基本字根,使字根数目最少。所谓最大字根是指如果增加一个笔画,则不成其基本字根的字根。例如,“果”拆分为日、木;而不拆分为旦、小。

④ 兼顾直观。例如,“自”字拆分成丿、目;而不拆分为白 、一等,后者欠直观。

2) 复合字编码规则。按上述原则拆分以后,按字根的多少分别处理。

① 刚好四字根,依次取该四个字根的码输入。例如,“到”字拆分成“一、厶、土、刂”,则其编码为 GCFJ。

② 超过四个字根,则取一、二、三、末四个字根的编码输入。例如,“酸”字取“西、一 、厶 、文”编码为 SGCT。

③ 不足四个字根,加上一个末笔字型交叉识别码,若仍不足四码,则加一空格键。

3) 末笔字型交叉识别码。对于不足四码的汉字,例如,“汉”字拆分成“氵、又”只有 I、C 两个码,因此要增加一个所谓末笔字型交叉识别码 Y 。

我们举个例子来说明它的必需性。例如,“汀”字拆分成“氵、丁”,编码也为 IS,“沐”字拆分成“氵、木”,编码也为 IS ;“洒”字拆分成“氵、西”编码也为 IS。这是因为“木、丁、西”三个字根都是在 S 键上。就这样输入,计算机无法区分它们。

表 B-2　末笔字型交叉识别码表

字型末笔笔形	左右型 1	上下型 2	杂合型 3
横 1	1	上下型	13D
竖 2	2	杂合型	23K
撇 3	3	32R	33E
捺 4	41Y	42U	43I
折 5	51N	52B	53V

末笔笔画只有五种,字型信息只有三类,因此末笔字型交叉识别码只有 15 种,见表 B-2。

从表中可见,“汉”字的交叉识别码为 Y,“字”字的交叉识别码为 F,“沐、汀、洒”的交叉识别码分别为 Y、H、G。如果字根编码和末笔交叉识别码都一样,这些汉字称重码字。对重码字只有进行选择操作,才能获得需要的汉字。

(3) 词语的编码规则。1982 年年底,“五笔字型”首创了汉字的词语,依形编码、字码词码体例一致、不须换档的实用化词语输入法。不管多长的词语，一律取四码。而且单字和词语可以混合输入，不用换档或其他附加操作，谓之“字词兼容”。其取码方法为：

1）两字词。每字取其全码的前两码组成，共四码。如：

经济：纟 又 氵 文（55 54 43 41 XCIY）

操作：扌 口 亻 （32 23 34 31 RKWT）

2）三字词。前两字各取一码，最后一字取两码，共四码。如：

计算机：讠 竹 木 几（41 31 14 25 YTSM）

操作员：扌 亻 口 贝（32 34 23 25 RWKM）

3）四字词：每字各取全码的第一码。如：

科学技术：禾 ⺍ 扌 木（31 43 32 14 TIRS）

汉字编码：氵 宀 纟 石（43 45 55 13 IPXD）

王码电脑：王 石 曰 月（11 13 22 33 GDJE）

4）多字词：取第一、二、三及末一个汉字的第一码，共四码。如：

电子计算机：曰 子 讠 木（22 52 41 14 JBYS）

中华人民共和国：口 亻 人 囗（23 34 34 24 KWWL）

美利坚合众国：丷 禾 刂 囗（42 31 22 24 UTJL）

五笔字型计算机汉字输入技术：五 竹 一 木（11 31 11 14 GTGS）

另外，在Windows版五笔字型输入法中，系统为用户提供了15 000条常用词组，此外，用户还可以使用系统提供的造词软件另造新词，或直接在编辑文本的过程中从屏幕上“取字造词”，所有新造的词，系统都会自动给出正确的输入外码合并入原词库统一使用。

三、五笔编码输入技巧

汉字输入是理论性和技术性都很强的课题，目前五笔字型输入法在国内外得到广泛的应用，是公认的较好的一种汉字编码输入方法。

1. 字根键位的特征

五笔字型输入法把130多个字根分成五区五位，科学地排列在25个英文字母键上便于记忆，也便于操作，其特点如下：

(1) 每键平均2～6个基本字根，有一个代表性的字根成为键名，为便于记忆起见，关于键名有一首“键名谱”：

1)（横）区：王、土、大、木、工

2)（竖）区：目、日、口、田、山

3)（撇）区：禾、白、月、人、金

4)（捺）区：言、立、水、火、之

5)（折）区：已、子、女、又、纟

(2) 每一个键上的字根其形态与键名相似。例如，“王”字键上有一、五、戋、王等；“日”字键上有日、曰、早、虫等字根。

(3) 单笔画基本字根的种类和数目与区位编码相对应。例如,一、二、三这三个单笔画字根,分别安排在1区的第一、二、三位置上;丶、冫、氵、灬这四个单笔画字根,分别安排在4区的第一、二、三、四位置上;丨、刂、川这三个单笔画字根分别安排在2区的第一、二、三位置上,等等。

2. 字根的区位和助记词

为了便于记忆基本字根在键盘上的位置,王永民编写了字根助记忆词。

1(横)区字根键位排列:

11G 王旁青头戋(兼)五一(借同音转义)

12F 土士二干十寸雨

13D 大犬三羊古石厂

14S 木丁西

15A 工戈草头右框七

2(竖)区字根键位排列:

21H 目具上止卜虎皮("具上"指具字的上部"且")

22J 日早两竖与虫依

23K 口与川,字根稀

24L 田甲方框四车力

25M 山由贝,下框几

3(撇)区字根键位排列:

31T 禾竹一撇双人立("双人立"即"彳"),反文条头共三一("条头"即"夂")

32R 白手看头三二斤("三二"指键为"32")

33E 月彡(衫)乃用家衣底("家衣底"即"豕")

34W 人和八,三四里("三四"即"34")

35Q 金勺缺点无尾鱼(指"勹"),犬旁留乂儿一点夕,氏无七(妻)

4(捺)区字根键排列:

41Y 言文方广在四一,高头一捺谁人去

42U 立辛两点六门疒

43I 水旁兴头小倒立

44O 火业头,四点米("火"、"业"、"灬")

45P 之宝盖,摘礻(示)(衣)

5(折)区字根键位排列:

51N 已半巳满不出己,左框折尸心和羽

52B 子耳了也框向上("框向上"指"凵")

53V 女刀九臼山朝西("山朝西"为"彐")

54C 又巴马,丢矢矣("矣"丢掉"矢"为"厶")

55X 慈母无心弓和匕,幼无力("幼"去掉"力"为"幺")

3. Z 键的用法

从五笔字型的字根键位图可见，26 个英文字母键只用了 A～Y 共 25 个键，Z 键用于辅助学习。

当对汉字的拆分一时难以确定用哪一个字根时，不管它是第几个字根都可以用 Z 键来代替。借助于软件，把符合条件的汉字都显示在提示行中，再键入相应的数字，则可把相应的汉字选择到当前光标位置处。在提示行中还显示了汉字的五笔字型编码，可以作为学习编码规则之用。

四、关于简码、重码和容错码

1. 简码

简码输入：为了减少击键次数，提高输入速度，一些常用的字，除按其全码可以输入外，多数都可以只取其前边的一至三个字根，再加空格键输入之，即只取其全码的最前边的一个、二个或三个字根(码) 输入，形成所谓一、二、三级简码。

(1) 一级简码(即高频字码)。将各键打一下，再打一下空格键，即可打出 25 个最常用的汉字：一地在要工，上是中国同，和的有人我，主产不为这，民了发以经。如图 B-4 所示。

键名	Q	W	E	R	T	Y	U	I	O	P
简码	我	人	有	的	和	主	产	不	为	这

键名	A	S	D	F	G	H	J	K	L
简码	工	要	在	地	一	上	是	中	国

键名	Z	X	C	V	B	N	M
简码		经	以	发	了	民	同

图 B-4　一级简码字键盘分布示意图

如：

一：11(G)；要：14(S)；的：32(R)；和：31(T)

(2) 二级简码。如：

化：亻 匕(WX)；信：亻 言(WY)；李：木 子(SB)；张：弓 丿(XT)

(3) 三级简码。如：

华：亻 匕 十(WXF)；想：木 目 心(SHN)；陈：阝 七 小(BAI)；得：彳 曰 一(TJG)

注意：有时，同一个汉字可有几种简码。

例如，“经”，就同时有一、二、三级简码及全码等四个输入码。即：

经：55(X)；经：55 54 15(XCA)；

经：55 54(XC)；经：55 54 15 11(XCAG)

2. 重码

几个“五笔字型”编码完全相同的字,称之为“重码”。如:

衣:亠 𧘇 氵(YEU);衰:亠 𧘇 氵(YEU);枯:木 古 一(SDG);

柘:木 石 一(SDG)

(1) 选择方法。当输入重码字的外码时,重码的字会同时出现在屏幕的“提示行”中,如所要的字在第 1 个位置上,只管输入下文,该字即可自动跳到光标所在的位置上;如果所要的字在第 2 个位置上,可按字母键上方的数字键 2,即可将所要的字挑选到屏幕上。“五笔字型”的重码本来就很少,加上重码在提示行中的位置是按其频度排列的,常用字总是在前边,所以,实际需要挑选的机会极少,平均打 1 万个字,才需要挑 2 次。

(2) L 的用法。所有显示在后边的重码字,将其最后一个编码人为地修改为 L,使其有一个唯一的编码,按这个码输入,便不需要挑选了。

例如:“喜”和“嘉”的编码都是 FKUK。现将最后一个 K 改为 L,FKUL 就作为“嘉”的唯一编码了(“喜”虽重码,但不需要挑选,也相当于唯一码)。

3. 容错码

容错码有两个含义:其一是你容易搞错的码,其二是容许你搞错的码。“容易”弄错的码,容许你按错的打,谓之“容错码”。“五笔字型”输入法中的“容错码”目前将近有 1 000 个,使用者还可以自己再建立。“容错码”主要有以下两种类型:

(1) 拆分容错。个别汉字的书写顺序因人而异,因而容易弄错。如:

长:丿 七 丶 氵(正确码);长:七 丿 丶 氵(容错码)

长:丿 一 丨 丶(容错码);长:一 丨 丿 丶(容错码)

秉:丿 一 彐 小(正确码);秉:禾 彐 氵(容错码)

(2) 字型容错。个别汉字的字型分类不易确定。如:

占:口 二(正确码);占:口 三(容错码)

右:口 二(正确码);右:口 三(容错码)

五、怎样学好五笔字型

(1) 熟记字根表。只要是合法移植装配的“五笔字型”,其输入方法都是完全相同的。学会“五笔字型”编码的关键是熟记字根表,而熟记字根表的关键是多做书面的拆分编码练习。你甚至不摸一下电脑,也可以把“五笔字型”编码法学得呱呱叫。如果你做了 500 常用字的拆分编码(只需 1 天时间)25 个键位的字根表自然就滚瓜烂熟了。这如同你背 25 个人的名单很吃力,但只要跟 25 个人在一起交谈一个小时,您就能把人与名字对起来一样。

(2) 指法训练。学会全部汉字的“五笔字型”编码,小学以上文化水平者,至多需要 2 天时间,但指法何时可以熟练,严格来讲,只跟年龄有关,跟“五笔字型”无关。如你是 10 ~ 20 岁,一周即可熟练,如是 40 ~ 60 岁,三周也未必自如。

(3) 在 Windows 下可以通过汉字的拼音输入法来输入一汉字,再查找它的五笔码,免去

了刻意记忆的痛苦,而且效率极高。下面举例说明:

比如“韶”字,若不会其五笔编码,就换到拼音输入,用鼠标右击全拼输入条,在弹出菜单中选“属性”,在“键盘属性”对话框中选中“全拼输入法”,单击“属性”,在弹出的“输入法设置”对话框中选择“五笔型”,如图 B-5 所示。

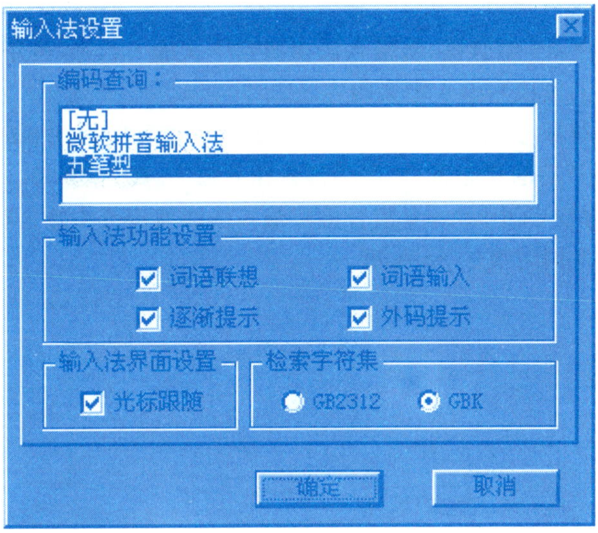

图 B-5 “输入法设置”对话框

确定以后退出。在全拼输入方式下键入 shao 后,找到“韶”字,用数字键选取后,编码框中就会出现绿色的 ujv(完整的编码应该为 ujvk,用 ujv 也可以输入,这样就省却了更多的记忆),如图 B-6 所示。此即为“韶”字的五笔编码,根据拆字规则记住它,以后就能用五笔型码输入该字了。要实现其余的输入法编码的反查当然也可信照此法进行。

图 B-6 输入法关联显示

实例:录入如下短文。

公元前 5 世纪,中国人发明了算盘,广泛应用于商业贸易中,算盘被认为是最早的计算机,并一直使用至今。算盘在某些方面的运算能力要超过目前的计算机,算盘的发明体现了中国人民的智慧。直到 17 世纪,计算设备才有了第二次重要的进步。1642 年,法国人 Blaise Pascal(1623~1662) 发明了自动进位加法器,称为 Pascaline。1694 年,德国数学家 Gottfried Wilhemvon Leibniz(1646~1716)改进了 Pascaline,使之可以计算乘法。后来,法国人 Charles Xavier Thomas de Colmar 发明了可以进行四则运算的计算器。现代计算机的真正起源来自英国数学教授 Charles Babbage。Charles Babbage 发现通常的计算设备中有许多错误,在剑桥学习时,他认为可以利用蒸汽机进行运算。起先他设计差分机用于计算导航表,后来,他发现差分机只是专门用途的机器,于是放弃原来的研究,开始设计包含现代计算机基本组成部分的分析机。(Analytical Engine)Babbage 的蒸汽动力计算机虽然最终没有完成,以今天的标准看也是非常原始的,然而,它勾画出现代通用计算机的基本功能部分,在概念上是一个突破。在接下来的若干年中,许多工程师在另一些方面取得了重要的进步,美国人 Herman Hollerith(1860～1929),根据提花织布机的原理发明了穿孔片计算机,并带入商业领域建立公司。

操作方法如下:

同时按下 Ctrl+Space 组合键,将输入法切换到中文输入状态(可用 Shift+Ctrl 组合键在各种中文输入法之间切换),输入中文内容。

当遇到键上部的符号时,如符号"～"、"?"等,输入时应同时按住 Shift 键。

在 Num Lock 键开启的状态下,可用小键盘输入数字,如 5、10 等。

当遇到英文时,再按 Ctrl+Space 组合键将输入法切换到英文输入状态,即可输入英文。注意输入英文大写时应同时按住 Shift 键。

参考文献

[1] 庄卓．旅游计算机应用[M]. 北京:中国林业出版社,北京大学出版社,2010.

[2] 李少林．计算机应用基础[M]. 北京:高等教育出版社,2013.

[3] 高传善,毛迪林,曹袖．数据通信与计算机网络[M]. 北京:高等教育出版社,2005.

[4] 刘锡轩,丁恒．计算机基础[M]. 北京:清华大学出版社,2012.

[5] 林卓然,李岚．计算机基础教程 Windows7 与 Office2010[M]. 第 5 版．北京:人民邮电出版社,2011.

[6] 孙霞,邵杰．计算机基础案例教程[M]. 北京:地质出版社,2009.

[7] 方世强,史秀璋,林洁梅．计算机应用案例教程[M]. 北京:北京大学出版社,2012.

[8] 龙跃,隆承志．计算机应用基础与实验指导[M]. 上海:上海交通大学出版社,2012.